A Theoretical Study on Narrative of
Fact Construction in Courtroom Trial

法庭审判中事实构建的叙事理论研究

余素青 著

北京大学出版社
PEKING UNIVERSITY PRESS

图书在版编目(CIP)数据

法庭审判中事实构建的叙事理论研究/余素青著.—北京:北京大学出版社,2013.5
ISBN 978-7-301-22377-2

Ⅰ.①法… Ⅱ.①余… Ⅲ.①审判-研究-中国 Ⅳ.①D925.04

中国版本图书馆 CIP 数据核字(2013)第 074330 号

书　　　名:法庭审判中事实构建的叙事理论研究
著作责任者:余素青　著
责 任 编 辑:姚文海　王业龙　朱梅全
标 准 书 号:ISBN 978-7-301-22377-2/D·3311
出 版 发 行:北京大学出版社
地　　　址:北京市海淀区成府路 205 号　100871
网　　　址:http://www.pup.cn
新 浪 微 博:@北京大学出版社
电 子 信 箱:law@ pup.pku.edu.cn
电　　　话:邮购部 62752015　发行部 62750672　编辑部 62752027
　　　　　　出版部 62754962
印　刷　者:北京大学印刷厂
经　销　者:新华书店
　　　　　　965 毫米×1300 毫米　16 开本　17.25 印张　368 千字
　　　　　　2013 年 5 月第 1 版　2013 年 5 月第 1 次印刷
定　　　价:38.00 元

未经许可,不得以任何方式复制或抄袭本书之部分或全部内容。
版权所有,侵权必究
举报电话:010-62752024　电子信箱:fd@ pup.pku.edu.cn

本研究受作者主持的国家社会科学基金项目"认知理论框架下的庭审叙事研究"(12BYY040)、国家教育部人文社会科学研究规划基金项目"法庭事实构建的叙事理论研究"(10YJA740118)、上海市教育委员会科研创新项目(人文社科类)"庭审中的叙事话语研究"(10YS147)、上海市市本级财政部门预算学科建设项目(A-3501-12-003)、上海地方本科院校"十二五"内涵建设项目"高水平特色法学学科建设与人才培养工程"(085工程)的支持以及华东政法大学科学研究项目"庭审叙事的认知研究"(11H2K014)等资助。

摘　　要

　　在一系列侵犯或违法事件发生后,受到侵害的一方或公诉人会向法庭提起诉讼,要求对方对所造成的损失或所犯的罪行作出赔偿或承担法律制裁。诉讼就是从被侵犯人或公诉人对事件的叙事开始的。在庭审中,原被告/控辩双方通过证据对客观发生的事件进行认知,在法庭上运用语言叙述案件"事实";法官在兼听双方的叙述和论辩的基础上认定法律事实、被告/被告人的悔罪表现以及在法庭审判过程中的悔罪态度等,根据相应的法律法规,形成心证并作出裁判。判决书也是以叙事的形式表达的。

　　司法工作的原则是"以事实为根据,以法律为准绳",因此,法官裁判的根据是裁判事实。事实作为小前提,法律作为大前提,经过形式逻辑的三段论推理得出裁判结论。法庭上事实的构建可能会受到立法问题、证据问题、裁判问题、语境制约、虚假叙事、记忆缺失、媒体舆论、道德与情感等因素的影响,因此裁判事实不同于客观事实,但裁判事实的客观性是我们永远的追求。

　　庭审叙事作为叙事的一种,有其一般叙事特征,如都是对过去事件的重构、具有基本叙事框架及其选择性等,而作为一种特殊领域的叙事又有结构形式上的独特性,表现在其多角色交叉性和结构的层级性上。另外,庭审叙事当然具有非文学叙事特征,以及它本身所特有的对立统一性、法律与逻辑的关联性等。

　　法庭审判中的叙事形式及其层级结构的复杂性决定了其本身连贯的复杂性,因此庭审叙事的连贯性也是本研究的一个重要方面。庭审叙事首先是时间性连贯的,叙述者都是根据事件发生及发展的时间顺序来叙述的。因为诉讼是一系列的事件对某人造成伤害或侵犯后,该受害人寻求法律补救的一种手段,所以庭审叙事的因果连贯也很明显。在庭审的举证质证阶段,原被告/控辩双方提供的证据及对其的陈述都是围绕该事件或行为是否构成侵害或侵犯这一主题的,法庭言语活动中的话题是庭审要解决的法律争端,因此主题连贯也是庭审连贯的一个重要方面。其次,语篇之所以是语篇是因为除了衔接和连贯外,它还具有意图性和信息性,因此如果把法庭审判的叙述看做一个语篇的整体,根据话题的可及性和预设的可及性,我们可以在多层次的凌乱的法庭叙述和论辩中找到语篇信息的连贯性。最后,从整个庭审看,法官和原被告/控辩双方的话题都是围绕着对故事图式中的"何时、何地、何人(施事)、因何、用何方式、对何人(受事)、做了什么、产生何果"这八个识别构成故事的单元、这些单元的顺序,以及特别容易出现在单元之间的各种连接进行的。因此,可以说庭审的叙事连贯是在故事图式的基础上展开的,而故事图式是序列的连续体,所以是连贯的。

此外,我们的研究还想在司法实践中起到一定的指导作用,因此我们分析了法庭事实构建中叙事的有效性,主要有法规的一致性、故事的完整性、情节的连贯性、叙述的策略性、论证的逻辑性、主题的明确性和语言的精简性等。当然,它们之间并不是孤立的,而是互相联系的。

本书最后对判决书中事实构建的叙事、叙事可接受性、叙事交流以及判决书体现公正的一些策略进行了分析。就我们国家的判决书而言,它有规定的文书样式,必须先叙述原被告/控辩双方的意见,再叙述法院对证据和事实的认定,说明法律的适用和判决的理由,并阐明最后的判决结果。判决书的受述者除了原被告或被告人之外,还有公诉人、辩护人、法警、旁听人员以及公众等,因此判决书的可接受性尤为重要。法院作为裁判的国家机构,作出的判决书有其庄重性和权威性,这是由叙事策略来实现的。

本书是把叙事学、语言学和法学三个学科的相关理论有机地运用于法庭审判中的叙事研究的一种尝试,其研究成果对法律语言学、话语语言学以及叙事学理论及其应用都有一定的发展。除了上面介绍的主要内容之外,本书还对客观事实、案件事实、法律事实、证据事实和裁判事实等作了界定和区分。

目 录

第1章 绪论 ……………………………………………… 1
1.1 本书研究的意义 …………………………………… 1
1.2 国内外研究现状 …………………………………… 4
1.3 本书研究的目标 …………………………………… 8
1.4 本书研究的内容及重点难点 ……………………… 8
1.5 主要观点和创新之处 …………………………… 10
1.6 研究思路和方法 ………………………………… 10
1.7 本书研究的语料 ………………………………… 11

第2章 本书研究的理论基础 ………………………… 13
2.1 叙事学及其研究对象 …………………………… 13
2.2 本书研究的语言学理论基础 …………………… 37
2.3 本书研究的法学理论基础 ……………………… 58

第3章 庭审叙事研究综述 …………………………… 63
3.1 庭审叙事的叙事学研究 ………………………… 63
3.2 庭审叙事的语言学研究 ………………………… 70
3.3 庭审叙事的法学研究 …………………………… 73

第4章 法庭事实构建及其问题分析 ………………… 86
4.1 法庭事实构建中的各类事实 …………………… 86
4.2 法官裁判的逻辑 ………………………………… 92
4.3 法庭事实构建中的问题分析 …………………… 94

第5章 庭审叙事的形式及其结构分析 ……………… 117
5.1 庭审叙事的形式特征 …………………………… 117
5.2 庭审叙事的多角色交叉性 ……………………… 118

5.3 庭审叙事的层级结构特征 ………………………… 118
5.4 一般叙事结构和证人/被告叙事结构 ……………… 125

第 6 章 庭审叙事的特征分析 …………………………… 129
6.1 庭审叙事的一般叙事特征 …………………………… 129
6.2 庭审叙事的对立统一性 ……………………………… 131
6.3 庭审叙事的法律与逻辑关联性 ……………………… 132
6.4 庭审叙事的非文学叙事特征 ………………………… 134

第 7 章 庭审叙事连贯的连接机制 ……………………… 137
7.1 时间顺序 ……………………………………………… 139
7.2 因果关系 ……………………………………………… 140
7.3 主题连贯 ……………………………………………… 141
7.4 信息连贯 ……………………………………………… 143
7.5 认知图式下的连贯 …………………………………… 149

第 8 章 法庭事实构建中叙事的有效性分析 …………… 161
8.1 法规的一致性 ………………………………………… 161
8.2 故事的完整性 ………………………………………… 163
8.3 情节的连贯性 ………………………………………… 168
8.4 叙述的策略性 ………………………………………… 171
8.5 论证的逻辑性 ………………………………………… 179
8.6 主题的明确性 ………………………………………… 181
8.7 语言的精简性 ………………………………………… 184

第 9 章 判决书的叙事分析 ……………………………… 186
9.1 判决书中的事实及其叙事限制 ……………………… 186
9.2 判决书叙事的可接受性 ……………………………… 190
9.3 判决书的叙事交流分析 ……………………………… 206
9.4 判决书体现公正的叙事策略 ………………………… 210

第 10 章 余论 ……………………………………………… 215

致谢	……………………………………………………	218
参考文献	…………………………………………………	220
附录1	林某杀婴案庭审笔录 …………………………	229
附录2	辛普森杀妻案审判始末 ………………………	242

第1章
绪论

1991年4月,我国颁布实施的《民事诉讼法》第64条规定了当事人举证责任原则,即"谁主张,谁举证"的原则。从1997年开始又实行了司法改革,其中审判方式改革的三个内容是强化庭审功能、强化当事人的举证责任和强化合议庭(包括独任审判员)责任。其中,强化庭审功能是审判方式改革的核心。这意味着我国的庭审制度将从原来注重书面证据的大陆法系的"纠问式"逐渐向注重口头证据的英美法系的"抗辩式"转换,法庭审判过程中各种论辩策略的使用有可能直接影响审判的结果。作为法庭整体话语策略之一的叙事,在此背景下有一定的研究价值。

1.1 本书研究的意义

首先,在一系列侵犯或违法事件发生后,受到侵犯的一方或公诉人会向法庭提起诉讼,要求对方对所造成的损失或所犯的罪行作出赔偿或承担法律制裁。诉讼就是从被侵犯人或公诉人对事件的叙事开始的(起诉书)。由于诉讼的结果关涉个人或群体的财产得失、毁誉荣辱乃至生命予夺,被告方往往会构建他们对事件的一个叙事版本,而双方因为有极大的利益关系,所以对发生的事件的叙事版本可能会完全不同。

法官必须兼听双方的叙事,进行确认、审查、评价等,从而认定证据和法律事实,最后作出裁判。在听了双方当事人的叙事之后,法官的脑海中也形成了一个事件版本,法官在最后作出判决的时候也是以叙事的形式来表达对事件的认定结果的。

其次,法庭审判中还有原被告/控辩双方对己方证人的直接询问以及对对方证人的交叉询问,有时到庭作证的证人不止一个,在这种情况下,原被告/控辩双方是如何在提问中构建他们的叙事版本的,他们的事件版本的各个要素又是怎样进行有效衔接以达到"说服"法官的效果的?

最后,事件本身的事实在法庭上的叙述还要受法律框架的约束,因此还有事件事实和法律事实之分。比如,根据证据法的原则,如果原告不能举证证明被告对原告的侵犯是真实的,那么如果侵犯真正发生,事件的事实也构成不了法律事实。

可见,法庭审判中的叙事在结构上、形式上以及语境上等有独特性和制约性,对庭审叙事的分析也将有其特殊的意义和价值。2009年笔者在英国旁听庭审时,竟然听到法官在法庭上对当事人说:"我感兴趣的并不是事实本身,而是看谁能够提供一个更令人信服的叙事。"(I am not interested in the truth, but in who presents a more convincing narrative.)同时,法官还说:"这很平常,而且这是体制。"(It's common, and it's the system.)这激发了笔者对庭审叙事研究的兴趣,之后的研究课题"法庭审判中的叙事话语研究"(2009)获得了上海市教委创新项目立项,"法庭事实构建的叙事理论研究"(2010)获国家教育部人文社科规划基金项目立项,"庭审叙事的认知研究"于2011年入围国家社科基金项目,虽然很遗憾最后没有获得立项,但是后来成为华东政法大学校级科研项目,也算比较圆满。

1.1.1 本书研究的理论意义

本书的研究是语言学、文学和法学的多学科交叉研究。叙事首先是作为文学要素发展起来的,因此通常被用于文学作品的研究。1969年,法国当代著名结构主义符号学家、文艺理论家茨维坦·托多罗夫在《〈十日谈〉语法》里第一次提出"叙事学"(Narratology)这个称谓,标志着叙事学作为一门独立学科的开始。尽管叙事学成为独立学科的时间至今只有四十余年,但是其研究范畴却发生了重大转移,这一过程肇始于俄罗斯形式主义学者对"故事"(fabula)和"情节"(sjuzet)的区分。这种把"故事"与"情节"区分开来的"二分法"直接导致了结构主义叙事学研究范畴侧重点发生变化,并且使结构主义叙事学研究范畴从 20 世纪六七十年代关注故事/话语转向 70 年代之后的"融合性"叙事学研究。这一阶段的叙事学有很明显地受语言学影响的痕迹。

之后,受解构主义思潮的直接影响,叙事学从 20 世纪 80 年代末开始进入后现代叙事理论阶段。从本质上看,后现代叙事理论就是后现代叙事学,但后现代叙事理论这一说法似乎更加受到学术界的认可和欢迎,其理由是,叙事学发展到后现代,已经绝不仅仅是关于文学叙事作品里诸如叙述者、叙述视角、人物、情节等叙述手段的工作原理的学科,而是扩大为包括小说、神话、日记、游记、谈话、电影、广告、戏剧、档案、诉状等一切语篇中叙述者、叙述视角、作者、读者、人物、情节、声音、时间、空间等叙述手段与政治、经济、文化、法律、道德、伦理、阶级、种族、性别等社会要素之间的互动关系。

"叙事无处不在。"现在叙事学已经成了一个多学科研究方法,并被广泛用于各个领域的研究。从以"叙事"为关键词在"中国期刊全文数据库"中的搜索结果看,有文学、诗学、民间传说、神话等的叙事研究,教育叙事学研究,心理叙事研究,新闻叙事研究,主持人叙事研究,广告叙事研究,医学叙事研究,道德叙事研究,教学叙事研究,思想政治教育叙事研究,还有法律叙事研究等。

本书拟从叙事学角度出发,同时从语言学理论(尤其是话语语言学、社会语言学、语用学、认知语言学等)、法学等多角度和视角探讨法庭审判中的叙事话语特征及其模式。庭审叙事理论研究将对法律语言学、话语语言学及叙事学理论和应用的发展起到重要作用。

1.1.2 本书的应用价值

首先,在我国现行的庭审"诉辩制"之下,法官地位的中立和当事人地位的均衡的结果就是实实在在的诉讼对抗。由于这是一种十分讲究规则和技巧的高度专业化的对抗,又由于民刑案件都采用一次性的、连续的和口头即兴的审理方式,公诉人或律师的作用极其重要。他们在法庭上的辩论策略、提出证据的顺序和方式、他们的言辞等对陪审员和法官的说服程度等都至关重要。那么法官又是怎样从双方的激烈诉辩中辨别哪些是虚假叙事、哪些是真实叙事,并构建案件的法律事实,形成令人信服的判决的呢?

其次,庭审叙事的认知研究有助于提高法官、公诉人等司法人员的办案能力。在法庭事实的构建过程中,庭审话语方式有很多,如描写、说明、议论甚至抒情等,但叙事话语方式则有统领的作用,可以说整个庭审就是由多个叙事话语版本(庭审双方及其证人等)趋于一个版本(判决)的过程,从这一点上说,其他话语方式都是为总体叙事服务的。如果在庭审时能时时把握事件的各个要点,司法人员就能提高办案的效率,其他办案人员则能提高庭审的言语效果。这可以体现在办案的准确性和提高时间效率上。

最后,通过研究庭审话语的叙事在构建法庭事实时的运作机制、衔接方式、叙述模式、话语的有效性及说服性等,对我国庭审话语的叙事构建问题进行调查分析,并探讨相应的应对策略。

1.2 国内外研究现状

"由于刑狱诉讼等法律事务关涉个人或群体的财产得失、毁誉荣辱乃至生命予夺,因此人们对这一领域的语言的运用是超时空的、永恒的。"[①]法庭言语的研究起源于古希腊,与修辞学紧密联系,而古希腊的修辞学又是与演说密切相关的。在20世纪70年代以前,英美对法律语言的研究主要是立法语言、法律文本的研究,着眼点是法律语言的用词、句子结构、标点符号以及法律语言的特征等。那时的研究目的和动机似乎是使法律语言能为法官和律师之外的平民百姓所理解,而且当时是把法律语言作为客体来研究的(language as object),不

---

① 潘庆云:《跨世纪的中国法律语言》,华东理工大学出版社1997年版,第2页。

考虑话语生成和话语参与者的理解过程。①

20世纪六七十年代之后,法律言语研究在英美等国家进入了一个新阶段,主要有以下三个方面的原因②:

首先,在语言学界,学术研究逐渐超越语音学、形态学、句法学等这些传统的核心主题,转向了更加复杂的语义领域,并进入了语用领域。语言学研究领域逐步扩大,其结果是人们逐步认识到语言研究不仅是一种抽象的、理想化了的、只用做最严格的形式分析的研究。越来越多的语言学家逐渐开始研究语言作为工具的作用,即人们在现实的生活场景中使用语言对互相关心的话题进行交际。这样,对语言的结构和功能的研究就转向了以人为中心的方法。这一转变是语言学研究走向语言与法律的研究的主要力量之一。

其次,心理语言学和社会语言学继续发展。因为这两个语言学分支本身都是研究语言在使用的过程中因为一些心理和社会因素而产生的变异现象,而这些变异在法律活动的语境中对完全处于动态的语言的理解起着很重要的作用。目前,很多语言学家对语言与法律的大部分研究都来自于这两个领域,比如,心理语言学的研究成果有:影响证人证言言语的因素分析(Loftus, 1979, Eyewitness Testimony);陪审团法律要点说明的理解(R. P. Charrow & Charrow, 1979, *Making Legal Language Understandable*: *A Psycholinguistic Study of Jury Instructions*; Elwork, Alfini, & Sales, 1982, *Toward Understandable Jury Instructions*);法庭证言的社会心理研究(Lind & O'Barr, 1979, *Language and Social Psychology*);司法程序中的少数民族语言问题(Berk-Seligson, 1988, *The Courtroom Manager*; Gumperz, 1982, *Language and Social Identity*;Pousada, 1979, *Language in Public Life*)等。

最后是几个语言学重要理论的发展。事实证明,它们尤其适合法律言语的研究。

第一,言语行为理论。言语行为理论在司法中的应用主要有对言

---

① 廖美珍:《法庭问答及其互动研究》,法律出版社2003年版,第4页。
② LEVI, JUDITH N. et al. Eds. Language in the Judicial Process[C]. New York: Plenum Press, 1990: 8.

语冒犯的研究,包括诽谤(Tiersma,1987,*The Language of Defamation*);对总统的生命威胁的认定(Danet, Hoffman & Kermish, 1980, *Language Use and the Uses of Language*);分析教唆谋杀(Shuy, 1981, *Analyzing Discourse: Text and Talk*)等。

第二,话语分析理论。话语分析理论早就已经被用于法庭提问序列研究中(Pomerantz & Atkinson, 1984, *Ethnomethodology, Conversation Analysis, and the Study of Courtroom Interaction*)。

第三,交际能力研究。交际理论可以帮助我们理解在法庭审判过程中使用语言时既微妙又复杂的社会文化限制,这对于未受过法律培训的公民来说,是很有价值的(Walker, 1982, *Discourse Rights of Witnesses: Their Circumscription in Trial*; 1986, *Linguistic Manipulation, Power, and the Legal Setting*)。[1]

1.2.1 国内研究概述

2012年4月12日,笔者用"叙事"关键词在"中国期刊全文数据库"中搜索到的文章共有19971篇,但是有关"法庭审判中的叙事研究"的文章只有6篇,它们是:① 徐伟等的《拉波夫模式框架下法庭提问中叙事构建》,文章只有一个版面,对法庭提问中叙事结构构建形式等都只是一笔带过;[2] ② 安秀萍的《刑事司法文书叙事的详述与略述》,讨论详述与略述的叙述方法在刑事司法文书写作中的作用;[3] ④和⑤是刘燕的《案件事实的人物构建——崔英杰案的再认识》[4]和《案件事实,还是叙事修辞——崔英杰案叙事分析》[5],它们分别论述了案件事实构建中的叙事策略和叙事修辞;⑥ 孙日华的《叙事与裁

---

[1] 余素青:《法庭言语研究》,北京大学出版社2011年版,第5—6页。
[2] 徐伟、管振彬:《拉波夫模式框架下法庭提问中叙事构建》,载《法制与社会》2008年第28期。
[3] 安秀萍:《刑事司法文书叙事的详述与略述》,载《山西省政法干部管理学院学报》2002年第4期。
[4] 刘燕:《案件事实的人物构建——崔英杰案的再认识》,载《法制与社会发展》2007年第6期。
[5] 刘燕:《案件事实,还是叙事修辞——崔英杰案叙事分析》,载《法制与社会发展》2009年第2期。

判——从劫人质救母案说起》,该文论述了法官必须在不同的故事版本之间进行剪裁与抉择,既要避免道德裁判的质疑,维护法治的权威,又要回应大众的声音,保障裁判的公信力,并且认为法律是可以被解释的故事。① 另外,在 2010 年 11 月于西南政法大学召开的中国法律语言学研究会第六届年会上,黄永平宣读的《对张军弃婴案中一段直接询问的认知语言学分析:脚本理论工具》一文运用了认知语言学的脚本理论对庭审中的一段直接询问进行了分析。因此,国内目前用叙事学理论对法庭言语进行研究的还不是很多。

1.2.2 国外研究概述

国外对庭审叙事的研究主要有以下几个方面:① 法哲学的逻辑实证主义和规范三段论研究,但就像语义学中的实证主义一样碰到所指问题;② 符号学/社会语言学的叙述模式研究,如 Jerome Frank 所著的 Courts on Trial 中第十二章 "Criticism of Trial-court-the Gestalt" 运用的是格式塔理论,Bernard S. Jackson 所著的 Law, Fact and Narrative Coherence 一书的第三章 "The Narrative Model of Fact Construction in the Trial" 也对法庭审判叙述模式进行了探讨并提出了修正意见;③ 叙事结构研究,如 Sandra Harris 的 Fragmented Narratives and Multiple Tellers: Witness and Defendant Accounts in Trial 就是基于拉波夫的叙事结构来探讨法庭叙事的结构特征;④ 法庭事实重建的研究,如 W. Lance Bennett 所著的 Reconstructing Reality in the Courtroom,以及 Jerome Brunner 的 Making Stories: Law, Literature, Life 等都讨论了事件本身的事实与法庭上构建的事实之间的关系,认为对事实的构建离不开叙事;⑤ 法庭叙述技巧研究,如 Sandra Harris 的 Telling Stories and Giving Evidence 认为,法庭叙述技巧应该是叙述和非叙述的组合,一味地叙述或者相反都不是有效的法庭话语;⑥ 庭审叙事的认知研究,如 S. L. Winter 的 The Cognitive Dimension of the Agon Between Legal Power and Narrative Meaning。可见,国外的庭审叙事研究要广泛和深入得多。

---

① 孙日华:《叙事与裁判——从"劫人质救母"案说起》,载《东北大学学报(社会科学版)》2010 年第 3 期。

2009年7月,在荷兰UV大学召开的第九届国际法律语言学会上宣读的有关法庭言语研究的28篇论文中,有关庭审叙事的文章有7篇,另外还有一篇运用了认知语言学中的框架理论方法来分析庭审叙事。

1.3 本书研究的目标

本书将着重对法庭审判中的多重言语角色混合叙事的结构与衔接、法庭叙事与法庭事实的构建、法庭叙事与法律法规之间的关系等方面进行研究,并考虑该过程中的法庭这一特殊语境的各种因素,如制度性语境因素、审判的程式化进程、审判各个阶段的言语方式和内容的不同、角色之间权势的层级性等,通过研究,我们会发现法庭审判中的叙事有其独特性和复杂性。

1.4 本书研究的内容及重点难点

1. 叙事学理论研究发展轨迹梳理:确定从文学要素到多学科研究方法的叙事理论研究元素

从1969年茨维坦·托多罗夫在《〈十日谈〉语法》中第一次提出"叙事学"这个称谓以来,经过后现代叙事理论等阶段的发展,现在它已成为一个多学科研究方法并被广泛用于各个领域的研究。那么,作为多学科研究方法的叙事,都有哪些研究元素?

本书拟从庭审话语的叙事的特殊性、叙事层级结构、衔接手段、叙事模式构建、制约因素及叙事话语的有效性和判决书叙事的可接受性等元素的考察来构建其理论。

2. 庭审叙事的结构、形式、语境因素等的独特性和制约性

在法律纠纷或侵权事件发生后,被侵犯人或公诉人在向法庭提起诉讼时,首先是从他们对事件的叙事开始的(起诉书)。庭审叙事的一般叙事特征有:① 都是对过去事件的叙述与事实重建;② 都有一个基本叙事结构:背景信息、事件发生、冲突或问题、冲突或问题的解决;③ 叙述不能构建过去发生的事件的全景及每个细节,因此所有的叙

述都是有选择的。

庭审叙事特殊性分析包括以下几个方面的内容：

一是对同一事件的两个对立版本的叙事：由于刑狱诉讼等法律事务关涉个人或群体的财产得失、毁誉荣辱乃至生命予夺，原被告/控辩双方都会构建他们对事件的一个有罪/无罪、罪轻/罪重的叙事版本，因此双方的叙事可能提供真实信息，也可能提供虚假信息。

二是有多个叙述角色，而且有独白也有互动交际形式构成的对事件的叙事（一般叙事多为独白式）；由"中间人"即法官对事实形成一个最终版本，并在此基础上适用法律，拿出解决方案（而一般叙事可以是真亦可虚构）；法官在最后作出判决的时候也是以叙述的形式来表达对事件的认定结果的。

三是庭审中还有原被告/控辩双方对己方证人的直接询问以及对对方证人的交叉询问，有时到庭作证的证人不止一个，那么在这种情况下，原被告/控辩双方是如何在提问中构建他们的叙事版本的，他们的事件版本的各个要素是怎样进行有效衔接和连贯以达到"说服"法官的效果的？

四是事件本身的事实在法庭上的叙述还要受法律框架的约束，因此还有事件事实和裁判事实（涉及客观事实、案件事实、法律事实、证据事实以及法庭第一性事实等）的区分。

3. 庭审叙事理论构建的主要方面

一是庭审叙事形式及其层级结构分析。原被告/控辩双方及法官的总体叙述是由下面三个层次的叙事构成的一个错综复杂的整体：① 相对完整叙述，指开庭时原告陈述、被告答辩陈述，辩论结束后被告人最后陈述，法官判决；② 论辩过程中原被告对证人询问时证人的"次叙述"(sub-narrative)；③ 直接询问及交叉询问中问答式的"最小叙述"(mini-narrative)。这三种形式及三个层级的叙述相互交织，对原被告/控辩双方而言，他们的总叙事是分别由这三个层级的叙述来支撑的，而且是动态的；他们的总叙事又是法官判决中总叙事构成的基础。

二是庭审叙事的连贯机制研究。法庭审判中的叙事形式及其层级结构的复杂性决定了其本身衔接的复杂性。本研究拟从以下几个方面考证庭审话语的叙事连贯机制：时间连贯、主题连贯还是两者都有；是认知图式下的连贯还是动态的衔接与连贯。

三是庭审叙事话语的有效性研究。包括叙事手段的合理运用、叙事视角的选择、怎样达到叙事的完整性、叙述中的法律法规相关性以及法庭审判中叙事的"说服"(persuasiveness)功能研究等。

4. 判决书的叙事研究

判决书作为庭审话语的一个部分，因其叙述对象不同、叙述方式不同（兼有口语和书面语特征）及其制度性文本特征，与庭审中前几个阶段的法庭叙事不同。那么，判决书中事实构建的叙事及其限制如何？判决书的叙事怎样达到它的可接受性？判决书的叙事交流有何特征？判决书体现公正的叙事策略又有哪些？

1.5　主要观点和创新之处

我们认为，文学话语主要是叙事加抒情，科学话语是叙事加说明。作为科学叙事的庭审叙事的特殊性，还表现在它层级结构的复杂性、多个甚至对立版本叙事怎样在法律框架下统一、起诉时的叙事怎样通过辩论及对证人的次叙述达到说服法官形成最后判决中的叙述——叙述是怎样动态变化的等等。本书除了论证以上这些问题之外，还着重考察庭审叙事中的逻辑性、说服性和有效性怎样结合，并尝试构建庭审话语的叙事连贯的认知机制。

叙事是法庭审判中法律事实构建的主要方式之一。本书运用叙事学、社会语言学、话语语言学、认知语言学等理论揭示法庭审判中事实构建的规律和特征，涉及法学、文学、语言学等多学科领域的交叉研究。

1.6　研究思路和方法

第一，比较研究的方法：对一般叙事理论与庭审话语的叙事理论进行比较研究,考察在构建庭审叙事话语中要考虑的主要理论元素有哪些。

第二,案例分析方法:可运用已经收集的三十多个庭审语料进行一些案例分析。

第三,阐释论述方法:运用叙事学、话语语言学、社会语言学及法学等相关理论对庭审话语的叙事进行阐释和论述。

1.7 本书研究的语料

1.7.1 语料收集和语料类别

法庭是不允许录音的,所以进行法庭言语研究的最大困难是语料的收集。现在很多学者只能通过各种关系弄到经书记员转写的笔录来进行法庭言语研究,可惜它们已不是真实自然的法庭话语。

本书的语料主要来自于中央电视台 12 频道"庭审现场"节目中播出的庭审实况,通过录像后转写而成。还有一部分是笔者在上海某人民法院旁听的笔记。

语料的类别主要包括刑事案件和民事案件。其中民事案件涉及名誉权纠纷、未成年人人身伤害案件、侵犯录音制作权纠纷案、医疗纠纷案件、人身损害赔偿案件、相邻关系纠纷案、诉婚庆公司案、夫妻财产纠纷案、撤销监护人资格案、遗产纠纷案等。刑事案件包括贩卖摇头丸案、编造虚假恐怖信息案、故意杀人案、特大涉黑团伙案、诈骗案、故意伤害罪自诉案件等。

1.7.2 语料的标注

语料的标注方式:

① 停顿时间:用"n's"标示,如"3's"表示的是"停顿三秒";

② 说话拖音:用"～",如果拖音长,则用"～～";

③ 同时说话:用"‖";

④ 说话修正:用"△";

⑤ 说话被打断:用"▲";

⑥ 打断:用"▼";

⑦ 重述结构中的重述或重复部分又带上升语调的句子标点:用"?";

⑧ 强调部分用下划线"＿＿＿＿";

⑨ 简称:

审判长或独任审判员:审

审判员1:审1

审判员2:审2

公诉人:公

辩护人:辩

原告:原

被告或被告人:被

原告代理人:原代

原告代理人1:原代1

原告1代理人:原1代

被告代理人:被代

自诉人:自

自诉人代理人:自代

证人:证

证人1:证1

值得说明的是,本书所收集的语料只为本书研究所用,其中的当事人的名字都已被隐去,只留下姓,名字一律都用"某"或"某某"来代替。

第 2 章
本书研究的理论基础

叙事,是指通过语言等媒介来再现发生在特定时间和空间里的事件,有人也把它称为叙述。申丹认为"叙述"一词与"叙述者"紧密相连,宜指话语层次上的叙述技巧,而"叙事"一词则更适合涵盖故事结构和话语技巧这两个层面。① 笔者认为,如果要进行区分的话,"叙述"着重的是讲述"故事"的动作本身,而"叙事"涵盖了讲述"故事"的动作和所讲述的结果——叙事话语。

2.1 叙事学及其研究对象

迄今为止,我们所熟悉的叙事学通常是指 20 世纪 60 年代在结构主义思潮中诞生的当代叙事学。它首先是作为一种文学理论和批评方法在法国诞生的。直到 20 世纪 80 年代初,西方结构主义叙事学被称为"经典叙事学",其特点是以文本为中心,将叙事作品视为独立自足的体系,割断了作品与社会、历史、文化环境的关联。这一阶段的叙事学有很明显的受语言学影响的痕迹。

20 世纪 80 年代中后期以来,受解构主义的影响,在西方产生了女性主义叙事学、修辞性叙事学、认知叙事学等各种跨学科流派,被称为

---

① 申丹:《叙事学与小说文体学》(第三版),北京大学出版社 2007 年版,第 1 页。

"后经典叙事学",其特点则是将叙事作品视为文化语境中的产物,关注作品与其创作语境和接受语境的关联。①

2.1.1 叙事学的源起及发展

从古希腊亚里士多德在《诗学》中对情节的探讨算起,西方叙事理论已走过了两千多年的发展历程。② 从思想渊源看,当代叙事学的起源亦受惠于 20 世纪 20 年代的俄国形式主义及弗拉基米尔·普洛普 (Vladmir Propp)所开创的结构主义叙事先河。俄国形式主义者什克洛夫斯基、艾亨鲍姆等人发现了"故事"和"情节"之间的差异,"故事"指的是作品叙述的按实际时间顺序排列的所有事件,"情节"侧重指事件在作品中出现的实际情况,这一发现直接影响了叙事学对叙事作品结构层次的划分。

最直接的影响还是来自俄国学者普洛普在 1928 年发表的《民间故事形态学》,它被看做是叙事学的发轫之作。普洛普打破了传统按人物和主题对童话进行分类的方法,认为故事中的基本单位不是人物而是人物在故事中的"功能",由此从众多的俄国民间故事中分析出 31 个"功能"。他的观点被列维·斯特劳斯接受并传到法国。列维·斯特劳斯主要研究神话之中内在不变的因素结构形式,并试图用语言学模式发现人类思维的基本结构。

到了 20 世纪 60 年代,大量关于叙事作品结构分析的作品开始出现。格雷马斯和托多罗夫都开始译介俄国形式主义的论述。1966 年,《交流》杂志第 8 期以《符号学研究——叙事作品结构分析》为标题发表的专号宣告了叙事学的正式诞生。罗兰·巴特正是在这一专号上发表了著名的《叙事作品结构分析导论》,为以后的叙事学研究提出了纲领性的理论设想。这篇论文中,巴特总结了前人成果,并阐发了自己独特的观点。他建议将叙事作品分为三个描写层次:功能层、行为层、叙述层,任何语言单位都可能结合到各个层次之中产生意义。也

---

① 申丹、王丽亚:《西方叙事学:经典与后经典》,北京大学出版社 2010 年版,第 5—6 页。
② 申丹、韩加明等:《英美小说叙事理论研究》,北京大学出版社 2006 年版,第 1 页。

是在1966年,格雷马斯的《结构语义学》问世,他主要研究意义在话语里的组织,还编制出符号学方阵作为意义的基本构成模式,并进一步深入研究了叙述结构和话语结构。

1969年,托多罗夫在他发表的《〈十日谈〉语法》中第一次提出了"叙事学"一词,他写道:这部著作属于一门尚未存在的科学,我们暂且将这门科学取名为"叙事学",即关于叙事作品的科学。虽然在此之前,叙事学的研究设想和理论轮廓已经相当完整,但可以说叙事学的产生是结构主义和俄国形式主义双重影响的结果。结构主义强调要从构成事物整体的内在各要素的关联上去考察事物和把握事物,特别是索绪尔的结构主义语言学从共时性角度,即语言的内在结构上,而不是历时性角度、历史的演变中去考察语言,这种研究思路对叙事学的产生起了重大影响。

可见,在叙事学被正式作为一门学科提出以前,它的发展已经蔚为壮观,由神话和民间故事等初级叙事形态的研究走向了现代文学叙事形态的研究,由"故事"层深层结构的探索发展为对"话语"层叙事结构的分析。托多罗夫就是建议在"故事"和"话语"两个大层次上进行叙事作品的研究。他在《〈十日谈〉语法》中,从分析文学作品的语法结构入手来研究其文学性,把叙事分为三个层面:语义、句法和词汇,把叙事问题划归时间、语体和语式三个语法范畴。通过对《十日谈》的分析,把每个故事都简化为纯粹的句法结构,得出"命题"和"序列"两个基本单位,试图建立一套叙事结构模式。

之后,热奈特吸收了托多罗夫的叙述话语的研究成果,1972年发表的收在《辞格三集》中的《叙事话语》是他对叙事学研究的重大贡献。该文以普鲁斯特的小说《追忆逝水年华》为研究对象,总结了文学叙事的规律。他从时间、语式、语态等语法范畴出发分析叙事作品,这些范畴实质上表示的是故事、叙事和叙述之间的关系——他在引论中首先对故事、叙事和叙述作了界定。他的分析以叙事话语为重点,同时注重叙述话语层次与所叙故事层次之间的关系。1983年他又撰写了《新叙事话语》,回答了范·雷斯、朵丽特·高安、米克·巴尔等学者对《叙事话语》的批评,对自己的某些论点作了修正或进一步的阐释。

叙事学理论从法国传遍欧洲大陆并发展到英美时发生了一些变化。韦恩·C.布斯的《小说修辞学》(1987)、华莱士·马丁的《当代叙事学》(1990)、伊恩·瓦特的《小说的兴起》(1992)等都是英美叙事学研究的重要成果。英美学者更多地从修辞技巧入手,研究比较直观,比较经验化。比如,布斯在《小说修辞学》中对"隐含的读者"和"声音"的探讨,便不是从叙述语法的角度入手,而是以一种修辞学的观点进行了叙事学的分析,同样对叙事学理论的发展产生了重大意义。①

然而,作为以文本为中心的形式主义批评派别,叙事学理论在不同程度上隔断了作品与社会、历史、文化及读者的关联。尤其是20世纪80年代后,西方小说批评界的注意力集中到文化意识形态分析上,面对解构主义和政治文化批评等夹攻,经典叙事学节节败退。

当叙事学陷入"险境"时,学者们开始积极探索理论突破以挽回颓势。兰瑟于1986年在美国《文体》杂志上发表了一篇论文《构建女性主义叙事学》,可以说对叙事学作出了重要贡献。兰瑟将叙事学与女性主义融合,摆脱了传统叙事学批评的桎梏,大胆探讨叙事形式的(社会)性别意义。申丹认为,正是女性主义叙事学在美国学界地位的日益上升拯救了北美的叙事学研究。20世纪90年代以来,叙事学迎来"小规模复兴"。与此同时,北美取代法国成为引领国际叙事理论研究潮流的中心。新一代叙事学者纷纷著书立说,强调叙事文本的读者及社会文化语境的作用;重新审视和解构经典叙事学的一些理论概念;注重叙事学的跨学科研究。在研究方法上,新理论对诸如女性主义、解构主义、读者反应批评、精神分析、历史主义、修辞学、电影理论、话语分析等研究方法兼收并蓄。与此相应,叙事学的各分支学科如女性主义叙事学、修辞性叙事学、认知叙事学、社会叙事学、电影叙事学等应运而生。至此,叙事学步入流派纷呈、百家争鸣的后经典时期,戴卫·赫尔曼称之为"Narratologies"——复数叙事学阶段。②

---

① 资料来源:http://zhidao.baidu.com/question/1741180,访问于2011年8月10日。
② 参见蔡骐、欧阳著:《叙事学与电视研究》,载《湖南大众传媒职业技术学院学报》2005年第6期。

2.1.2 叙事学的研究对象

法文的"叙事学"一词由拉丁文词根"narrato"(叙述、叙事)加上希腊文词尾"logie"(科学)构成,指研究叙事作品的科学。但是,人们针对叙事学研究对象——"叙事作品"的界定并不一致。新版《罗伯特法语词典》中"叙事学"的定义是:关于叙事作品、叙述、叙述结构以及叙述性的理论。《大拉露斯法语词典》则解释称,人们有时用"叙事学"来指称关于文学作品结构的科学研究。显然,这里的"文学作品"并不只包括叙事作品一种。罗兰·巴特认为,任何材料都适宜于叙事,除了文学作品以外,还包括绘画、电影、连环画、社会杂闻、会话,叙事承载物可以是口头或书面的有声语言、固定或活动的画面、手势,以及所有这些材料的有机混合。

实际上,叙事学的发展并没有完全遵循这种设想,它的研究对象局限于神话、民间故事、小说这些以书面语言为载体的叙事作品中。即使是进入到非语言材料构成的叙事领域中,也是以用语言为载体的叙事作品的研究为参照进行的。连巴特撰写的《时装体系》一书,也是在研究报纸杂志上关于时装的文字符号。单就神话、民间故事、小说而言,叙事学早期关注的是前二者,主要研究的是"故事";叙事学发达以后主要研究后者,关心的是"叙事话语"。所以,它们是不能同日而语的。这样,从实际发展情况看,叙事学是对主要以神话、民间故事、小说为主的书面叙事材料的研究,并以此为参照研究其他叙事领域。

叙事学从 20 世纪 80 年代末开始进入后现代叙事理论阶段。从本质上看,后现代叙事理论就是后现代叙事学,它已经绝不仅仅是关于文学叙事作品里诸如叙述者、叙述视角、人物、情节等叙述手段的工作原理的学科,而是扩大为包括小说、神话、日记、游记、谈话、电影、广告、戏剧、档案、诉状等一切语篇中叙述者、叙述视角、作者、读者、人物、情节、声音、时间、空间等叙述手段与政治、经济、文化、法律、道德、伦理、阶级、种族、性别等社会要素之间的互动关系。

2.1.3 叙事学的研究内容

根据申丹、王丽亚合著的《西方叙事学:经典与后经典》①,叙事学主要研究的是下文探讨的一些内容,它们也是我们在后面的讨论中将涉及的一些内容。需要说明的是,这部分有关叙事研究内容的理论部分均出自《西方叙事学:经典与后经典》,有关法庭事实构建中的叙事部分的内容则为作者对叙事理论在庭审叙事中的理解与应用。

下面我们先看西方经典叙事学,即西方结构主义叙事学的主要研究内容:

2.1.3.1 故事与话语

无论是现实发生的还是虚构的,故事事件在被叙事时总是以某种方式得到再现,这种再现方式也叫叙事媒介。叙事媒介主要是语言,另外像绘画、电影、音乐等叙事作品还可以采用颜料、摄像机、旋律等其他媒介。西方叙事学家们一般采用"故事"(story:涉及叙述了什么,包括事件、人物、背景等)和"话语"(discourse:涉及是怎样叙述的,包括各种叙述形式和技巧)来指代"叙事对象"和"叙事方式"这两个层次,并认为叙事作品的意义在很大程度上源于这两个层次之间的相互作用。

1972年,法国叙事学家热奈特在《叙事话语》②中提出了三分法:①"故事",即被叙述的事件;②"叙述话语",即叙述故事的口头或书面的话语,也即读者所读到的文本(或者是听者听到的话语);③"叙述行为",即产生话语的行为或过程,比如讲故事的过程。申丹认为,就书面叙事作品而言,一般没有必要区分"叙述话语"和"产生它的行为或过程",因为读者能接触到的只是叙述话语(即文本)。她还认为,在区分叙事层次时,要特别注意书面的和口头的不同。在口头讲述时,叙述者和受话者面对面,后者可直接观察到前者的叙事过程,叙述者的声音、表情、动作等对于叙述的效果往往有重要的影响。因此,在这种情况下,显然需要采用三分法。笔者也认为,对于法庭审判中

---

① 申丹、王丽亚:《西方叙事学:经典与后经典》,北京大学出版社2010年版。
② 同上书,第16页。

的叙事而言,因为是口头的叙事,这种三分法更有利于我们的分析。

2.1.3.2 情节结构

"故事"是指按照(实际)时间和因果关系排列的事件,而情节结构是构成"故事"的骨架。

关于情节的讨论,最早的可见于亚里士多德的《诗学》①,他把情节看做悲剧艺术中最为重要的部分,把情节界定为"对事件的安排"。这种安排是对故事结构本身的构建,而不是在话语层次上对故事事件的重新安排;在安排事件、组织情节时,有机完整性原则是第一要义。

在亚里士多德之后,出现了传统情节观,其特点是:① 将"情节"视为"故事"的一部分;② 强调"情节结构"的完整性。英国小说家特罗洛普从情节角度强调人物的重要性,把情节看做"故事最重要的部分"。这种观点在很大程度上代表了传统小说家把情节看做故事内容的倾向。

经典叙事学的情节观又是什么呢?俄国形式主义学者不把情节看做叙事作品的内容,而是把它视为对故事事件进行的创新安排;而几乎所有结构主义叙事学家的"情节"都停留在故事结构层次。

在庭审中,"故事"就是已发生的违权或侵害事件,但是在法庭审判时,原被告/控辩双方在构建案件事实时的情节结构的设置不同,造成"故事的结果"也不一致。

2.1.3.3 人物性质和塑造手法

按前所述,"故事"指作品所述对象,主要包括事件、人物、背景等。在文学叙事中,小说人物(character)属于"故事"层,有别于"话语"层的叙述者(narrator)和受述者(narratee)。此外,当我们谈及故事或事件时,必然涉及人物及其行动。

依据叙事学家里蒙·凯南的观点,小说人物通常有两种叙事方式来描述:直接法(direct definition)和间接法(indirect definition)。所谓直接法,主要指通过采用直接向读者点明人物特定的形容词、抽象名词、喻词勾勒人物主要特征的叙述方法。所谓间接法,则是指未经叙

---

① 申丹、王丽亚:《西方叙事学:经典与后经典》,北京大学出版社2010年版,第34页。

述者阐明,需要读者仔细推测的人物塑造手法。它通过具体手法对人物形象进行多维度描述,包括对人物行动、语言、外貌的描写,以及通过人物关系来映衬人物性格。

在庭审叙事中,也不乏对人物的塑造。笔者在英国旁听过一次庭审,公诉人对被告人的交通肇事事件的叙述是通过影视媒介来进行的,在视频中完整展示了被告人逆向行驶,引起多起车祸等事实。在此情况下辩护律师认可了事件的整个事实,但是在争取对被告人的量刑方面从轻处罚时,辩护律师对被告人进行了一番塑造:他是一个七十多岁的老人,身体状况不好,经济状况也不佳等等。辩护律师请求法官处以缓刑。在药家鑫一案中,刑事附带民事诉讼原告人的诉讼代理人张显也是用了"官二代"这个词对药家鑫进行了一定的人物塑造,以引起公众对药家鑫的极度不满情绪,最后公众舆论迫使法院作出"死刑"的判决。我们将在后面的叙事修辞等部分再作进一步讨论。

2.1.3.4 叙事交流

每一种叙事都涉及交流。研究者们认为,交流行为必然涉及信息、信息的传递者和接受者,这一共性表明,叙事形式虽然各有不同,但在模式上可能具有某些相似性。

王德春①认为,言语交际就是说写者通过语言发出信息,听读者通过语言接受信息的过程。传递信息的图解如下:

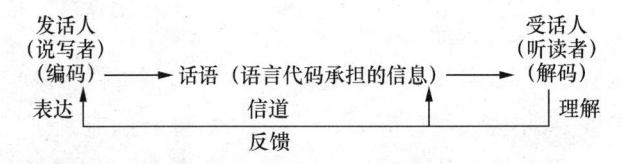

```
发话人                                              受话人
(说写者)                                            (听读者)
(编码)  ──→ 话语(语言代码承担的信息) ──→  (解码)
表达              信道                              理解
          ←──────── 反馈 ────────
```

图 2-1 话语信息传递图解

说写者和听读者双方必须共同了解语言代码的规则,才能在发送信息时编码,接受信息时解码。这是使用语言的基本要求。发话人的任务是引起受话人的注意,受话人应进行同发话人意图相适应的解码。这里的编码和解码都是以话语为单位,以话语的功能为要旨。

---

① 王德春:《语言学通论》,江苏教育出版社 1990 年版,第 431 页。

Halliday 在论述语言功能时,特别强调话语功能。他认为正是由于话语功能,语言才实现同具体环境的联系,言语活动才成为可能。

语言是人与人之间的交流系统。结构主义叙事学家同样认为叙事是一种交流行为,其根本目的是向读者传递故事及其意义。与日常语言交际一样,叙事交流同样涉及信息的传递与接受过程。理论家们通常用下列图表表示叙事交流过程:

说者——信息——听者

文本叙事的书写属性决定了叙事交流的"说者"和"听者"关系无法像日常语境中那样直接发生。因此,文本叙事交流的流程图是:

作者——文本——读者

美国叙事学家查特曼在《故事与话语》(1978)[①]中提出的叙事交流图是:

真实作者----[隐含作者——→(叙述者)——→(受述者)——→隐含读者]----→真实读者

这一流程图说明了文本叙事交流涉及的基本要素和模式,因而受到了广泛使用。其中,真实作者和真实读者都被置于方框之外,表明二者不属于文本内部结构成分。

我们将用 Chris Heffer (2005:48)[②]的图例来说明在庭审时证人质证过程中的复杂的交叉互动关系(图2-2)。

法庭言语的互动特殊性主要体现在它的多角色交叉互动上。在一般的诉讼中,法庭言语角色至少有三个——庭审双方和法官;法庭审判中的言语互动与一般言语互动的区别还在于庭审双方之间互动的真正听众是法官和陪审员。

图2-2 以律师对证人的提问为例:律师对证人提问的目的,一是希望证人就所提问内容作出回答;二是通过证人回答,向陪审员和法官确认相关事实。因此,证人的回答也就不仅仅是对律师提问作出回应,他的听众还有陪审员和法官。可见,律师对证人的提问涉及至少

---

① CHATMAN, SEYMOUR. Story and Discourse: Narrative Structure in Fiction and Film [M]. Bloomington and London: Indiana University Press, 1978: 151.

② HEFFER, CHRIS. The Language of Jury Trial: A Corpus-Aided Analysis of Legal-Lay Discourse[M]. Antony Rowe Ltd., Chippenham and Eastbourne. 2005.

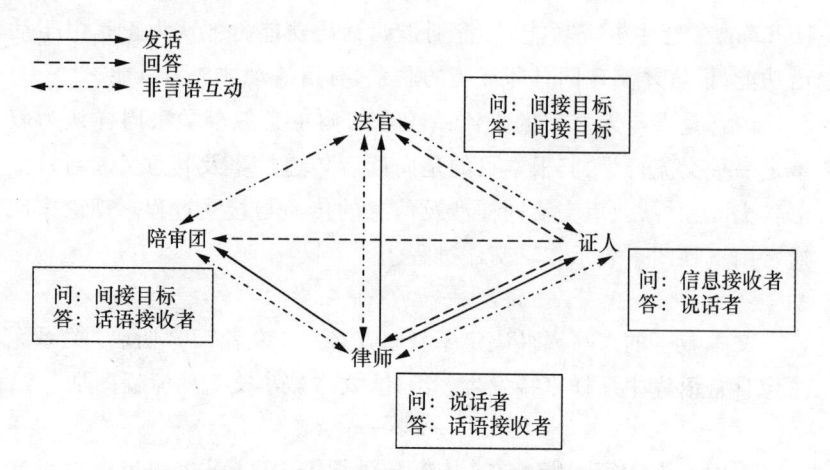

图 2-2　庭审质证中的话语角色交叉关系
（问：表示提问中的言语角色；答：表示答话中的言语角色）

四个言语角色，尽管这些角色的话语权和参与的程度不一样：质证律师提出问题（法庭上另外只有法官享有此特权），证人必须作出回答；法官倾听着，随时可以打断；陪审员只能听但不能插话，尽管他们可以以写纸条的形式间接向法官提问；律师有权打断，但这会显得很突兀，在某种程度上，律师一般会等到辩护阶段时才发表意见。在整个过程中，图 2-2 中显示的四个言语角色会有各种非言语形式的交际，如注视、手势、脸部表情等。①

可见，庭审交流模式不是像"说者——信息——听者"那么简单，也不像文本叙事中的"真实作者---隐含作者→（叙述者）→（受述者）→隐含读者---真实读者"模式那样区分文本内部结构成分和外部结构成分等。再者，庭审中的叙事有时是在互动中完成的，如在质证过程中，而且其中有多个受述者，叙述者针对各个受述者的话语目的也各有不同。

2.1.3.5　叙事时间

叙事学家关于叙事与时间的研究主要从"故事"与"话语"关系入手，分析时间在两个层面上的结构，揭示"故事时间"与"话语时间"之

---

① 余素青：《法庭言语研究》，北京大学出版社 2010 年版，第 32 页。

间的差异。"故事时间"是指所述事件发生所需的实际时间,"话语时间"指用于叙述事件的时间。

热奈特认为,除了"故事时间"和"话语时间"之外,与叙事时间相关的还有"时序"、"时距"和"频率"三个概念。就时序而言,有顺叙、倒叙和预叙。根据叙述时间与故事时间之间的长度之比又有四种时距现象:概述、场景、省略和停顿。与叙事节奏密切相关的另外一个概念是叙事频率,热奈特区分了三种叙事:单一叙述、重复叙述和概括叙述。这里的概述是指叙述时间短于故事时间,而概括叙述是指讲述一次发生数次的事件。

庭审叙事是在法庭审判过程中对过去已经发生过的事件的陈述,因此就庭审叙事时间而言,有顺叙和倒叙,有概述、省略和停顿,还有一次叙述、重复叙述和概括叙述等。

2.1.3.6 叙事空间

查特曼在《故事与话语》(1978)中提出了"故事空间"和"话语空间"两个概念。"故事空间"是指事件发生的场所或地点,"话语空间"是叙述行为发生的场所或环境。就庭审叙事而言,"故事空间"就是涉案事件发生的场所或地点,"话语空间"则是庭审现场。

2.1.3.7 人物话语的不同表达形式及其叙事功能

表达人物话语的方式与人物话语之间的关系是形式与内容的关系。同样的人物话语采用不同的表达方式会产生不同的效果。这些效果是"形式"赋予"内容"的新的意义。诺曼·佩奇(1973)[①]对小说人物话语的表达方式进行了比较细腻、系统的分类,它们包括:直接引语、被遮覆的引语、间接引语、"平行的"间接引语、"带特色的"间接引语、自由间接引语、自由直接引语和从间接引语"滑入"直接引语等。各种直接引语和间接引语都有其特点和优越性。在庭审中的直接引语和间接引语也有其共性和特殊性。

2.1.3.8 叙事视角

叙事视角是指叙述时观察故事的角度。视角是传递主题意义的

---

① PAGE, NORMAN. Speech in the English Novel[M]. London:Longman, 1973:35—38.

一个十分重要的工具,同一个故事,如果叙述时观察角度不同,会产生大相径庭的效果。叙事学家们对叙事视角进行了各种分类,总的来说有以下九种:全知视角、选择性全知视角、戏剧式或摄像式视角、第一人称主人公叙述中的回顾性视角、第一人称叙述中见证人的旁观视角、固定式人物有限视角、变换式人物有限视角、多重式人物有限视角和第一人称叙述中的体验视角。

在庭审中,最主要的叙事视角是"第一人称主人公叙述中的回顾性视角",即叙述者从自己目前(在庭审中)的角度来观察往事。

2.1.3.9 修辞性叙事学

亚里士多德的《修辞学》研究的不是修辞格,而是劝服的艺术。研究话语劝服力的修辞学和叙事学相结合就产生了"修辞性叙事学"。最有影响力的后经典修辞性叙事理论家当数詹姆斯·费伦。他的研究聚焦于人物和情节的进程,他构建了一个由"模仿性"(人物像真人)、"主题性"(人物为表达主题服务)和"虚构性"(人物是人工构建物)三种成分组成的人物模式。① 它与经典叙事学的差别在于,经典叙事学以文本为关注对象,往往将人物视为情节的功能、类型化的行动者;经典叙事学关注具有普遍意义的叙事语法,忽略人物在具体语境中的主题性。费伦的修辞性模式将作品视为作者与读者之间的一种交流,注重作者的修辞目的和作品对读者产生的修辞效果,因而注重读者在阐释作品的主题意义时对人物产生的各种感情,比如同情、厌恶、赞赏、期望等。

在费伦的修辞性叙事理论中占有重要位置的是读者——不是单一身份的读者,而是同时充当不同角色的读者:① 有血有肉的读者,对作品的反应受自己的生活经历和世界观的影响。这种阅读位置强调读者的个人经验,以及独立于文本的那一面,即站在文本之外,对作者的价值观作出评判。② 作者的读者,即作者心中的理想读者,处于与作者相对应的接受位置,对作品人物的虚构性有清醒的认识。作者

---

① PHELAN, JAMES. Reading People, Reading Plots[M]. Chicago: University of Chicago Press, 1989; Narrative as Rhetoric: Technique, Audiences, Ethics, Ideology[M]. Columbus: Ohio State University Press, 1996.

的读者接受作者的价值观,但会对叙述者的价值观作出评判。③ 叙述读者,即叙述者为之叙述的想象中的读者,充当故事世界里的观察者,认为人物和事件是真实的。叙述读者只是接受叙述者的价值观。

费伦非常关注作者的读者和叙述读者之间的差异,认为它们之间的区分对于不可靠叙述尤为重要。当叙述者由于观察角度受限、幼稚无知、带有偏见等各种原因而缺乏叙述的可靠性时,叙述读者会跟着叙述者走,而作者的读者则会努力分辨叙述者在哪些方面、哪些地方不可靠,并会努力排除那些不可靠因素,以求构建出一个合乎情理的故事。

费伦考虑有血有肉的读者主要是基于以下三个方面的原因:一是他关注的是作者与读者之间的修辞交流,而非文本本身的结构关系;二是受了读者反应批评的影响,重视不同读者因不同生活经历而形成的不同阐释框架;三是受文化研究和意识形态批评的影响。若进一步深入考察,还会发现有血有肉的读者之间的差异并作用到另外两个读者的维度:具有不同信仰、希望、偏见和知识的实际读者在阅读作品时,会采用不同的"作者的读者"和"叙述读者"的立场。

费伦对叙事的界定是:叙事是某人在某个场合出于某种目的告诉另一个人发生了某事。叙述者一般起三种作用:报道、阐释和评价。叙事既涉及人物、事件和叙述的动态进程,又涉及读者反应的动态进程。结构主义叙事学聚焦于文本自身的结构特征、结构成分和结构框架,费伦的修辞性叙事理论与之的主要区别在于关注叙事策略与读者阐释经验之间的关系。在费伦眼里,叙事是读者参与的进程,是读者的动态经验。

与文学叙事不同,庭审叙事是以口语形式而非文本形式进行的,因此只有叙述者和受述者,整个过程是个动态的进程,其中不同言语角色与不同庭审程序阶段的叙述者和受述者的角色、所使用的叙事策略也都各不相同。

例如,在下面的例子中,被告人因为被强奸之后怀孕并产下一子,后又将卫生巾的包装塑料袋塞进婴儿嘴巴致其窒息死亡。当被以故意杀人罪起诉时,被告人感到非常冤屈,因此在庭审中极不合作。此时,公诉人根据公安、检察等程序中的笔录叙述了事件的经过。

公:审判长,公诉人鉴于被告人不能如实交代自己的犯罪事实△不能如实交代,认为有必要宣读被告人多次对公安机关及检察机关所作的供述。请合议庭准许。

审:可以。

被:‖我怎么做我就怎么说了,没做就不说了,我没做的没必要说嘛。

公:被告人林某归案以后,在侦查阶段以及在检察审查起诉阶段多次交代自己的犯罪事实。被告人林某交代的犯罪事实公诉人归纳一下主要有以下内容:

被告人林某对自己的犯罪事实供认不讳,具体内容是这样的:2005年3月19日上午9时许,在石狮市锦尚镇东店村新大街新世纪茶庄的宿舍内的床铺上产下一名男婴,她拿了一个卫生巾的塑料外包装袋往婴儿嘴巴里塞,直到婴儿哭声停止、死亡,后将婴儿尸体藏在床铺底下。3月20日晚上10时许,她将死婴放在塑料袋里,扔到对面的垃圾桶。同时她交代,她因被男朋友抛弃,所以一发现怀孕,就不想要这个孩子,将塑料袋塞进婴儿嘴巴的目的就是为了将婴儿弄死。被告人~林某,你对公诉人宣读你过去的交代你有什么意见?

被:我不是故意杀人,你们说我故意杀人我有意见。

公:你有什么意见?

被:我不是故意杀人,(他)本来就是死的。

公:所以说你仍然执迷不悟,不交代自己的犯罪事实。

被:我不是不交代,(他)本来就是死的,没到时间生的,本来就不会活。

在该例子中,公诉人的直接叙述对象是审判长(公:审判长,公诉人鉴于被告人不能如实交代自己的犯罪事实,认为有必要宣读被告人对公安机关及检察机关所作的供述。请合议庭准许),但是在叙述结束时又是针对被告人的(被告人~林某,你对公诉人宣读你过去的交代你有什么意见)。实际上,在庭审中的辩护人也是受述者之一,在场的旁听人员,包括媒体在内也是受述者。相对于旁听人员,辩护律师也算是直接叙述对象,他将根据公诉人的陈述进行辩护并提出辩护意见。因为被告人在审判过程中的极不配合,公诉人用了概述的形式对事件进行叙述。

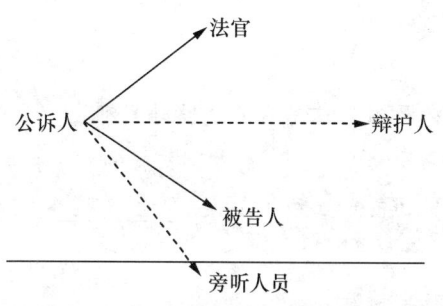

图 2-3 庭审中公诉人与其叙事对象的关系

下面再看该案例中辩护人的叙述:

审:下面辩护人有什么问题要发问?

辩:有。被告人林某,……公诉机关指控你在生出婴儿的时候,你用塑料袋堵住婴儿的嘴巴致其死亡,有没有这个事实?

被:他本来就是死的。

……

辩:我问你第二个问题,你当时是先扭断婴儿的脐带后堵住嘴巴,还是先堵住嘴巴后扭断婴儿的脐带?

被:他本来就是死的。

……

辩:……好,我再问你一个问题,你刚才说婴儿出生以后已经死了,那你为何还堵住他的嘴巴呢?

被:因为我那时候不知道他死了,我怕他哭被别人听到。

辩:我好像看过你曾向公安机关交代过,婴儿生出来以后,你抬头看了一下,发现是男婴,婴儿哭了两声,我怕人家听到就赶快用卫生巾的塑料袋把婴儿嘴堵上,有没有这个事实啊?

被:没有,我没有说他哭了。

……

辩:哦,这是我要发问的第一组问题。第二组问题是,你是什么时候怀孕的?

被:2004年6月份。

辩:怀孕以后你有没有向你的亲人和朋友▲讲过这个事情?

被:‖没有。

……

辩:从怀孕到生孩子后的这段时间都没有人知道是吧?

被:没有。

辩:我要问的第三组问题是,你知道这个跟你发生两性关系的男子是哪里人吗?

被:是我们安溪的。

……

辩:好,那~当时你为什么会跟这个男子发生两性关系呢?

被:因为喝酒,被他害了。

辩:哦~他承诺要娶你做妻子是吗?

被:(不语)

辩:好。这是我要问的第三组问题。最后我要问的一组问题是,你在案发以后,也就是说你把孩子扔到垃圾桶里面去以后,你是否知道已经有人报案,公安机关已经对这个事情已经介入调查了?知道不知道?

被:知道。

辩:你知道公安机关在调查这个案件后,你当时有没有跑啊?

被:没有。

……

辩:那你当时有没有感觉到这个案件最后会查到你身上来?

被:我不知道。

辩:你没有感觉到是吧?

被:不知道,心情不好。我不知道。

辩:不知道。到了公安机关找你的时候,你有没有把事情的全部经过如实地向公安机关交代啊?

被:有。

……

辩:好。审判长,我的发问结束。

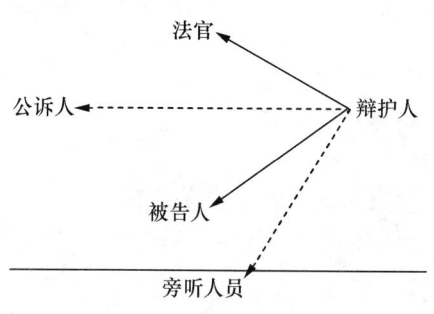

```
          法官
           ↖
 公诉人 ←------  辩护人
           ↙
         被告人
           ↘
         旁听人员
```

图 2-4　庭审中辩护人与其叙事对象的关系

在上例中,与公诉人的叙述不同,辩护人的叙述是通过与被告人的言语互动完成的,同样,他的直接叙述对象是被告人和法庭审判的裁决者——法官,间接受述者有公诉人和旁听人员。另外,辩护人用的是倒叙形式,用了三组问题来说明"孩子生下来时就是没有哭的(不属于谋杀)"、"被告人怀孕是被人欺骗引起的,她是受害者,从怀孕到生产也都没有任何人知道(这为他的辩护意见作了铺垫:被告人的杀人动机应该是情有可原的。作为被告人,在这十月怀胎的过程当中,所经历的精神折磨和身体的折磨是不言而喻的。特别是在分娩的过程当中,没有任何人在身边,就连最起码的接生器械剪刀或者刀子都没有准备,足见被告人心理上在那个时候处于彷徨、混乱的状态。在婴儿生下的时候,没有剪刀,被告人应急之下用指甲扭断了婴儿的脐带,又怕邻居听到婴儿哭啼声让邻居知道自己未婚生孩子,所以又把塑料袋堵住婴儿的嘴巴。被告人当时的困境和痛苦是可想而知的。所以,这种杀人动机与行为,从情理方面来讲,我们认为是应当谅解的。这与一般的杀人罪显然有质的区别。)"以及"案发后没有逃跑,归案后也是如实交代事件的全部内容(认罪态度好)"。辩护人从不同的视角,通过三组问题的问答,把被告人"塑造"成一个无辜者、受害者和认罪态度好的人物。这为他要求法庭轻判的辩护作了很好的铺垫。

下面是审判长对被告人的询问:

审:被告人林某,现在法庭向你调查几个问题,你要如实回答。<u>当发现怀孕的时候,你心里是怎么想的</u>?

被:我很怕。

审:刚才公诉人在讯问你的时候,<u>你说小孩子出生的时候就已经是死的,是吗</u>?

被:嗯,是的。

审:你是如何判断他已经是死的呢?

被:他已经不动了。

审:那有没有哭?

被:没有。

审:你有没有去探他的呼吸或其他什么?

被:没有。我不懂。

审:你就是凭他不会动也没有哭就认为他是死的?

被:我不知道,那时候我脑袋很不清醒。我不知道,我很怕,不太清楚。

审:<u>你是猜想的,还是确定他就是死的</u>?

被:我不知道。

审:那你有没有用塑料袋塞进孩子的嘴巴?

被:有。

审:为什么要塞啊?

被:因为怕他会哭。那时候我一个人在,吓坏了,快要疯了。

审:你不是说你认为他已经死了,那塞他嘴巴是什么目的?

被:我不知道。

审:你就是不确定他已经死了是吗?<u>不能确定,是吗</u>?

被:(点头)但是他真的是没哭了。

审:你把那个婴儿的尸体当天晚上就直接扔到对面的垃圾桶还是什么时候再扔掉?

被:第二天晚上。

……

审:那你现在对你这个行为~有什么看法?
被:我自己认罪,请法官从轻处罚。
审:那我现在再问你,刚才公诉人也宣读了你在公安机关的供述,你对你的供述有没有不同意见?对你以前的供述▲
被:‖我不同意,我有意见。
审:你的意见是什么?
被:我不是故意的,我不是故意杀人的。
审:‖你有意见是吧?你刚才~有说你~▲
被:‖我没有说那个孩子哭了。
审:就是说没有听到孩子哭?
被:没有哭,我有意见。
审:暂时到此。
审:现在由控辩双方举证。首先由公诉人向法庭提供证据。

经过审判长与被告人之间的言语互动,构成了事件的一个叙事版本:被告人知道自己怀孕后很害怕,孩子生下来之后"凭他不会动也没有哭就认为他是死的",后来"怕他哭就用塑料袋塞进了他的嘴巴","第二天晚上把婴儿的尸体扔到了对面的垃圾桶"。从最后一句话看(现在由控辩双方举证。首先由公诉人向法庭提供证据),审判长与被告人之间的叙述对象是公诉人和辩护人。

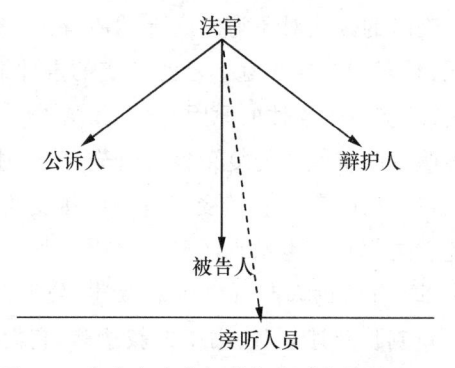

图2-5　庭审中法官与其叙事对象的关系(1)

公诉人针对林某的犯罪事实出具了相关的证据。首先是发现男婴尸体的村民和清洁工的证人证言,证实发现男婴尸体的情况;其次是林某打工的茶叶店老板等人的证言,证实了林某在新世纪茶叶店务工的事实。接着,公诉人出示了两份福建省公安厅的法医学鉴定。第一份是福建省公安厅法医学检验鉴定书,证实的内容是:石狮市公安局在案发后将被告人林某、被害人男婴的血样以及胎盘上面的血样送到福建省公安厅进行血迹 DNA 分型鉴定。鉴定的结论是被告人林某与被害人男婴的血样符合遗传规律,不排除具有单亲关系。第二份鉴定结论是福建省石狮市公安局法医学鉴定书。该鉴定书分析说明,男婴系新生儿且是活产,出生后不久即死亡,口腔内填有异物。鉴定结论是男婴系生前被他人堵塞口腔致机械性窒息死亡。

最后请看审判长的宣判内容:

审:把被告人林某押入法庭。

本院认为,<u>被告人林某对自己刚分娩的婴儿故意采用堵塞口腔的手段,非法剥夺该婴儿生命,致其窒息死亡</u>。其行为已构成故意杀人罪,属情节较轻。公诉机关指控的罪名成立。<u>现因被告人林某是出于怕他人发现其未婚先孕,为保全自己的声誉而杀害自己的亲生婴儿,主观恶性及社会危害性相对较小,可以酌情从轻处罚</u>。辩护人关于对被告人林某从轻处罚的辩护意见予以采纳。依照《中华人民共和国刑法》第 232 条第 1 款的规定,判决如下:

被告人林某犯故意杀人罪判处有期徒刑五年。

审判长在宣判时的叙述对象为法庭上的所有人,叙事的版本跟前面的三个也不同,针对一些在法庭上已经认定的事件细节,如时间、地点等都予以略去,只叙述了事件的原因、方式和结果。

这个例子表明了庭审叙事的复杂性。首先,是叙述者和受述者的多重交叉性,就受述者而言,有直接受述者和间接受述者,而且直接受述者和间接受述者之间有时也没有明确的界限。其次,是对一个案件事实的多版本叙事,有公诉人起诉书中的叙述、公诉人在讯问中的叙述、辩护人叙述、审判长叙述、判决书中的叙述等,它们有的是概述,有的是通过互动问答构成对事件的叙述,还有的是倒叙等。最后,各个叙述者因为不同的叙述目的,所采用的叙事策略也不一样,叙述的内容和主题也有不同。

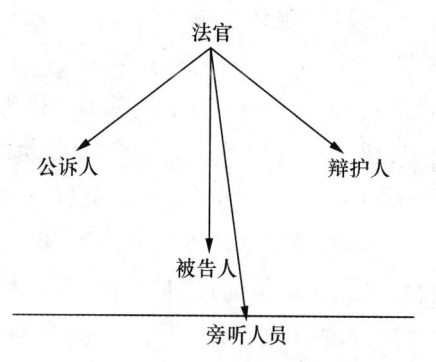

```
                      法官
              ↙         ↓         ↘
         公诉人                    辩护人
                      ↓
                     被告人
                      ↓
         ────────────────────────────
                    旁听人员
```

图 2-6　庭审中法官与其叙事对象的关系(2)

2.1.3.10　认知叙事学

20世纪90年代以来，随着认知科学在西方的兴起，认知叙事学也应运而生。认知叙事学家探讨叙事与思维或心理的关系，关注认知过程在叙事理解中如何起作用，或读者（观者、听者）如何在大脑中重构故事世界。他们也关注叙事如何再现人物对事情的感知和体验，读者如何通过文本提示来推断和理解这些心理活动。认知叙事学研究的主要内容为：

一是规约性语境与读者。认知叙事学所关注的语境有别于言语行为理论所涉及的语境，就叙事阐释而言，有"叙事语境"和"社会历史语境"两类。叙事语境涉及的是超社会身份的"叙事规约"或"文类规约"（叙事本身构成一个大的文类），与之相对应的读者是"文类读者"或"文类认知者"，其主要特征在于享有同样的文类规约，同样的文类认知假定、认知期待、认知模式、认知草图（script）或认知框架（frames/schemata）。社会历史语境主要涉及与种族、性别、阶级等社会身份相关的意识形态关系，与之相对应的读者是"文本主题意义的阐释者"，包括在费伦的修辞性叙事理论中提到的作者的读者、叙述读者和有血有肉的个体读者。可见，"文类认知者"这个概念排除了有血有肉的个体独特性，突出了同一文类的读者所共享的认知规约和认知框架。

二是普适认知模式。经典叙事学构建了叙事语法，与之相对应，弗卢德尼克提出了一个以自然叙事（即口头叙事）为基础的适用于所有叙事的叙事认知模式。① 她认为叙事的深层结构有三个认知参数：体验性、可讲述性和意旨。读者的认知过程是叙事化的过程。这一过程以三个层次的叙事交流为基础：①（以现实生活为依据的）基本层次的认知理解框架，比如读者对什么构成一个行动的理解。② 五种不同的"视角（perspectival）框架"即"行动框架"（历史叙事）、"讲述框架"（第一人称叙述和全知叙述）、"体验框架"（第三人称叙述中采用人物的意识来聚焦，如意识流小说）、"目击框架"（摄像式叙事）和"思考评价框架"（后现代和散文型作品）等框架，这些框架对叙事材料予以界定。③ 文类和历史框架，比如"讽刺作品"和"戏剧独白"。弗卢德尼克模式的新意在于：① 将注意力转向了日常口头叙事，将之视为一切叙事之基本形式，开拓了新视野；② 将注意力从文本结构转向了读者认知，有利于揭示读者和文本在意义产生过程中的互动；③ 从读者认知的角度看叙事文类的发展。

弗卢德尼克认为"叙事化"就是借助规约性的叙事阐释框架把文本加以"自然化"的一种阅读策略。具体而言，

> 叙事化就是将叙事性这一特定的宏观框架运用于阅读。当遇到带有叙事文这一文类标记，但看上去又极不连贯、难以理解的叙事文本时，读者会想方设法将其解读成叙事文。他们会试图按照自然讲述、体验或目击叙事的方法来重新认识在文本里发现的东西；将不连贯的东西组合成最低程度的行动和事件结构。②

三是将叙事作为一种认知风格。戴维·赫尔曼认为叙事是一种"认知风格"，叙事理解就是构建和更新大脑中的认知模式的过程，文中微观和宏观设计均构成认知策略，是为构建认知模式服务的。认知语言学家认为一个事件可以通过不同的语言选择进行不同方式的概念化。试比较以下这些句子：

（1）她爸爸写了这本书。（话语重心在"她爸爸"）

---

① FLUDERNIK, MONIKA. Towards a "Natural" Narratology[M]. London: Routledge, 1996: 244.
② Ibid., 34.

(2) 是她爸爸写的这本书。(强调用法,是她爸爸而非其他人写的)

(3) 这本书是她爸爸写的。(话语重心在"这本书")

(4) 这本书,她爸爸写的。(补充说明)

这些话语表明人们可以用不同的表达方式说明同一件事情。不过,值得注意的是,认知语言学分析的只是句子层次的概念化,但这一方法也可用于分析叙事作品的话语层次结构。

四是认知地图(cognitive map)和叙事空间的构建。认知语言学家们关注的"认知地图"是指大脑对某地的路线或空间环境的记忆,以及对各种"地图"的记忆。瑞安在《认知地图与叙事空间的构建》[①]一书中研究了一组读者根据阅读记忆所画出的认知地图,探讨了真实或虚构的空间关系之大脑模型,尤其关注阅读时文字所唤起的读者对叙事空间的构建。她的研究较好地反映了认知叙事学的一些共性。她选择了马尔克斯的拟侦探小说《一件事先张扬的凶杀案》作为对象,首先把自己放在"超级读者"或"模范读者"的位置上反复阅读作品,根据文中的"空间提示"绘制了一个从她的角度来说尽可能详细准确的"模范地图"(master map)。然后,她将这一地图与一组接受实验的高中生根据阅读记忆画出的"实际地图"进行比较,从中可看出刻意关注叙事空间与通常阅读时附带关注叙事空间之间的不同。瑞安将自己的模范地图作为衡量标准,判断中学生的地图在再现空间关系时出现了哪些失误,并探讨为何会出现这些失误。

除了区分"模范地图"和"实际地图"之外,她还区分了"书面地图"、"科学地图"和"认知地图"的不同,以及与"文本提示"的关系。她认为,认知叙事学关注认知框架与文本提示之间的互动。读者在脑中构建一个事物的图像时,通常有"自上而下"和"自下而上"两种认知方式。但总的来说,无论是哪种情况,都是受到大脑中既定框架影响的自上而下的认知。

---

① RYAN, MARIE-LAURE. Cognitive Maps and the Construction of Narrative Space[A]. In HERMAN, DAVID. Ed. Narrative Theory and the Cognitive Science[C]. Stanford: CSLI, 2003: 214—215.

就庭审叙事而言,它是力求对已经发生的事件的重构,因此,庭审叙事的语境不同于文学叙事的"叙事语境"和"社会历史语境"两类叙事阐释"语境",而是贯穿于叙事发生和理解的整个过程,是个"非历史化"的语境。叙述者和受叙者都是言语互动中的话语角色(除了陪审员之外)。我们认为,对于庭审叙事研究而言,更适合运用认知语言学理论进行分析,而非认知叙事学理论。

2.1.3.11 非文字媒介叙事

叙事就是叙述事件,就是讲故事。罗吉·福勒认为,叙事是指详细叙述一系列事实或事件并确定和安排它们之间的关系。罗伯特·司格勒斯认为,叙述首先是一种人类的行为,它尤其是一种模仿的或表现的行为。因此,从本质上说,叙事不是故事的一种静态的呈现和反映过程,而是故事的讲述者通过故事文本与故事的接受者之间形成的一种动态的双向交流过程。要完成故事的叙述和传播,实现叙事的价值,必须依赖于一定的媒介,这种媒介就是叙事媒体。叙事媒体是完成叙述过程、实现叙事价值的载体。

有些叙事学家把所有叙事媒体作为研究对象,力求抛开不同媒体的不同特点,研究不同媒体叙事的共同本质。托多洛夫认为,叙事学研究的对象是叙事的本质、形式、功能,无论这种叙事采取的是什么媒体,无论它使用的是文字、图画还是声音。它着重研究的是叙事的普遍特征,尤其是故事的语法,即故事的普遍结构。直接受俄国形式主义者普罗普影响的叙事学派注意到了叙事媒体的不同,但他们在研究实践中主要以文学作品为主,没有对其他媒体给以足够的关注。[①]

21世纪之后的叙事学研究呈现经典与后经典的多维度互补和互动关系,研究者们也越来越关注非文字媒介的叙事,其中关于电影、绘画和戏剧的叙事研究尤为瞩目。而在庭审过程中,口头叙事是主要的,文字媒介是辅助的,随着科技的发展,摄像也经常在举证时被用于庭审的叙事。

[①] 肖同庆:《讲故事:影像叙事学的缘起》,http://gs.cclawnet.com/yingxiangshiji/a023.htm,访问于2012年1月20日。

2.2　本书研究的语言学理论基础

　　人们对语言的研究源远流长,但从古代一直到19世纪初,对语言学的研究往往是为了达到哲学、逻辑学、文学或历史学的目的。语言学作为一门独立的学科建立于19世纪上半叶,其最大成就是历史比较语言学,它在语音变化规律的基础上使语言学成为一门学科,但只是在历史的方面。到了20世纪初,瑞士语言学家索绪尔开创了结构主义语言学的先河,他区分语言和言语,提出语言是符号系统的理论并强调对语言系统进行共时的研究。在此之后,结构主义语言学在欧美国家盛行一时。20世纪50年代,转换生成语言学派崛起,它的创建人是美国的乔姆斯基,认为人有按照规则生成和理解无限句子的能力,因此他制定了很多规则,重点研究句子的生成和转换,其研究主要是形式的。他还把语言看做是一种抽象的机制,把语言解释成人类特有的一种内在的生理遗传,凡是脑部发育正常的人都有语言能力,语言学研究所要揭示的就是人类的这种能力,而这种能力是完全独立于语言的使用之外的。乔姆斯基语言理论的中心是语言的语法性,即如何生成合乎句法规则的句子。这种以句法为中心的语言理论把语言的意义排除在语言研究之外。

　　20世纪六七十年代,语言学理论研究在英美等国家进入了一个新阶段,主要有以下几个方面的特点:

　　首先,把语法研究同语义研究和语用研究相结合。在这一期间的语言学界,学术研究逐渐超越语音学、形态学、句法学等这些传统的核心主题,转向了更加复杂的语义领域进而进入了语用领域。语言学研究领域逐步扩大,其结果是人们逐步认识到语言研究不仅是一种抽象的、理想化了的、只用做最严格的形式分析的研究。越来越多的语言学家逐渐开始研究语言作为工具的作用,即人们在现实的生活场景中使用语言对互相关心的话题进行交际。这样,对语言的结构和功能的研究就转向了以人为中心的方法,这就是语用学。

　　其次,社会语言学和心理语言学继续发展。因为这两个语言学分支本身都是研究语言在使用的过程中因为一些心理的和社会的因素产生的变异现象,而这些变异在法律活动的语境中对完全处于动态的语言的理解起着很重要的作用。

最后,话语分析理论(discourse analysis)出现。话语分析理论也是从 20 世纪 60 年代中期开始成为一个独立的研究领域的。它的出现是人类对语言认识不断发展的必然,体现了语言研究从形式到功能,从静态到动态,从词、句分析到话语、篇章分析,从语言内部到语言外部,以及从单一领域到跨学科领域的过渡。

值得注意的是,叙事学学科也是在 20 世纪 60 年代末确立的。但是,可能是因为一方面,叙事学首先是作为文学批评方式而发展起来的,另一方面,语言研究的首要对象转向口语也是在差不多时间发生的,所以,叙事学被用于法庭审判这样一种以口语为首要的语言表达方式的研究还不多见。

下面我们摘录的是将在本书中运用到的相关语言学理论及方法。

2.2.1 语用学

语用学研究的内容有很多,如意义与所指、指示、言语行为理论、语言的间接性、会话的合作原则、会话的礼貌原则及策略、跨文化语用学、前提、会话的语用研究等。其中,跟我们的研究相关的主要有言语行为、语境和会话的语用研究等。

2.2.1.1 言语行为理论以及庭审叙事功能

言语行为理论的创始人是英国哲学家 J. Austin。哲学家历来所持的一种假设是:陈述之言(statement)的作用或是描述事物的状态,或是陈述某一事实,两者必居其一,别无他用,而陈述之言所作的描述或陈述只能是真实,或是谬误。哲学家历来所关心的只限于陈述的可验证性(verifiability),即如何验证某一陈述是真实的,或是谬误的,以及如何规定一个真实的陈述必须满足的条件等。Austin 虽然是个哲学家,但他对哲学界语言研究中的这种传统的观点提出了怀疑。他认为"许多陈述之言只不过是'伪陈伪述'(pseudo-statement),人们所说的许多话语貌似陈述,但它们根本不以坦直地记叙或传递有关事实的信息为目的,或是仅是部分地以此为目的"①。据此,Austin 首先区分了两大类话语:言有所述(constative)和言有所为(performative)。言有所述的话语是可以验证的,即或是真实,或是谬误;言有所为的话语都是不能验证的,它们无所谓真实或谬误,因为它们是被用来实施某一种行为的,如结婚仪式过程中的"I do"。

如果说 Austin 把言语行为理论看做是对孤立的话语意义的研究的话,那么 Searle 则把这一理论提高为一种解释人类语言交际的理论。Searle 认为,使用语言就像人类许多其他的社会活动一样是一种受规则制约的有意图的行为。每当我们讲话时,我们便是在按照使用语言充分的规则施行着各种各样的言语行为。Searle 认为语言交际的最小单位并不是人们通常所认为的那样是单词或句子等语言单位,而是言语行为,因此,语言交际过程实际上就是由一个接一个的言语行为构成的。每一个言语行为都体现了说话人的意图。因此,从言语行为理论出发对语言交际的研究包括两大方面:一方面是说明说话人如何根据一定的规则来施行自己所想要实施的言语行为,另一方面还要解释一个接着一个的言语行为如何构成连贯的、有意义的语言交际。他把言外行为分成阐述类、指令类、承诺类、表达类和宣告类。②

从言语的角度看,法庭审判是一个以言行事的"大言语行为",如我国 1996 年修改后的《刑事诉讼法》第 12 条规定:"未经人民法院依法判决,对任何人都不得确定有罪。"人民法院的依法判决必须经过开庭审理才能实现。开庭审理即人民法院在当事人和所有诉讼参与人的参加下,全面审查认定案件事实,并依法作出裁判或调解的活动。因此,从总体看,审判是一个以言行事的过程,其目的是法官代表法院这个国家机关在法庭上"全面审查认定案件事实"、"适用法律"并最后"作出判决"。当然,根据庭审程序规则,庭审程序是:宣布开庭、庭审调查、法庭辩论、最后陈述/意见和宣告判决。这个大言语行为是由法庭审判必不可少的五个程序阶段的言语行为序列功能实现的,它们

---

① AUSTIN, J L. How to Do Things with Words? [M]. Oxford: The Clarendon Press, 1962: 1.

② 何兆熊主编:《新编语用学概要》,上海外语教育出版社 2000 年版,第 87、95 页。

是:开庭功能、举证功能、辩论功能、最后确认以及宣判功能等;同时,当事双方以激烈的矛盾冲突开始,到最后接受法官作出的裁判,使矛盾得以化解,因此可以说审判还有调解功能。每一个阶段实现的言语行为功能又是由多个低一层次的言语行为序列构成的,如举证功能是由对证据1—n的举证序列功能实现的。法庭审判中的每一个言语行为都有其不同的功能,我们认为主要是指令功能、表述行为功能、陈述事实/意见功能、获取信息功能、确认功能等。

从叙事的角度看,庭审叙事也是以口头讲述的形式进行的,这种讲述有独白形式,如在诉讼请求、最后陈述和法官判决中,也有庭审调查和法庭辩论中以问答形式构建的叙述。考虑到庭审的功能,我们认为庭审叙事的总体功能是说服:原被告或控辩双方通过叙事构建他们各自的"故事"以说服法官接受自己的故事版本,法官在两造的故事版本的影响下形成自己的"故事"版本,再作出判决。当然,判决结果同样要面临说服两造和旁听人员等的问题。

2.2.1.2 庭审叙事的语境因素

语用学强调语境(context)在意义研究中的重要性,这是因为对于实际使用的语言来说,意义不是抽象的,而是和一定的语境紧密联系的,离开了使用语言的时间、地点、场合、使用语言的人,以及使用语言的目的等语境因素,便不能确定语言的具体意义,对语义的研究就算不上全面。[①] 例如,"狗"这个词指的是"一种犬科哺乳动物",但是进入语境之后如果有人说"狗",这个说话人意指:"小心,有条狗!"

法庭审判的语境因素主要有[②]:

(1) 法庭物理场景

一般法庭场景的布置中有在法庭的正上方高悬着庄严的国徽;国徽下法庭的正前方是暗红色的审判台,台后正中央为审判长的法椅,稍高于两旁的审判员的法椅;紧贴审判台的正前面是书记员席,它略低于审判台;审判台的前两侧,比审判台低30到60公左右,相向分别而设原告及其代理人席或者刑事审判中的公诉人席(左侧)和被告及

---

① 何兆熊主编:《新编语用学概要》,上海外语教育出版社2000年版,第4页。
② 余素青:《法庭言语的制度性特征分析》,载《修辞学习》2008年第10期。

其代理人席或者刑事审判中的辩护人席(右侧);低于原被告席、书记员的正前下方,是刑事审判中的被告席;原告席一侧的下方是法警的坐席;证人席一般在被告席的一侧;审判台对面、刑事被告人后面是旁听席,与法庭审判区之间有栅栏隔开。审判长和审判员必须身穿黑色法袍,左胸别着国徽。审判台上审判长台前放着法锤,当审判人员宣布开庭、维持旁听人员秩序或制止旁听人员插话、休庭、审判结束等时使用。法庭物理场景的设置向人们传递着一种威严,这种威严来自于国家的法律及其强制性,这也增强了在法庭审判这一任务中的审判人员的制度性身份,使审判人员显示其权威。各席位的高低层次显示相应席位上话语角色的权力的大小层级。审判人员尤其是审判长的法椅最高,他们代表的权力也最大。

(2)法庭审判场合

在进行法庭审判时,除了庄严肃穆的法庭物理场景外,还有严格的程序和纪律约束、严肃性话语主题等。其中,法庭纪律体现了庭审的严肃性。在法庭审判场合,因为法庭言语角色的参与而使审判场合具有社会性特征。这样一个严肃的场合,决定了话语基调的严肃性。另外,言语内容不是随意的,而必须与案件事实有关、与相关法律有关。话轮也必须按照庭审的程序规则进行转换。

(3)言语角色

言语角色指交际事件的参与者,即使用语言的人,包括说者和听者。法庭审判中的言语角色主要有:民事审判中的法官和原告、被告,刑事审判中的法官、公诉方、辩护方和被告人。

首先,审判人员——制度性身份的专业人员。

"话语的制度性不是由物理场景决定的,而是由某职业活动中的工作人员的制度性或职业性身份决定的。"[①]如巡回法庭,没有法庭庄严的物理场景,只有审判人员和书记员,有时他们会带上国徽,拉上一个"巡回法庭"的条幅。他们进行的审判与在法庭物理场景中进行的审判一样具有法律有效性。

---

① DREW, PAUL, HERITAGE JOHN. Talk at Work:Interaction in Institutional Settings[C]. Cambridge:Cambridge University Press,1993.

制度性话语的交际行为反映社会的作用和某些机构的作用,这是从话语的功能方面来考虑的。法官的功能就是通过司法审判来体现和维护社会公正。因此,法官在法庭言语活动中的角色功能有:

参与角色功能:是交际事件的参与者,是话语的最终接听者。

职业角色功能:指参与交际的某个方面的角色——审判主持者。专业角色通常跟某个机构和职业连在一起,充当某个职业角色的参与者所说的话,通常不代表他们自己,而是代表某个机构。这也说明了为什么法官会称呼自己为"本庭"、"本院"、"法庭"等,如"你们的辩论法庭听得很清楚"。法官是代表国家行使审判权的,因此也可以说是制度性身份赋予了法官以权力和权威。任何顶撞法官的言语或者不听从法官的指令,都会被认为是藐视法庭而被予以制止或受到惩罚。

其次,法庭言语角色的社会属性特征。

"社会语言学的研究首先根据言语交际者在谈话中引入的社会特征来研究语境,这些社会属性(social attributes)包括:年龄、性别、职业、社会阶层或阶级、民族、地区、亲属关系等。他们对社会场景的数据的研究表明:这些属性的关联性取决于 ① 谈话发生的特定场合——也就是是否日常交谈、谈话发生在法庭还是商业谈判等;还取决于 ② 说话者在这些场景中所从事的特定的言语活动或言语任务。他们还发现,场合的本质加强了说话者的社会属性的关联性;而在另外一些情况下,人们所从事的活动会破坏他们之间的社会属性的关联性因而影响了话语。"[①]

在法庭诉讼过程中,言语活动在法庭这一特定的场合中进行,言语角色为了实现各自的目标进行交际,他们之间的任何社会关系只归结为这样的社会关联性:

第一,审判人员、公诉人、代理律师属法律职业人员,原告、被告、证人等属非职业人员。

第二,诉讼当事人之间的任何关系,如父子关系、夫妻关系、兄弟关系等,都首先被归结为"原告"和"被告"之间的法律关系。这是由

---

① DREW, PAUL, HERITAGE JOHN. Talk at Work: Interaction in Institutional Settings [C]. Cambridge: Cambridge University Press, 1993.

他们所参与的法律诉讼这一活动或任务决定的。

第三,法庭言语中的原被告角色并非任意,他们受法律和程序规则限制并确定当事人是否具有诉讼主体资格。

(4) 庭审话题

① 法庭审判中的话题是庭审要解决的法律争端。在审判人员宣布开庭之后,就会提出庭审具体针对什么法律纠纷进行审理。根据庭审程序阶段,在宣布开庭时当审判人员宣布开庭之后,就确定了主话题,也就确定了法庭审判的范围。在法官确定了主话题之后,那么在该庭审中,所有言语角色的话题都要与具体的法律相关规定有关。

在法庭调查阶段,法庭要调查的是当事人双方所出示的用来证明他们的诉求或辩护的相关证据,因此针对他们出示的每一个证据进行的法庭调查都是一个相对独立的次话题。在法庭辩论阶段也是一样,针对法庭调查确认后的事实,双方当事人针对每一个辩论焦点发表的辩论意见也构成一个个相对独立的次话题。

② 在法庭调查阶段,当事人只能对证据的真实性发表意见,表明认不认可的态度即可。只有在法庭辩论阶段才能发表对证据或法庭调查阶段确认的事实等法律适用情况的辩论意见。也就是说,虽然次话题都是为主话题服务的,但在庭审的不同阶段,庭审的程序规则对次话题的具体内容还是有一些规定的。

(5) 庭审时间

在诉讼法中,有一个术语是期日,"是指司法机关会同诉讼参与人于一定场所共同进行诉讼活动的日期,如开庭审理之日、侦查机关传唤未被羁押的犯罪嫌疑人到指定地点进行讯问的日期等。期日是司法机关和诉讼参与人共同为诉讼行为之时,应当共同遵守。期日是由司法机关指定的,如开庭审判的日期。司法机关为了履行自己的职责,指定日期,应当根据诉讼的进程和需要慎重地决定,不得轻易变更"①。

法院在受理案件之后,根据诉讼进程择期对案件进行审判或审

---

① 王国枢主编:《刑事诉讼法学》,北京大学出版社1999年版。

理。除了具体日期之外,还要确定在该日期的哪个时间段进行公示。另外,案件审判或审理的任务是查明事实、适用法律,因此在案件审判或审理过程中,如果举证、辩论或最后陈述时当事人所讲的内容超出了案件范围,或内容重复,审判长会在时间方面予以限制并及时制止。在法理上也有在辩论时"辩明即止"的规定,都是要求人们在庭审的过程中要节约时间,讲究效率。

2.2.1.3 会话的语用研究

会话的语用研究主要是会话的结构研究(包括局部结构和整体结构)和动态语用研究,语用学研究会话结构的目的是要通过探索自然会话的顺序结构来揭示会话构成的规律,解释会话的连贯性。从这一点看,语用学家和话语分析家有着共同的目标。因此,我们将在后面部分再论述叙事的结构问题。

动态语用研究的内容主要有话语角色类型、语用模糊与会话策略、会话活动类型等。首先,在给交际双方所担当的角色进行分类前,有必要区分话语角色和社会角色(discourse role & social role)。社会角色指的是言语交际过程中交际双方或多方之间的社会关系,如一方是大学教授,另一方是大学生等;而话语角色指的是参与交际的任何一方与话语信息之间的相互关系,即研究和区分交际的某一方是在发出信息、接受信息,还是代表某一方在传递信息这类关系。其次,语用模糊指的是说话人在特定语境或上下文中使用不确定的、模糊的或间接的话语向听话人同时表达数种言外行为或言外之力这类现象;交际双方均可以话语来达到自身的交际目的或意图。双方为了在谈话中取得有利和主动的地位,总是设法限制对方使用模糊性话语,因而必须采用此会话策略来限制和防止对方的话语带有模糊性。Thomas 将这一会话策略概括成两类:一类是话语层次上的;另一类是语篇层次上的。最后,虽然我们可以概括一些会话活动类型的特征,但是具体有哪些会话活动类型尚未能确定。① 但是,语用学认为社会角色属于社会语言学研究范畴,不在其讨论范围之内,而我们的研究恰恰是关于社会角色的研究,请看下一节。

---

① 何兆熊主编:《新编语用学概要》,上海外语教育出版社 2000 年版,第 330—338 页。

2.2.2 社会语言学

单从语言学的角度看,人们对课堂话语、医患话语、新闻访谈、法庭话语、政论话语等的研究中都引入了"institutional discourse"的研究方法,有人认为它是"职业话语"(professional discourse)的代名词,有人把它翻译成"机构性话语",也有人提出了"领域语言"这一术语。我们认为,如果考虑社会制度因素的话,"institutional discourse"译为"制度性话语"更为贴切。

社会语言学在制度性话语研究中有两个重要概念:权势和亲和。权势的层级(hierarchy)性是相对于亲和(solidarity)而言的,它们都属于社会心理学的研究范畴。法庭审判话语属于制度性话语,制度性话语的研究通常都着重于揭示不对等或非等同关系以及语言中权势(power)的使用。法庭审判中的言语角色之间的权势不对等引起了他们之间的权势的层级性,权势的层级性又影响着各言语角色之间的话语权的大小。在讨论层级性之前,我们先看一个重要的概念:权势。

2.2.2.1 权势

大部分制度性话语的研究主要着重于两个方面,一是认为制度性的组织赋予某些个体以权势,二是研究在互动的细节中这种权势是如何达到的。因此,从广义上说,权势既包括一个个体在日常言语互动中获得的对其他个体的权势,也包括社会权势(通常体现在社会阶层和组织的结构中)。

综合各方面的研究,我们认为法庭言语中的权势直接影响到话语权,话语权主要受三个方面的因素制约,具体如下:

(1)国家赋予机构的权力和权威

法庭言语角色的权力和权威具有法律基础。法庭审判属于法的适用的内容。法的适用是由特定的国家机关及其公职人员,按照法定职权实施法律的专门活动,具有国家权威性。在我国,人民法院和人民检察院是代表国家行使司法权的专门机关。法的适用是司法机关以国家强制力为后盾实施法律的活动,具有国家强制性。由于法的适用总是与法律争端、违法的出现相联系,总是伴随着国家的干预、争端的解决和对违法者的法律制裁,没有国家强制性,就无法进行上述活动。司法机关依法所作的决定,所有当事人都必须执行,不得违抗。

也就是说,如果我们确认适用法律的体制是必要的,我们就赋予了司法人员以权威。当甲方和乙方发生争端时,双方(通常由律师代理)会很正式地向第三方陈述各自关于该争端的不同版本的内容。这里的第三方就是被赋予权利和义务去听取证据、对证据适用法律并解决争端的法官。因此,在工作当中,法官必须让他的权威得以承认、他的命令和判决得以遵从。权力和权威在语言中的使用方式是个很值得研究的问题。正如Goodrich(1987)[①]所说,法律是一种官僚体制,很多权势都体现为一种组织内的层级。

(2) 在法庭言语互动中一方通过语言的使用对另一方的控制

法庭言语中的权势还具有语言学基础。比如,法庭上最有效的控制方式就是提问。律师可以在对证人的提问中加入隐藏的预设,可以通过提问使对方的回答出现前后矛盾,通过提问证明证人对所述问题认识模糊或一无所知而否认其证词的证明力,通过提问来限制对方回答的内容(如选择问句,"请你只回答是或不是")等。法庭审判中的控辩双方都会通过使用一定的语言策略和言语策略对对方进行一定程度的控制。

(3) 知识就是力量

掌握专业知识才能使用专业话语,因此专业知识对话语权起作用。在审判过程中,法官、律师和公诉人具有法律知识,并熟悉庭审程序。另外,在办案过程中,法官和公诉人接触了一些与案件相关的材料,对案情的了解也比被告人相对更多。综上所述,法律职业人员与非法律职业人员相比具有更大的话语权。

总之,法庭上的权势包括权力和权威以及在法庭言语互动中一方通过语言的使用对另一方的控制。谁的权势越大,所掌握的法律知识和庭审程序等越多,谁就越有话语权,也就越有可能控制权势较小的一方。

2.2.2.2 法庭言语角色之间权势的层级关系

话语权的不对等引起了法庭言语角色之间的层级性。那么权势

---

① GOODRICH, PETER. Legal Discourse: Studies in Linguistics, Rhetoric and Legal Analysis[M]. London: Macmillan, 1987.

在法庭言语中具体表现在哪些方面呢？我们先看言语中体现话语权的三种方式：提问、控制话题和打断。

（1）提问

当人们承担不同的角色时，并非是有人具有权势而其他人就没有，而是他们具有不同的权势并且他们用不同的方式实施他们的权势。权势存在于不同的形式中，也可以用不同的方式表现出来——它是在人们对别人的行为作出动态反应时不断变化的。律师和法官有权要求对他们的提问作出回答就是他们具有权势的一种表现。在法庭上，法官提出问题，双方律师或当事人、证人必须回答；一方律师提问，另一方律师或当事人、证人也有义务回答问题。

（2）控制话题

可以说，谁控制了话题（topic）谁就控制了互动关系。在大部分情况下，仅仅因为有人提出话题是不够的，还必须有人加入这个话题，必须有合作和互动。因此，话题之所以成为话题，就像一个陈述可能变成一个提问一样，关键在于其他人是怎么反应的。一直保持对别人的话题表示关注可能给对方以权势，但同时也可以看做是关注给话题者的权势的一种反映。在法庭言语中，大话题和次话题主要都是由法官控制的（程序因素）。

（3）打断

另一个重要的话语权是打断，如法庭上最具有权势的法官可以随时打断任何人。在权势中一直处于被控制的一方会使用打断来阻止对方，这也通常被认为是没有权势的人为了引起注意、获得权势而使用的最后一招。

因此，我们可以通过法庭上体现话语权的三个方面，即提问、控制话题和打断，来分析法庭言语各角色之间的层级关系，具体如下：[1]

---

[1] 廖美珍：《法庭问答及其互动研究》，法律出版社2003年版。

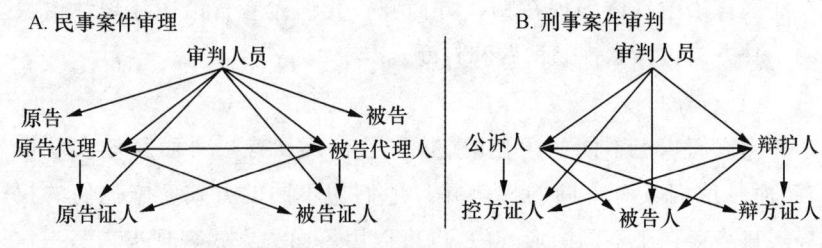

```
    A. 民事案件审理                    B. 刑事案件审判
            审判人员                          审判人员
    原告           被告              公诉人           辩护人
    原告代理人    被告代理人
    原告证人      被告证人           控方证人   被告人   辩方证人
```

图 2-7　庭审中叙事角色的层级关系

图 2-7 中的箭头表示一方可以向对方提问、引出新话题或打断对方。除了原被告之间在法庭辩论期间可以互相答辩之外，其他的箭头都是不可逆的，可见法庭言语角色中话语权最大的是审判人员，其次是控辩双方（或代理人），最不具权势的是证人、刑事案件中的被告人。民事案件原被告或者他们的代理人之间的箭头是可逆的，他们在法庭辩论期间可以互相答辩。在刑事案件审判中，辩护人的权势低于公诉人，因为公诉人代表国家提出公诉，至少他们获取的案件信息会更多；被告人与证人一样，是最不具权势的。因此，法庭言语角色的话语权大致有三个层级：

第一层级：法官

法官在法庭上代表国家行使审判权，因此被赋予了权力。法官在法庭上还具有最高权威，法庭所有其他人员对法官的讲话尽量贴近正式礼貌用语。如在称呼上有：Your Honor，Your Lordship，Your Worship，"尊敬的审判长、审判员"、"尊敬的法官、书记官"等。

法官的权威在非语言特征上也有显示：法院壮观的建筑、法官高座（比原被告的座位高）、国徽（如云南的一个巡回法庭——"马背法庭"，马背上驮的是国徽）、法官袍、法锤等；在法官进出法庭时，所有人员必须起立，经法官的准许后才能坐下等。

因此，法官最具权势，他可以向法庭所有其他言语角色如公诉人、原被告及其代理人、证人甚至法警、书记员、旁听人员等发话。法官的权势在语言使用上的显示是法官可以根据庭审需要向所有在庭的人发出指令或提出疑问，作出决定。他提问时对方必须作出回答。除了对律师等的请求作出许可或否定外，他一般不回答问话。

第二层级:原被告、公诉人和辩护律师

处在第二层级的法庭言语角色相对复杂。

一是公诉人或控辩双方律师具有法律专业知识并熟悉法庭审理程序,他们懂得怎样使用专业语言或语言策略及言语策略等来达到他们的目的,他们还具有一定的权力。因此,法庭上最为活跃的是公诉人或律师,他们对法官一般不发问,只提出请求,采用的是正式的、礼貌的用语。他们可以向他方律师和证人等发问,但采取的问话方式不相同。对于他方律师的问话,则与他方用语相对应;对于他方律师及他方证人,问话的礼貌程度降低。他们有权要求他方律师或证人回答他的提问。因此,法庭上除了法官之外,公诉人或律师的权势次之。大多数非法律专业人士一般都会选择请律师为其起诉或者辩护。

二是民事案件中的原被告双方当事人,他们与律师相比,法律专业语言的使用就受到了限制。

三是相对而言,民事案件中的原告及其律师与被告及其律师相比更具话语优先权。在刑事案件中,国家公诉人代表国家提起公诉,因此比辩护律师更具权势。

第三层级:证人及刑事审判中的被告人

证人分一般证人和专家证人。专家证人因为具有专业知识而更具权势,他们除了回答问题之外还会在法庭上宣读鉴定结果或者提出建议。

一般证人及刑事案件中的被告人最不具权势,他们不能向法庭上的任何一方提出问题,也不能打断或引入新话题。一般只能答话,且答话的内容常受法官或律师的影响,不能凭自己的意愿偏离或转换话题。因此,他们很少有话语主动权,只能等待他们的话轮,有时证人甚至要等上好几天才能有机会获得话轮,在话语权这一点上是完全被动的,但他们并非毫无话语权,他们对语言的使用也具一定的手段。

2.2.2.3 法庭言语角色之间的亲和关系

尽管制度性话语通常被认为是权势不对等的,但事实上,复杂的人与人之间的关系远非单一的非对称性所能描述。因此,我们可以说法庭言语是充满权势的,但这并不排除法庭言语角色之间的互动还具有亲和关系(solidary relationships)。亲和(solidarity),有人也翻译成"团结一致"、"等同性"等,指的是"没有社会距离",包括团体的成员身份和人际情感(group membership and interpersonal affect)。① 一般而言,亲和关系指身份地位平等或关系密切者之间的关系,任何一方在互动中不拥有对另一方的权势。法庭言语中的亲和关系主要体现在律师与他们的当事人和己方证人之间。原被告代理人和证人之间的言语目的是受利益驱使的,原告律师和己方证人之间利益一致,因此相互呈亲和关系;被告律师和对方证人之间存在利益冲突,因此他们之间的话语极具对抗性。②

2.2.3 话语分析

有些语言学家从话语分析的研究对象和内容上定义话语(discourse)。如斯塔布斯认为,话语分析是对"自然发生的连贯的口头或书面话语的语言分析"③。因此,它的分析单位是大于句子的或从句的语言单位,如口头会话或书面语篇,而且这些语言序列是连贯的。同时,他强调分析社会语境下语言的使用,即"自然发生的"话语。辛克莱(Siriclair)和库尔哈德(Coulthard)认为话语分析是话语语法学。他们同威多森和韩礼德一样,认为话语分析主要是对语篇衔接和话语连贯的研究。

还有一些语言学家从话语功能角度定义话语。威多森认为话语分析是对"句子用于交际以完成社会行为的研究",强调话语的交际功能;④布朗和尤尔认为话语分析是对使用中的语言的分析,它不仅仅是探索语言的形式特征,更是对语言使用功能的研究。

也有一些语言学家从社会语言学的角度定义话语分析。比如,

---

① GIBBONS, JOHN. Forensic Linguistics: An Introduction to Language in the Justice System[M]. Oxford: Blackwell Publishing, 2003.
② 余素青:《法庭言语研究》,北京大学出版社 2010 年版,第 91—100 页。
③ STUBBS, M. Discourse Analysis[M]. Chicago: University of Chicago Press, 1983: 1.
④ WIDDOWSON, H G. Explorations in Applied Linguistics[C]. Oxford: OUP, 1979:52. Cited from Goffman. Ed. Forms of Talk[M]. Oxford: Basil Blackwell, 1981.

范·戴克[①]和韩礼德[②]就指出话语分析是一种社会分析方法,揭示人类如何理解彼此的话语。美国社会语言学家拉波夫指出,话语分析就是制定规则,"把所做与所说或所说与所做联系起来",强调话语规则的先决条件,指出必须满足一定条件话语才可以被看做是某种特定的交际行为。[③]

由此可见,话语结构形式、话语规则、话语模式等都是话语分析这一新的研究领域的不同侧面。话语分析学者由于各自不同的语言观念及理论侧重,对话语进行了不同侧面的观察和分析。综合而言,所有对话语分析的定义无外乎两个层次,话语分析是对超句单位结构的静态描写;话语分析是对交际过程意义传递的动态分析。[④]

2.2.3.1 话语结构

话语的结构分宏观和微观两个方面,两者之间有层级性。我们根据辛克莱和库尔哈德在研究课堂话语的基础上提出了课(lesson)、课段(transaction)、回合(exchange)、话步(move)、话目(act)五个层次的话语结构模式,把法庭话语分成法庭话语语篇、法庭话语语段、回合组、回合和话步五个层级。

语篇的总主题通常由多个次主题构成。结合法庭审判的程序规则、法庭话语的形式结构和主题层级结构,可以把法庭话语语篇分成五个语段,每个语段又是由回合组构成的,如图2-8所示。

这是从话语层面上的结构分析,就庭审叙事而言,其结构和形式都不同,我们将在第5章详细论述。

2.2.3.2 衔接与连贯

与话语分析的两个层面——结构和意义——相对应的是衔接与连贯两个概念。韩礼德和哈桑认为,任何一段能成为语篇的话语必须具有语篇性(texture)。他们所说的语篇性包括两方面的特征:一是结

---

① VAN DIJK T A, KINTSCH W. Macrostructures: An Interdisciplinary Study of Global Structures in Discourse, Interaction, and Cognition[M]. Hillsdale, N.J.: Erlbaum, 1980.

② HALLIDAY M A K. Language as Social Semiotic[M]. London: Edward Arnold, 1978.

③ LABOV, W. The Study of Nonstandard English[A]. Washington, D.C.: The Center for Applied Lingnistics, 1969.

④ 李悦娥、范宏雅编著:《话语分析》,上海外语教育出版社2002年版,第5页。

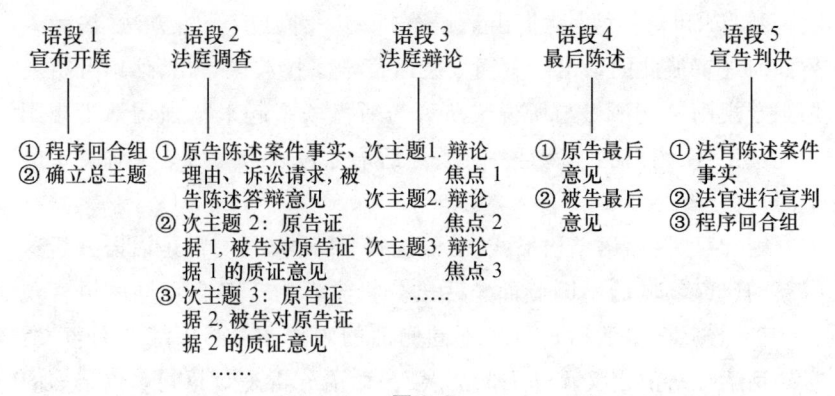

语段1 宣布开庭	语段2 法庭调查	语段3 法庭辩论	语段4 最后陈述	语段5 宣告判决
①程序回合组 ②确立总主题	①原告陈述案件事实、理由、诉讼请求，被告陈述答辩意见 ②次主题2：原告证据1，被告对原告证据1的质证意见 ③次主题3：原告证据2，被告对原告证据2的质证意见 ……	次主题1. 辩论焦点1 次主题2. 辩论焦点2 次主题3. 辩论焦点3 ……	①原告最后意见 ②被告最后意见	①法官陈述案件事实 ②法官进行宣判 ③程序回合组

图 2-8

构性特征，二是非结构性特征。[①]

结构性特征指的是主位结构和信息结构。从主位结构看，一个结构完整的句子都由主位和述位构成，主位是全句内容的起点或谈论的话题，述位是对主位作出的描述，主位在前，述位在后。从表达的信息看，一个结构完整的句子通常既含有旧信息，也含有新信息，一般旧信息在前，新信息在后，但位置可以颠倒。信息的新旧，主要依靠语调的起伏变化识别。

非结构性特征指的是话语内部的上下衔接。所谓衔接，说到底就是语篇内部两个不受句法结构制约的成分在意义上相互关联，用韩礼德和哈桑（1976）的话来说，就是一个成分的解释取决于另一个成分的解释。

可以这么说，结构性特征研究侧重的是句内不同成分（如主位和述位、重读成分和非重读成分）之间的语义联系；非结构性特征研究侧重的则是句间不同成分之间的语义联系。

在韩礼德和哈桑等人看来，衔接是生成语篇的必要条件之一。虽然这一说法有些绝对，因为我们可以毫不费力地举出很多没有衔接手段而意义依然上下连贯的例子，但许多连贯的语篇都含有衔接手段也

---

① HALLIDAY, M A K, HASAN, R. Cohesion in English[M]. London: Longman, 1976; Language, Context and Text: Aspects of Language in a Social-semiotic Perspective[M]. Victoria: Deakin University Press, 1985.

是毋庸置疑的事实。因此,我们完全有理由把衔接手段的研究看做是语篇研究的一个不可忽视的内容,并给予充分的注意。从微观层面上看,语篇衔接的语法手段有照应、省略、替代和连接;词汇衔接手段有重复、同义/反义、下义/局部意义和搭配。①

跟话语结构的分析一样,以上也是话语的衔接与连贯,庭审叙事的衔接与连贯情况与此不同,它会更注重故事结构的衔接与信息及意义的连贯,其具体的衔接模式我们将在第7章进行具体研究。

2.2.4 认知语言学

认知语言学的研究也是从20世纪50年代开始,到70年代成熟的一个学科,它的具体研究内容有原型与范畴、认知隐喻及转喻、框架(图式)与构式、相似性、主体与背景等,其中与我们的研究相关的是图式理论,我们拟用认知的图式/框架理论来构建庭审叙事的衔接模式,以研究其意义的连贯。

2.2.4.1 认知图式

20世纪四五十年代是认知心理学勃发展时期,众多的学者在他们的研究中都引用了图式概念和图式思想,图式理论和图式思想逐渐成为一个具有元理论意义的概念在众多的学科中得到广泛使用。

图式是一个理论性的心理结构,用来表征贮存在记忆中的一般概念,它是一种框架、方案或脚本。图式论认为人类的所有知识都是组合成单元的,这些单元组合而成的结构就是图式。图式中的成分,除了知识本身以外,还有如何使用知识的信息。因此,图式是一个数据结构,用来表征贮存在记忆中的一般概念。

图式是通过人对外界的人、事物和事件的认知体验产生的。当人重复接触一件事物时,如一个饭馆,人就开始对饭馆产生一种概括,把有关饭馆的经验发展为一组抽象的、一般性的、关于我们在饭馆里会遇到什么样的情况这样一个期望。这一点是很重要的,因为如果别人给你讲了一个到饭馆吃饭的故事,他不一定非得告诉你所有的细节,

---

① 朱永生、郑立信、苗兴伟:《英汉语篇衔接手段对比研究》,上海外语教育出版社2001年版,第3—5页。

如入座、点菜、吃饭、结账等,因为你关于饭馆的经验图式会填补这些被省略掉的细节。

就图式的功能来说,首先,图式提供统一的内容主题。因为缺乏主题的信息是难以理解的,或者是错误的,读者可以给错误的主题加信息。通过"标准"的安排来选择文本,使得文本符合读者的期望。其次,图式影响人们对过往事件的印象。Bernard,Killworth,Kronenfeld和Sailer进行了一系列的研究来分析受试者回忆以往事件的准确性,他们的研究富有说服力地显示,在对过往事件进行回忆时,受试者所回答的内容中有一半是错误的。这一发现引发了大量的争论和重复研究,其中Freeman和Romney的一项研究得出了更有说服力的结论。他们认为,受试者在对以往事件回忆时,回忆的非准确性不是随机的,而是有系统性和可以预测的。也就是说,人们回忆的非准确性来自于人们根据以往经验和自己的社会网络建立起来的图式。这一结论说明,在对信息进行加工时,图式会对信息进行主动的重组。再次,图式影响人的学习能力。最后,有些图式尤其是基本的图式具有派生能力。比如,"容器"这一概念是一个抽象的知觉性对象,它包含内层面、夹层面和外层面,主要部分就是容器本身。容器图式在英语表达中有很多是暗指性的,如"he walked out of the room","he fell into a trap"等。

认知语言学认为,阅读是读者和文本之间的双向交流,对文本的表征是通过自下而上的信息加工(包括词汇识别、语音/词形对应等)和自上而下的信息加工(包括预测、推理等)同时相互作用而获得的。图式理论之于语篇,就像深层结构之于句子,它在理解语篇内容和表达语篇内容两个方面都有用。然而,在语言产生这一水平使用图式应该掌握相关组的词汇量(在某种程度上也包括语法),没有这一点,图式就不可能以口语的形式产生出来。基本的原因是图式是语篇的框架,而语法和词汇是使得语言在语言产生中得以完整的建筑构件。

背景知识在阅读中的重要性也是图式理论的中心,这一理论认为阅读一个文本是读者的背景知识和文本本身的相互作用过程。组织和贮存在读者心中的知识称为图式。根据这一理论,优秀的读者把他们的图式和展现在文本中的新信息联系并关联起来。①

2.2.4.2 认知与语篇

语篇是人们用语言系统进行交际的意义单位。语篇的创造者在写作或说话时会有意无意地利用语言所特有的衔接手段来达到语篇微观和宏观层面上的衔接与连贯。有时为了提高交际效率会省去一些被认为是共享的知识而不加以表述,这些共享的或假设共享的知识是解读语篇所必需的背景知识,它包括语义知识、特定民族的文化传统及语篇所涉及的相关知识。

在语篇研究中,图式是一个经常用来分析文本结构和促进文本理解的概念。在认知心理学家看来,图式可以代表各种文本的结构上的规律性,新闻报道的体裁结构一般要求必须清楚地交代给读者某一事件六个"W"(who、when、where、what、why、how),而读者也在自己的阅读过程中自觉不自觉地以这些"W"来构建新闻文本的阅读表征进而理解有关的事件。同样,故事、教材、论文都有固定的结构和篇章组织特点,这些都可以看做是图式的具体表现,这些具体图式都会指导我们对文章的阅读处理,促进对文本的理解。

文本理解的目的是构造一个连贯的心理表征或结构,表征的材料是记忆的基本单位,在表征材料的基础上构建文本的结构。这一过程包括三个步骤:① 奠底:根据最初输入的信息形成一个基础结构;② 映射:当新输入的信息与先前信息一致时,就映射到这个基础上去,从而发展原来的结构;③ 转移:当新输入的信息与先前信息不一致时,就开始构建一个新的子结构。因此,大多数心理结构都是由若干分支的子结构组成的。

基于认知理论的语篇分析家们认为,连贯基本上不是建立在文本内部的单个语言表达之上,而是主要建立在文本内部各种所指的实体之间的概念联系及文本元素所描述的各种事件之间的联系之上。前者称为指称连贯,后者称为关系连贯。

指称连贯:一般来讲,文本中含有相当数量的指称性短语,文本的

---

① 卢植编著:《认知与语言——认知语言学引论》,上海外语教育出版社 2006 年版,第 144—157 页。

连贯部分产生于用来以连贯方式所讨论的一组概念及其所指。也就是说,在某种意义上,文本的连贯就是指文本中的概念及其所指之间的一致。

关系连贯:在阅读(或者聆听)一个文本时,除非一个人已经解释了文本的句子或从句之间的连贯关系,如"因果"、"对比"、"证据"等,否则就不能说他已经完全理解了该文本。连贯关系是对文本的全方位解释,而不仅仅是对句子或从句进行孤立的解释。有些文本之所以不能很好地说明连贯问题,原因之一便是它里面的句子都是独立的,这样孤立的会话由几组对象组成,而且这些对象都不能完全代表自然语言中通过从句中的事件图式所表达的完整的情景。

语篇并不是随意的语言片断,而应该受信息量的制约和意义连贯条件的制约。意义连贯的实质性基础是语篇意义所涉及的长期记忆中知识概念的连贯。语篇是由一系列表达一个统一主题(topic)的命题(theme)组成的合格的语法单位。宏观结构(macro-structure)或主题是篇章的主要思想,语篇各个组成部分的命题意义构成语篇宏观主题,形成统一的整体,表达语篇宏观层面的连贯。

句子的理解并不能构成对整个文本的理解,因此,所谓文本表征,绝不能仅仅停留在句子层次的表征上。这就必然涉及文本的宏观结构的表征,在这一层次上,图式便成了一个极其重要的术语。图式表达了一组信息的最为一般的排列,它也可以表达一组可以预期的信息排列。譬如说,一个故事图式应该包含读者可以预期的应该发生于故事中的所有信息:侦探故事、神话故事、传奇故事等。图 2-9 是简单的故事语法(或规则)的一个说明。①

如图 2-9 所示,一篇故事是由场景、主题、情节和结局组成的,而场景又由角色(人物)、地点和时间组成,表中的"＊"表示一个符号可以重复使用。由此可见,故事语法的规则是一个一般性的知识结构,而并非一组固定的事实,在不同的故事中,它的具体表现形式可能会有所不同。

---

① THORNDYKE, PERRY W. Cognitive Structures in Comprehension and Memory of Narrative Discourse[J]. Cognitive Psycology, 1977(1): 77—110.

① 故事→场景+主题+情节+结局
② 场景→人物+地点+时间
③ 主题→(事件)*+目标
④ 情节→片段*
⑤ 片段*→子目标+尝试*+结果事件*
⑥ 尝试—{ 事件* / 片段 }
⑦ 结果—{ 事件 / 状态 }
⑧ 结局—{ 事件 / 状态 }
⑨ 子目标→所希望的
⑩ 人物 地点 时间 } 状态

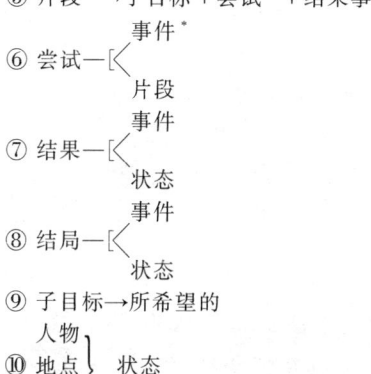

图 2-9

按照从具体到一般的逻辑分析方法,我们可以总结出以下的结论:研究文本的宏观结构可以提供文本的一般图式。通过文本的一般图式可以揭示一个文本语段的顺序,文本的逻辑语段具有层次性。图式具有组织功能,符合图式结构的信息可以得到最佳的表征。在对一个大文本进行阅读时,与图式关系密切的信息可以得到最好的回忆,而其他与图式关系比较远的信息有可能被读者忽略,因而得不到表征。因此,图式为理解语篇提供了框架,为语篇的理解设定了一定的意义提取程序,指导读者提取语篇意思的规定参照点,说明哪些信息是可以提取的,而哪些又是与整个语篇的理解无关的。图式的意义还在于它具有预测作用,在读者激活了的语篇信息的基础上,读者可以预测后面的文本发展路向和整个文本可能的结局。[①]

值得一提的是,"话语"(discourse)和"语篇"(text)这两个词有使用地域上的差别,欧洲学者习惯于用"篇章"或"语篇"的说法,而美国学者倾向于用"话语",实际上两者指的是同一个内容。整个庭审话语

[①] 卢植编著:《认知与语言——认知语言学引论》,上海外语教育出版社 2006 年版,第 317—333 页。

可以被看做是一个围绕某一话题展开的连贯话语,但就叙事而言,其意义的连贯有待于我们的进一步研究。

2.3 本书研究的法学理论基础

法庭事实构建的叙事理论研究当然离不开其法学理论基础,它们主要是法理学、诉讼法学和证据法学等内容。

2.3.1 法理学

法理学是研究法的本质和一般规律的法学学科,既是法学的基础理论,也是其研究方法。法庭审判属于法的适用的内容,即由特定的国家机关及其公职人员,按照法定职权实施法律的专门活动,具有国家权威性。在我国,人民法院和人民检察院是代表国家行使司法权的专门机关。法的适用是司法机关以国家强制力为后盾实施法律的活动,具有国家强制性。由于法的适用总是与法律争端、违法的出现相联系,总是伴随着国家的干预、争端的解决和对违法者的法律制裁,没有国家强制性,就无法进行上述活动。司法机关依法所作的决定,所有当事人都必须执行,不得违抗。

2.3.2 诉讼法学

法庭审判必须根据我国的《民事诉讼法》和《刑事诉讼法》的相关程序规则进行。下面是民事案件的审理和刑事案件审判的程序。

2.3.2.1 民事案件审理的程序

(1) 宣布开庭

① 由书记员查明原告、被告、诉讼代理人、证人等是否到庭,并将结果报告合议庭,同时向全体诉讼参与人和旁听群众宣布法庭纪律。

② 由审判长宣布审判人员、书记员名单,宣布案由,核对当事人。核对完毕后告知他们享有的诉讼权利和义务,询问其是否申请回避。若有人申请回避,按法定程序办理。

③ 审查诉讼代理人资格和代理权限。律师担任诉讼代理人时,

仅审查其代理权限。

（2）庭审调查

在宣布开庭的程序结束之后，法官宣布法庭开始调查，具体的程序有：

① 当事人陈述：包括原告、被告陈述；

② 证人作证；出示书证、物证和视听资料；宣读鉴定结论；宣读勘验笔录。

（3）法庭辩论

法庭辩论的内容有诉讼程序的辩论和适用实体法律的辩论。其顺序为：

① 原告及其诉讼代理人发言；

② 被告及其诉讼代理人答辩；

③ 相互辩论。

（4）最后意见/最后陈述

法庭辩论终结时，由审判长按原告、被告的顺序依次征询他们的最后意见。

（5）宣告判决

法庭判决通常由两部分组成，一是经合议庭评议确认的案件事实和相关法律适用情况，二是判决本身。①

2.3.2.2 刑事案件审判的程序结构

（1）开庭

宣布开庭是法庭审判的开始。根据《刑事诉讼法》第154条和其他有关规定，这一阶段的具体活动内容有：

① 由审判长宣布开庭，并传唤当事人到庭，问明当事人的姓名、年龄、职业、籍贯、住址等；

② 审判长宣布案由，使诉讼参与人和旁听者知道法庭审理的是什么案件，被告人被指控犯有什么罪行；

③ 审判长宣布合议庭的组成人员、书记员、公诉人、辩护人、诉讼

---

① 常怡主编：《民事诉讼法学》，中国政法大学出版社1994年版。

代理人、鉴定人和翻译人员的名单；

④ 告知当事人、法定代理人有权对合议庭的组成人员、书记员、公诉人、鉴定人和翻译人员申请回避；

⑤ 告知被告人享有辩护等诉讼权利；

⑥ 对于不公开审理的案件,应当庭宣布不公开审理的理由。

（2）法庭调查

1997年1月1日起,修改后的《刑事诉讼法》将法庭调查修改为以控、辩双方为主进行,并且可以依法对彼此的证人进行反复询问。刑事诉讼程序中的法庭调查是法庭在开庭阶段结束后,通过公诉人举证,辩护人质证,以及辩护人提出证据,公诉人进行质询等方式、方法,当庭全面审查证据和查明案件事实情节的活动。法庭调查的内容,一般包括：

① 宣读起诉书；

② 询问被告人；

③ 询问证人；

④ 询问鉴定人；

⑤ 出示物证；

⑥ 宣读作为证据的文书。

（3）法庭辩论

经过法庭调查,经过询问证人、出示物证等活动,案件事实和证据已经查清,控、辩双方对证据和案件事实方面的意见也已充分发表后,审判长应当宣布,法庭辩论开始。

法庭辩论应当先由公诉人、被害人及其诉讼代理人发言,然后再由被告人、辩护人发言、辩护,并且可以互相进行辩论。法庭辩论内容有：

① 公诉人的发言,又称发表公诉词。

② 被害人的发言。

③ 被告人的发言和辩护,就其内容来说,可以作有罪、罪重的承认,也可以作无罪、轻罪的辩解。

④ 辩护人的辩护发言又称发表辩护词,它是实现辩护职能的重

要手段。辩护人应根据以事实为根据,以法律为准绳的原则,从维护被告人的合法权益出发,提出辩护意见。

(4) 被告人的最后陈述

审判长宣布法庭辩论终结后,被告人有最后陈述的权利。让被告人作最后的陈述,这是在合议庭评议、判决前再给被告人一次行使辩护权的机会。被告人可以利用这个机会陈述他对全案的意见和看法,包括自己是否有罪、罪行轻重,自己犯罪的原因,对犯罪的认识,以及对量刑方面有什么要求等。

(5) 宣判

宣判,即宣告判决,是人民法院将判决的内容公开宣布告知当事人及其他诉讼参与人等的诉讼活动。①

由上可见,虽然民事案件和刑事案件的审判程序和参与人员有所不同,但它们的过程都分为五个阶段,而且这五个阶段的内容相对独立,其中在"法庭调查"阶段、"最后意见/最后陈述"或者"被告人的最后陈述"阶段以及"宣告判决"三个阶段都要求有相对完整的叙事。

除了审判程序之外,诉讼法有其基本原则,如"不告不理"等,对诉讼参与人、管辖、回避、辩护与代理、证据等都是有规则和限定的。

2.3.3 证据法学

通过诉讼来解决的法律事务,其证据有特殊的本质和特征。"诉讼证据,是审判人员、检察人员、侦查人员等依据法定的程序收集并审查核实,能够证明案件真实情况的根据。""从证据所反映的内容方面看,证据是客观存在的事实;从证明关系看,证据是证明案件事实的凭据,是用来认定案情的手段;从表现形式看,证据必须符合法律规定的表现形式,诉讼证据是客观事实内容与表现形式的统一。"②

司法证明活动必须以证据为本源和基石。换言之,司法裁判必须建立在证据的基础之上。司法证明的基本任务之一是认定案件事实,而案件事实只能由证据构成,证据既是材料,又是方法。认定事实是

---

① 王国枢主编:《刑事诉讼法学》,北京大学出版社1999年版。
② 樊崇义主编:《证据法学》,法律出版社2004年版,第131页。

一种凭借诉讼中可以运用的证据材料推论过去发生的事实的回溯性证明活动,要规范裁判者对证据的运用,保证其正确运用证据、正确认定事实,就需要制定一系列的证据规则。取证、举证、质证、认证是司法证明四个不可或缺的环节,证据规则即为这四个证明环节的法律规范和准则。

第 3 章
庭审叙事研究综述

庭审场景的特殊性以及其过程的表演性、对抗性等特征吸引了很多领域研究者的兴趣。就庭审叙事而言,主要有文学、法学和语言学等学科视角进行的研究。

3.1 庭审叙事的叙事学研究

3.1.1 庭审叙事的文学叙事研究

叙事学首先是作为文学元素发展而来的,因此,从文学叙事的角度对庭审叙事进行研究也就不足为奇了,归结起来主要有以下四个方面的研究:

3.1.1.1 文艺作品中的庭审叙事研究

对文学作品和影视作品及节目中的庭审所作的叙事研究,虽然其研究对象是法庭审判,但目的是揭示这些作品本身的叙事特征或手法。如杨胜刚的《〈审判〉视角控制艺术及其造成的阅读效果》[①]就是通过对卡夫卡的代表作《审判》中的视角艺术进行分析,进而揭示其小说思辨性强、丰富的多解释性、由一种令人震惊的沉闷和冷肃之气以及具有独特创作个性等这些阅读效果之形成原因。朱婧江的《美国法

---

① 杨胜刚:《〈审判〉视角控制艺术及其造成的阅读效果》,载《柳州师专学报》1995 年第 4 期。

庭片的叙事模式》一文认为,美国法庭片从故事结构和情节安排上说,不似科幻片、恐怖片或者爱情影片那样天马行空、无拘无束,而是具有较重的现实主义色彩。一般而言,它是以一起案件的发生为其开端,并以案件的判决作为结束。虽然在某些影片中,法庭不占有绝对重要的地位,但是一旦涉及某类司法程序,电影导演还会依真实的过程加以改造利用。这就使它的叙事结构有较为固定的模式,即参照实际的审判程序来构造影片的框架和发展情节。① 因此,该文作者的目的在于构建美国法庭片的影片叙事模式而非美国法庭叙事模式。

3.1.1.2 古代判词中的文学叙事研究

苗怀明的《论中国古代公案小说与古代判词的文体融合及其美学品格》一文认为,作为文学体裁的中国古代通俗小说和作为法律文书的判词原本分属不同的文类,各有渊源和演进轨迹。判词是一种司法文体,经过漫长时期的发育演进,在唐代发展完备并完成其文学化的转型过程,形成了自身特有的文学品格,成为一种新的文学体裁。发展至宋元时期,它开始与此时发展成熟的中国古代公案小说联姻,相互融合,并在明代形成了中国古代文学史上较为奇特的文体混类现象,孕育出一种形式独特的书判体公案小说。判词在公案小说中有如下独特的美学品格和表现功能:一是有卒章显志、强化主题的功能;二是小说情节发展的一个重要环节;三是在作品中起着结构上的组织作用。

判词正式进人叙事文学并和公案小说结合是在宋元时,这是它们各自发展演变到一定阶段的必然结果。在这一时期,判词已发育成熟为一种颇受重视的文学体式。公案小说也于此时成熟,公案题材包括公案小说和公案剧受到人们的格外关注。它们本来就有内在的相通之处,加之外部因素的推动和促进,也就自然而然地走到一起。但在此之前,已有判词与公案作品结合的萌芽和尝试。敦煌出土的唐代俗赋《燕子赋》大概可以算做最早的判词与叙事文学结合的作品。

中国古代判词与公案小说的联姻,既有其内在的深层因素,也有

---

① 朱靖江:《美国法庭片的叙事模式》,载《电影艺术》2000年第1期。

其外部的特定条件。首先,判词和公案小说在题材上大致相同。它们分属不同的文类,与同层面的其他文类相比,各有特定的表现领域和范围。判词不管是实判还是拟判,都是对具体案件的判决;公案小说则多为虚构,描写具体案件的发生及其解决。

其次,判词进入叙事文学,与其自身所具有的潜在叙事性有关。判词虽以具体案件为表现对象,但重点在案件的分析和裁决,以论说为主,没有叙事文学中那种形象的描摹和生动的铺叙,也不像公案小说那样,细致地描述案件从发生到处理的全过程。但是,每一则判词,不管是真实的还是虚拟的,都有一个隐藏于文本之下的完整案件的故事背景,并围绕着这个具体案件展开论述,这是判词写作的一个前提。尽管限于文体的要求,完整的故事无法在判词中表现出来,只能很简略地在判词开头的事由部分交代,但它蕴涵着一个丰富的故事,具有较大的叙事空间和张力,苗怀明称它为"潜在的叙事性"。如果是拟判,在判词写作的后台本身就有一个小说创作的过程,只不过没有凸现出来。

最后,判词进入叙事作品,也是作者个人的一种内在表达要求。在中国古代叙事作品中,作者表达个人意见的方式有多种,其中最常见的是话本、拟话本小说中的那种直接面对读者的说教;另外是像蒲松龄在《聊斋志异》作品后专设"异史氏曰"那样,用以发表个人见解;而通过作品中的人物以及其他较客观的描写传达作者的声音,也是一种较为常见、较为含蓄而曲折的方式。判词在叙事文学作品中可以起到这种效用,作者可以通过判词,借审案官员之口向读者表明他对作品中人物和事件的看法。判词的写作为他在直接的表露之外又提供了另一种传达方式。结合公案小说的创作来讲,审案官员等清官本来就是一类理想色彩较浓的形象,借其传言,自然也为作者所乐意采用。这样,清官对案件的定性和处理,其实代表的就是作者个人的见解,因为清官的所言所行都是由作者设计的,决定权在作者手里。[①]

[①] 苗怀明:《论中国古代公案小说与古代判词的文体融合及其美学品格》,载《齐鲁学刊》2001年第1期。

3.1.1.3 故事文学的司法借鉴作用研究

像刘星在《司法决疑与"故事文学"利用——以〈威尼斯商人〉为样本》[①]一文认为的那样,因为在司法中一些诉讼争议或称疑案的结论不易获得普遍接受,我们可以考虑从法律与文学思路出发,利用故事文学,在司法过程中获得一些启发。《威尼斯商人》作为文学经典,是故事文学利用的极佳样本。故事文学利用,可以削弱甚至消除司法中的一些争论,从某种角度更好地实现司法公正。

3.1.1.4 判词中的叙事与文学叙事的比较研究

赵静的《法律叙事与文学叙事》[②]一文认为,国外二战以后兴起的法律与文学运动,又可称为法律故事学,是一种具有强烈后现代主义风格的学术主张。其核心内容是不把法律看做一系列的原则和规则,而是看做人类的故事、表演和语言交流,看做叙述和修辞。法律与文学研究有两种倾向,一是"文学中的法律",从文学作品对法律的表述看社会的公平、正义、自由和权利。另外一种倾向是"作为文学的法律",将法律视为同任何其他文学故事一样可以被理解和解释的故事。萨佛·利维森认为,在具体法律文本之中,可以存在许多有说服力的阅读结论,这就有如存在许多有说服力的《哈姆雷特》版本一样。司法实践中产生的极其重要的法律文书判决书是一种应用性很强的文体,与叙事文学文体似乎是风马牛不相及的。然而,文学史却告诉我们,判词文体曾强烈地影响了一些叙事文学文体。《法律叙事与文学叙事》一文以司法活动中的法律文书判决书为基本依据,以法律与文学的视角,从"故事情节的构建"、"故事场景的构建"和"叙事者"三个方面探讨了法律叙事与文学叙事的区别与联系,以及法律叙事向文学叙事的转换。

随着叙事学的跨学科研究越来越深入,也不乏从叙事学角度对庭审叙事的研究。从我们收集的材料看,主要有以下几个方面:

---

① 刘星:《司法决疑与"故事文学"利用——以〈威尼斯商人〉为样本》,载《清华法学》2008年第3期。

② 赵静:《法律叙事与文学叙事》,载《当代文坛》2008年第2期。

3.1.2 庭审叙事结构分析

拉波夫(Labov,1972)的一般叙事结构(narratve structure)理论包括以下六个方面：

摘要——叙事的主要内容；
状况——包括时间、地点、情境和参与者；
繁杂的行动——事件的顺序；
评价——包括行动的重要性和意义，以及叙事者的态度；
结果——最后发生了什么；
尾声——将事件拉回到现在。

闻兴媛的《民事诉状叙事结构的主位研究》[①]一文依据拉波夫的叙事结构模式和韩礼德的系统功能语法中的主位理论，通过对所收集的中文民事诉状的分析，发现民事诉状的叙事结构与一般的叙事结构之间存在着很大的不同，其中主位及主位推进模式的手段在民事诉状的叙事结构中扮演着重要角色。在诉状的叙事结构成分中使用不同的语言手段，都是为了实现诉状的简洁明了，从而快速启动诉讼程序和有效快捷地实现诉讼目的。

针对个人口头叙事的研究(包括拉波夫)通常都是第一人称叙事，而且主要是独白。当然，听众可以对叙述者提问，或者对所说的故事进行评判。与一般对话中的叙事相比，很多证人/被告的叙事是碎片式的，而且关涉多个叙事者。这是因为在庭审中，信息通过问答形式被转换成了证据。结果，"知情者"并不总是"叙述者"，通常律师(叙事者)会以向事实的知情者(显然是证人/被告/被告人)提问的形式进行叙事，目的只有一个——确认事实。

庭审中的证人和被告的陈述很少体现拉波夫的叙事结构的全部，因此，Sandra Harris[②]对拉波夫的一般叙事结构作了修正。她认为证人/被告/被告人的叙事结构应为三个部分：

---

① 闻兴媛：《民事诉状叙事结构的主位研究》，载《中山大学学报论丛》2007年第4期。
② HARRIS, SANDRA. Fragmented Narratives and Multiple Tellers: Witness and Defendant Accounts in Trials[J]. Discourse Studies, 2001(1)：60.

状况——叙事发生的环境；

核心叙事（拉波夫的繁杂的行为）——陈述本身，即发生了什么，通常包括做了什么、说了什么、看到什么；

详述——提供更多核心叙事的细节、澄清、解释等；

观点（拉波夫的评价）——对更高层级的审判叙事的意义，即被告有罪还是无罪，明确是对陪审团说的。

这三个主要叙事成分一般按顺序发生，但有时候"观点"会偶尔出现在"核心叙事"之前。任何一个成分都可以有详述，其与语境（如法庭）、对象（主要是陪审团）和举证目的（被告有罪或无罪）等相关。其中，最重要也是最有趣的是"观点"部分，因为律师的职责是确保把证人/被告/被告人的叙事的重要性表现给陪审团看。"观点"可以用很多种方式传达，比如，可以直接让证人/被告/被告人回答问题，也可以由律师用一些修辞术来暗示。（详见5.4节）

3.1.3　庭审叙事视角分析

邓晓静[①]认为，对法律事实的认知需要人们凭借自身的感观去感知，这就使得法律事实的呈现与法律事实叙述者的个体因素密切相关。不同的叙述者，由于制作文书的目的不同，其叙事的视角、选择事实材料的标准各有不同，而且他们陈述事实的能力也是千差万别的。因此，叙述者视角的选择对叙述者个体的法律叙事是主要的影响因素。叙述者观察和认知法律事实的角度，即视角，肯定会影响对案件事实的叙述。按照朗盖克（Langacker）的认知语法理论，视角指的是叙事者使用句子描写场景所择取的角度，该角度既会影响观察结果，也会影响语言表达。站在不同的角度观察同一个法律事实，由于观察得全面或者片面、深入或者肤浅，不同的观察者传达出来的信息不可能完全相同；而从自身需求出发来认知法律事实和从客观公正的角度出发去认知法律事实，也会得出不尽相同的结论。

---

① 邓晓静:《案件事实与法律文书的叙事》，载《四川师范大学学报（社会科学版）》2009年第5期。

视角作为一种叙述方式,主要涉及叙述人称、叙述眼光等方面。不同的叙述主体会选择不同的视角。所谓选择,就是要确定观察和表达事物的哪些方面。一个事物或事件有很多的属性,而观察者只能根据需要选择其关注的、对之有利的侧面。选择的可能性有两种:一种为"直接叙述",即全知视角;另一种为"间接叙述",即个性化的视角。在法律文书的叙事主体中,当事人由于曾经亲历过案件事实,大多会选择个性化的、第一人称的视角,并且会致力于选取对自己有利的、能够印证自身主张的事实予以陈述。然而,案件事实的评判者——公安司法机关则只能结合已经确认的证据,采用第三人称,以全知的视角来叙事。

但是,我们认为,叙事视角和认知视角并非一个概念。朗盖克的认知语法理论中的视角是认知语言学的角度,而认知视角是叙事学的角度。因此,该文作者似乎有所混淆。

3.1.4 庭审叙述技巧研究

Sandra Harris(2008)[①]在 Telling Stories and Giving Evidence: The Hybridization of Narrative and Non-Narrative Modes of Discourse in a Sexual Assault Trial 中认为,法庭叙述技巧应该是叙述和非叙述的组合,一味地叙述或者相反都不是有效的法庭话语。另外,她(2001)[②]还在 Fragmented Narratives and Multiple Tellers: Witness and Defendant Accounts in Trials 一文中探讨了叙事结构与叙事成分之间的关系,以及律师在直接询问和交叉询问中的叙事话语策略。

---

① HARRIS, SANDRA. Telling Stories and Giving Evidence: The Hybridization of Narrative and Non-Narrative Modes of Discourse in a Sexual Assault Trial[A]. In Thornborrow & Cooks, Eds. The Socioliguistics of Narrative. Arnsterdam/Philadelphia: John Benjamins, 2005.

② HARRIS, SANDRA. Questions as a Mode of Control in Magistrates' Court[J]. International Journal of the Sociology of Language, 2003 (1): 5—27.

3.2 庭审叙事的语言学研究

结构主义叙事学有很明显的受语言学影响的痕迹。叙事学首先区分的是"故事"与"话语"这两个层次。无论是现实发生的还是虚构,故事事件在被叙事时主要还是以语言这一媒介得到再现。西方叙事学家们一般也采用"故事"(story:涉及叙述了什么,包括事件、人物、背景等)和"话语"(discourse:涉及是怎样叙述的,包括各种叙述形式和技巧)来指代"叙事对象"和"叙事方式"这两个层次,并认为叙事作品的意义在很大程度上源于这两个层次之间的相互作用。

从话语角度对语言和言语的研究主要有言语互动及交流、言语环境(语境)、话语衔接与连贯、语篇结构、话语意义等,具体到庭审叙事,人们从语言学角度进行的研究主要有以下几点:

3.2.1 庭审叙事的连贯研究

法庭审判是一个多角色交叉互动的言语过程,一个审判构成一个相对独立和封闭的语篇。一般而言,对一个有意义的可接受的语篇来说,它在语言各层次(如语义、词汇、句法、语音等)的成分都可表现出某种程度的衔接与连贯,从而使说话人在交际过程中所欲表达的意图贯通整个语篇,达到交际目的。就庭审语篇而言,其各言语角色的言语功能和目的各有不同,那么这个相对封闭的语篇是如何达到连贯的?

3.2.1.1 庭审叙事连贯的可理解性

Bernard S. Jackson 的专著《法律、事实与叙事连贯》(*Law, Fact and Narrative Coherence*)[①]一书旨在使审判过程中的事实和法律在结构上更具可理解性而对"叙事连贯"进行的研究。

作者首先从英美法的证据实践中的几个要点入手,认为有些法律从业者一方面把审判中的"激烈论辩"形象看做是一种仪式化的较量,

[①] JACKSON, BERNARD S. Law, Fact and Narrative Coherence[M]. Liverpool: Deborah Charles Publications, 1988.

但另一方面又承认在法律修辞中的叙事结构的重要性。如美国最主要的"事实怀疑论者"Jerome Frank 就赞同前一种形象,并提出了一个在庭审内事实构建的"全景"观。遗憾的是,这并没有从根本上摆脱传统的语言学和认识论立场,尤其是它承认传统的事实"符合说"(认为一切与认识对象相符合的认识都是真理)的正确性。近几年来,有迹象表明有另一种打着"叙事连贯"的招牌的模式出现,它广义地认为叙事是按时间序列组织起来并形成一个有意义的整体的一系列行为。作者认为,格雷马斯的叙事学能为研究提供一个更加综合的理论模式,他尤其认为"语用叙事化"的重要性,这在普通法的审判过程中得以完美证明,而且可以普遍适用。事实不是话语的功能,而是话语解释的功能。如果我们不能判断故事("真的"或者"虚构的")的语义内容是否为真,我们至少可以判断我们认为谁在说真话。我们通过对阐释行为的语用进行叙事化来作出判断,在那种情况下,我们必须要问谁在说服的活动中做得最好,而且我们还有叙事模式引导我们作出这种判断。这并不是说事实纯粹是陈述的问题。貌似的真实都会进入语义层面和语用层面的评价,而这种貌似的真实(两个层面的)是通过理解的社会结构(social structure of understanding)来构建的(理解的社会结构只在它们显示含义的普遍结构范围内传递意义)。

在该文中,作者分别探讨了法哲学的逻辑实证主义的研究、规范三段论(Normative Syllogism);就 Bennett 和 Feldman 的法庭事实构建理论提出批评性意见,也对法庭审判叙述模式进行了探讨并提出了修正意见;考虑规则的构建和适用问题,并试图用叙事模式的系统性应用来解释事实的构建;对"事实"和"法律"之间的关系作出新的论述,它们被放在叙事结构这同一个层面上,而且"适用"的过程就成了一种比较;对"阐释"背后的传统观点进行批判性论述;讨论一些更宽泛的理论问题,如从符号学、历史等的角度来认识"事实",讨论在现代法哲学中的法律符号学等。

3.2.1.2 法律事实的建构与解构

当律师在庭审中构建他的案件事实时,面临对方事实构建的故事版本的挑战,这也是庭审言语策略性的一个重要方面。Pemela Hobbs

的论文《打破正义的天平:解构交叉质证中的专家证词》(Tipping the Scales of Justice: Deconstructing an Expert's Testimony on Cross-examination)[①]就是运用会话分析的理论框架对一个律师在质证一件医疗不当案子中的专家时的话语控制进行的分析。文章表明,比起仅仅推翻对方证人的证词的可信性,交叉询问的律师会更主动地利用提问—回答的序列,把它作为展示构建一个对立的事实版本的平台,而且这种构建是与证人的直接询问证词的解构同时发生的。事实表明,通过提一些策略性的问题、对一些回避性的问题提出怀疑、构建有选择的描述以及把假设转换成事实等这些手段,交叉质证的律师要寻求的是用他的再分析代替证人的证词,以破坏对方的连贯叙述来构建自己故事的连贯叙述。

3.2.2 庭审叙事的社会文化语境

Michael Cooke 的论文 A Different Story: Narrative versus "Question and Answer" in Aboriginal Evidence[②] 认为,在法庭上质证的"提问和回答(Q&A)"形式对于那些不熟悉该形式的人来说会带来很大的困难。尤其在澳大利亚北部地区的一些偏远社区的土著人的案子中,如果没有译员的帮助,这种困难因为交际困难复杂化,通常会导致证据因"不必要的合作(gratuitous concurrence)"而受损。"不必要的合作"是指土著人不管是否同意对方所说的话或有没有理解对方的提问,都会用"yes"回答所有问题(或用"no"回答否定问句)的倾向。这一点很容易被交叉质证的律师利用而使土著人处于劣势。该文通过分析法庭证词来突出很多土著人在法庭质证过程中经历问答质证时的这些交际困难,相对而言,如果允许他们叙述自己的故事的话,情况会好很多。

另外,"沉默"以及"对视"等行为,因为文化差异在交叉质证过程

---

① HOBBS, PEMELA. Tipping the Scales of Justice: Deconstructing an Expert's Testimony on Cross-examination[J]. International Journal for the Semiotics of Law, 2002(15): 411—424.

② COOKE, MICHAEL. A Different Story: Narrative versus "Question and Answer" in Aboriginal Evidence[C]. Forensic Linguistics, 1996(2): 273—288.

中也会使土著人处于不利。在土著人的英语中,回答问题之前的沉默是可接受的,但在法庭上,从一个律师在交叉质证中的一句话"We have to take your silence as 'no', don't we?"可见不同文化对沉默的理解。还有就是土著文化认为在说话时直视一个比自己年长的听话者是不礼貌和大不敬的,而在交叉质证中,对方律师认为土著人觉得自己在撒谎而不敢直视他。

3.2.3 庭审叙事交流研究

Brenda Danet 在 Language in the Legal Process 一文中认为,法庭论辩双方在诉讼请求的构建中的交流模式主要是"叙述"和"提问"。在叙述模式中,他们只是讲他们的故事,实施述说、断言和主张等的言语行为。在现代实行纠问制审判制度的国家,会有法官的提问和证人相对自由地以开放性的叙事形式叙述他们的故事两者相结合。她认为提问是庭审中最基本的交流模式,但是她忽略了一点,庭审中的问答也可以是一种叙事。

另外,上文中提到的彭中礼的《司法判决书说服性的修辞性审视——围绕听众的初步分析》一文把司法判决的听众分为法官自身、当事人、当事人的辩护人或代理人以及关注该案的人。听众需要被"说服",听众自己也有"裁判天平",因此法官需要通过司法判决去说服听众。虽然在该文中,作者论证的是法官在司法判决的过程中怎样进行有效的修辞(包括对事件的修辞性叙事)以说服听众,但是他充分注意到叙事交流过程中的受述者一方。

3.3 庭审叙事的法学研究

3.3.1 庭审叙事的修辞论证分析

西语"修辞学"(rhetoric)一词乃是源于希腊文,其字根"rhe"的意义是说话(to say)、运用议论(to use discourse)。一般认为,古希腊政制更迭导致财产诉讼,由此而衍生出一套关于演说与论辩之技巧的学问即修辞学。亚里士多德把修辞术定义为一种能在任何一个问题上找出可能的说服方式的功能。① 这种修辞术之功能不纯然在于求美,亦非揭示必然真理,更重要是在于以适当的方式使人信服。修辞术的功能不在于说服,而在于在每一种事情上找出其中的说服方式。另外,亚里士多德也从说话对象的不同区分了辩证法与修辞学的差异:辩证法是个人与个人之间对于争议议题的讨论与论证;而修辞学则是在公众场所,面对一群听众并争取其认同与接受的技术,这样的听众未必具有参与论辩与论证的特定知识与能力。

总的来说,修辞学先后遭受柏拉图、中世纪的基督教、近世的笛卡儿以来的理性主义哲学等的压抑和贬斥。20世纪80年代可以说是修辞学全面复兴的年代,从文学、哲学、史学、社会学、政治学、心理学、经济学,到会计、管理、法律,甚至数学、医学,到处都能看见修辞学被广泛使用。虽然在各个领域情形不一,但有一个共通点,就是集中研究措辞在探索和沟通过程中所扮演的不可或缺的角色。在此,修辞学的说服论证的功能受到了强调,而一般的修辞理论往往比较强调修辞的美学功能而忽视修辞的逻辑功能即说服论证的功能。当代人们对修辞的说服论证功能的重视再现了修辞学创始人亚里士多德关于修辞学功能的看法。

基于逻辑学与修辞学这两种论证方法的本质区别,佩雷尔曼的新修辞学指出方法论上"论证"(argumentation)与"证明"(demonstration)两种方法的基本差异,并对传统哲学上的笛卡儿主义进行了彻底的批判,而强调"论证"在人文学科研究上的重要性。②

在庭审过程中,论辩双方无时无刻不使用修辞。一方面,在遣词造句方面运用诸如准确、通顺、简洁等修辞手段,而非使用夸饰、华丽的辞藻,拒绝文学描绘手法;另一方面,他们在叙述各自的"故事"时,高明的说服性修辞技巧也是俯首皆是,包括法官在内,他们在撰写判决书时,同样要考虑各个受众可能的反应。

前面已经提到,研究话语劝服力的修辞学和叙事学相结合就产生

---

① 〔古希腊〕亚里士多德:《修辞学》,罗念生译,三联书店1991年版,第21—24页。
② 焦宝乾:《逻辑、修辞与对话:法律论证的方法》,载《厦门大学法律评论》2005年第9期。

了"修辞性叙事学"。学者们对庭审叙事过程中各方的修辞性叙事的研究热情非同一般,但他们多是从法学的角度而非叙事学的角度来研究的,因此他们多用"法律事实的修辞论证"、"法律论证中的修辞"或"司法判决书说服性的修辞性"等这些表述。例如:

彭中礼的《论法律事实的修辞论证——以"崔英杰案"为例》[①]一文,首先引用了"崔英杰刺死北京城管案"中控辩双方的起诉书和辩护词中对同一"事实"截然不同的叙述:公诉方力图表明崔英杰是个罪大恶极的杀人犯,按照这种逻辑,应该立即枪决。辩护方则避重就轻,通过种种方式表明:崔英杰从小就是个好孩子,读书努力,学习勤奋;在部队服役期间认真刻苦,训练基本技能,并且还获得过"优秀士兵"的称号,是个为国家而忘我的好战士;在同事眼里,是个乐于助人、吃苦耐劳的好同事,且没有犯罪前科。因此,无论怎么看,崔英杰也不像是杀人犯,其伤害城管李志强的行为可能只是一时气愤,按照辩护方的话说就是"激情"。彭中礼认为,在诉讼中,控辩双方的对立或者诉讼两造的对立从根本上讲,并不是事实殊异导致差异,从逻辑上看,立场不同才导致"理解"差异。这种差异的渊源,就是各自运用了修辞手法来论证自己的观点。也就是说,不管是律师还是检察官,他们的工作过程就是法律论证的过程,即把一个"或然性命题"变成一个"法律命题",这个论证过程毫无疑问是修辞充斥的过程。他进而讨论了还原法律事实时的修辞论证的功能:使论证中的具体命题具有可接受性,为实现就事说理的这个过程提供充足知识,为说服听众提供可能。尽管法律事实还原过程是一个修辞论证的过程,但修辞证立的目的和主旨却并不是盲目的或者纯粹主观的。在一定程度上,立场的差异、价值取向的差异和其他知识背景等的差异会决定事实的还原程序。从司法的本质及其目的看,一切修辞论证都必须按照自然事实来还原。

俞小海的《案件事实形成过程的修辞分析——以邓玉娇案为叙述

[①] 彭中礼:《论法律事实的修辞论证——以"崔英杰案"为例》,载《西部法学评论》2010 年第 1 期。

空间》①一文,通过社会各界对邓玉娇案持续的关注和讨论,形成了官方、媒体(包括一般民众)、律师以及法院作为版本发布主体的四个不同的叙事版本的分析,认为是模糊语言、挑选和类比等修辞策略的运用使邓玉娇案在社会讨论中形成了不同的版本。每一个版本的叙述均没有偏离"邓玉娇杀死邓贵大、刺伤黄德智"这一核心事实,但是却导向截然不同的结论。作为案件事实形成的潜在推动因素,修辞所扮演的角色不是简单的语言装饰,而是参与案件事实的构建。案件事实的演变及其最终形成,正是在修辞的运作中维系下去的。但是,作者也提醒人们,修辞也左右着我们对案件事实的认知,其中隐含的陷阱值得警惕。

彭中礼的另一篇文章《司法判决书说服性的修辞性审视——围绕听众的初步分析》认为,司法判决的听众可以分为法官自身、当事人、当事人的辩护人或代理人以及关注该案的人。听众是司法判决过程中的旁观者;听众需要被"说服",法官需要通过司法判决去说服听众;听众自己也有"裁判天平",因而其"裁判"倾向会形成"修正性的民意"。司法判决可以从事实层面、法律层面和伦理道德层面去说服听众。在该文中,作者论证的还是法官在司法判决的过程中怎样进行有效的修辞(包括对事件的修辞性叙事)以说服听众。

洪浩、陈虎的《论判决的修辞》②一文也是对判决的修辞研究。该文的篇幅较长,因此论证得比较详细和透彻。

首先,该文区分了狭义和广义的修辞,认为狭义的修辞是一种语言现象,是对语言的加工活动,具体到本书所要言及的判决的修辞则是指根据判决的需要,选择、配置最佳语言形式,提高表达准确性,并借以增加表达效果、增强说服力的一种活动;而广义的修辞则还包括逻辑推理以及判决形成过程中所有用以增强说服力的手段,而不仅仅是文本上的修辞手法,正如尼采所言:"修辞产生的是说服,它的全部

---

① 俞小海:《案件事实形成过程的修辞分析——以邓玉娇案为叙述空间》,载《广西政法管理干部学院学报》2009 年第 5 期。
② 洪浩、陈虎:《论判决的修辞》,载《北大法律评论》2003 年第 2 期。

工作就是说服人。"[1]根据佩雷尔曼新修辞学的观点,这种修辞的主要目的在于促进人们在思想上接受向他们提出并争取他们同意的命题。修辞并不是空洞的辞藻和堂皇的"外衣",而是让枯燥的法律成为更容易吞食的"胶囊"或"糖衣",如果把司法判决表述为法律产品的生产,则判决的修辞就是法律产品的促销手段,只有经过修辞的判决才能为公众更好的接受。该文采用的是广义的修辞,即将判决的修辞界定为一种通过对判决文本的润色和判决推理以及判决形成过程的程序加工得到"合法性"并借此获得人们普遍、一致的信仰与服从的策略。

其次,该文还区分了认知性修辞和说服性修辞。所谓的认知,是指人对周围事物注意、感知、记忆、产生表象、形成概念并在此基础上进行分析、判断、推理以获取知识的信息处理过程。早在古希腊的亚里士多德的修辞学理论中就阐释了隐喻的认知功能,此后修辞学的研究结果也进一步肯定了修辞所具有的认知属性。修辞的认知属性可以从话语构建和话语理解两个方面予以考察,为了构建出适当的话语,修辞的主体需要对各种修辞要素的知觉、注意、判断、分析及推理过程进行统一的信息加工和处理,而话语接受者则需要对话语所产生的原始语境与现实语境进行足够的知觉、分析、判断和加工,以便为话语信息的析出和确定储备必要的参照信息系统并解析话语的语言意义、言语意义以及修辞者的言语动机等社会心理信息。[2] 正是话语构建和话语理解两方面的认知功能使得判决的修辞得以生成合法性。基于以上考察,判决书中的认知性修辞主要是指一种叙事上的手法,具体指法官在判决叙事中充分运用语言的力量,在判决的叙事策略、结构安排、详略取舍、渲染烘托等方面使用的手法或技巧,通过它来说服读者相信一种事实。然而,修辞并不仅仅是表达,它还是一种推理方法。因此,说服性修辞也是判决修辞的一个十分重要的方面,因为这里的说服意味着"既不收买,也不强迫,要让某人在某一个问题上接受你的看法",这种手段必然是修辞。我们知道,在实用主义的真理观中,推理和说服日益融合并成为一个统一的过程,同时对于推理的修

---

[1] 〔美〕波斯纳:《超越法律》,苏力译,中国政法大学出版社2001年版,第574页。
[2] 陈汝东:《认知修辞学》,广东教育出版社2001年版,第15—16页。

辞以及说理的艺术的实践与研究也获得了极大的发展,这种对于法律推理的说服性修辞并没有帮助判决书的受众完成思考,而是用一种逻辑的外表代替了他们的思考,直接获得了他们的认同。所以,该文认为,说服性修辞是指在无法进行逻辑证明或科学证明的领域中所采用的所有说服性手段(包括类比等无法进行精确证明时用于证明命题正当性的所有方法)。

之后,该文作者从法律语言的问题特征、判决文书的受众群体、判决对受众的说服成本等方面论述了影响修辞方法的因素;分析了判决修辞的正当性标准;从认知性修辞和说服性修辞的正当形态说明了判决的正当修辞和不正当修辞;论述了判决形成过程的修辞。

最后,该文作者得出的结论是:在一种叙事结构中,法律事实在本质上成了一个语言问题,而判决本身也成了讲故事的一种特定形式,它需要现实的人根据总体策略通过叙述这一黏合剂汇聚起来。[①] 因此,"作为法律解释的一种手段的故事性修辞技术有可能发挥的作用是:通过领悟和精神共鸣来强化法的正统性,使更多的人在对规范内容和案件处理结果具有不一致的理解的同时赞成某一法律命题,容许每个人叙说自己的故事并在这一过程中逐步实现理性的对话等等"[②]。然而,修辞往往是一种非逻辑的、非经验的、非科学的说服方法,修辞的过程却又为说服披上了逻辑、经验与科学的外衣,在判决理由并不充足或并不显见的情况之下,修辞可以使得判决的合法性得到较小成本的灌输,但在判决理由并不存在或即使存在却并不正当的场合,这种修辞对于法治的危害则是潜在的,同时也是巨大的。

结构主义叙事学聚焦于文本自身的结构特征、结构成分和结构框架,而费伦的修辞性叙事理论则认为叙事既涉及人物、事件和叙述的动态进程,又涉及读者反应的动态进程。因此,可以说费伦关注叙事策略与读者阐释经验之间的关系。在费伦眼里,叙事是读者参与的进程,是读者的动态经验。上面的四篇文章的研究侧重点都在庭审言语修辞的说服性,而且都涉及说者和听者及几个版本的故事的叙述,因

[①] 朱景文主编:《当代西方后现代法学》,法律出版社2002年版,第149、249页。
[②] 季卫东:《法律秩序的建构》,中国政法大学出版社1999年版,第131页。

此可以说也是修辞性叙事研究,只是几位作者都更注重其中的修辞部分罢了。

3.3.2 庭审叙事与法律事实构建

开庭审理即法院在当事人和所有诉讼参与人的参加下,全面审查认定案件事实,并依法作出裁判或调解的活动。因此可以说,庭审的过程是一个案件事实的构建过程。W. Lance Bennet 和 Martha S. Feldman 的专著《法庭事实重构》(*Reconstructing Reality in the Courtroom*)[①]论述的就是关于人们在日常生活中述说的故事的各种因素是怎样被用于组织刑事审判中呈现的信息以被陪审员们评价的,故事构建和阐释的一般方法又是怎样在审判中被用于评价控辩双方的故事的可信度的。该书认为,法庭的一些仪式上的形式规则有助于案件的陈述,但是对于案件的解读却并非如此。也就是说,形式上的程序限制了那些被认为与故事相关的信息,但是在可采信的信息范围之内,案件的实际陈述和解读主要是依赖庭审各角色(如法官、陪审员、公诉方、辩护方、证人)的讲故事和听故事的能力。人们普遍认为司法是一个机械的、客观的过程,但是,用故事来重构案件的证据这一做法让人对此表示怀疑。作者进一步认为,在美国司法制度下,对公正的理解和经验要保持一致,取决于同等的讲故事的能力和共享能清楚地理解法律陈述的经历的可能性。在拥有很多亚文化的美国,一些群体的讲故事方式与其他群体不同,有些群体的经验也与其他群体不同。那么,用这种方式呈现和解决法律问题的结果是,在审判过程中有偏向也就不足为奇了。

3.3.3 庭审叙事与裁判

可以说,案件的裁判者——法官和陪审团——在裁判的形成过程中,通过庭审双方的叙述,甚至大众和媒体对案件的反应,也在不断地

---

① BENNET, W. LANCE, FELDMAN, MARTHA S. Reconstructing Reality in the Courtroom—Justice and Judgement in American Culture [M]. New Brunswick: Rutgers University Press, 1981.

修正大脑中的故事情节,最后选取一个他们认为最佳的版本作为判决。

孙日华的《叙事与裁判——从"劫人质救母"案说起》[①]一文认为司法过程是一个叙事的过程。司法裁判的过程可以看做一个故事大会,当事人是作者,各自叙述着有利于己的故事。法官既是听众也是作者,作为听众,法官要发现哪个故事情节更加动听,哪个更容易迎合自身的前见;作为作者,法官吸收了案件的素材之后,必须讲述一个新的故事。最终,司法认定的事实与裁判,赋予了参与者广阔的发挥空间。法律规定的"情节"将在叙事中构建。法官无法通过实验来复原摆在他面前的残缺不全的事实,他只能通过想象隐约瞥见真相的大体轮廓,只能通过头脑中的先验知识来构建起事实的图景,而那幅图景就是法官眼中的作品。

孙日华在该文中从叙事的角度对张方述和张方均两兄弟劫持邝某作为人质要求贷款18000元救治母亲这个案件的判决进行了分析,认为在审判过程中故事的作者有很多,大致可以分为外部作者和内部作者。外部作者是大众和媒体,内部作者主要是当事人与法官。大众和媒体提供丰富的材料——犯罪嫌疑人的家境、动机以及大众对案件裁判的期待等——摆在法官面前等待挑选。内部的当事人又将竭尽全力诉说犯罪的苦衷,以博得对己有利的判决。在兼顾法律效果与社会效果的大背景下,法官的裁判不得不全面地吸收故事情节。

与以往的案件不同,张氏兄弟劫持人质救母案获得关注的不是被害人,而是被告人。道德大力推崇的行为变相地演变为法律惩罚的对象,引发了人们关于情与法的争论,更挑战着法官的智慧。该案的法官也没有辜负众望,基本创作了人情与法理和谐的作品。我们不得不承认,这是叙事的魅力。法官的判决几乎等同于一部作品的创造,裁判的过程可以通过叙事来完成。这主要体现在以下三个方面:

叙事的主题——劫持人质为救母。案件中张氏兄弟为了筹钱给因突发性脑溢血病危住院的母亲治病,劫持了邝某,本来正常刑事案

[①] 孙日华:《叙事与裁判——从"劫人质救母"案说起》,载《东北大学学报(社会科学版)》2010年第3期。

件的主题是关注受害者的遭遇,但本案却将主题定格在犯罪的动因上。经过大众与媒体的大肆渲染,刑事案件的社会危害性逐渐模糊了,原本应该是令人深恶痛绝的绑架,突然变成了情深意重的救母传说。

叙事的语气——值得理解与同情的罪恶。这个故事我们听到了哪些声音?从媒体的报道中,我们几乎看不到对张氏兄弟的谴责。"穷凶极恶"、"为非作歹"等词汇都已逃之夭夭,充斥人们眼球的是满怀温情的话语和抱着关注弱势群体的态度,对张氏母亲的病情与行踪作了详细的报道,而对被害人的语气则相当中立,甚至有些遗憾。

叙事的主角——孝子张氏兄弟。张氏兄弟是叙事的绝对主角,被害人几乎没有出现在"镜头"面前。媒体与法院给予了张氏兄弟表白苦衷的机会,间接地帮助了张氏母亲获得了捐款治病,更直接地促使张氏兄弟获得了较轻的判决。

这个案例说明了法官怎样在不同的故事版本之间进行剪裁与抉择,既要避免道德裁判的质疑,维护法治的权威,又要回应大众的声音,保障裁判的公信力。它的特殊性还在于法官在裁判时对事件情节进行构建的同时受到了庭外和庭内各种版本的叙事的影响。

上述例子说明的是法官在形成判决时如何受各种版本的叙事的影响,尤其是大众和媒体的影响。然而,栗峥在《裁判者的内心世界:事实认定的故事模型理论》[①]一文中要向我们展示的则是陪审团在裁判时遵循的"故事模型"。我们摘录其内容如下:

> 20世纪90年代,彭宁顿(Pennington)、黑斯蒂(Hastie)、本奈特(Bennett)和费得曼(Feldman)等一批学者进行的证据法学与社会心理学的交叉探索,形成了颇具影响力的社会心理学派,并得到了一些有新意的结论:陪审团是通过对故事的构建和比较,而不是通过运用证据进行论辩来评判事实真伪的。这一发现得到了其他学科如医学诊断学和历史学的积极响应,由此社会心理

---

① 栗峥:《裁判者的内心世界:事实认定的故事模型理论》,载《中国刑事法杂志》2010年第3期。

学派产生了它的核心观点:人类需要通过叙事作出裁判。其中,最具代表性和实践指导意义的当属彭宁顿(Pennington)和黑斯蒂(Hastie)提出的故事模型理论。

故事模型的提出建立在如下认识基础之上:刑事诉讼是有关过去事实的争议——被告实施或者没有实施某一行为。在典型的对抗制审判体系下,控方的工作便是利用证据来构造一个证明被告有罪的故事版本;而辩方的任务则在于要么指出控方的故事具有缺陷、不符合实际、要么重新构造出另一个故事版本。围绕这一主题,事实裁判者的任务就是回答"过去发生了什么",为完成这一任务,他必须从当庭出示的证据中摘要那些具有可信性的证据作为构建裁判的基础,他必须对两造的故事版本进行评判,从中确定哪一个故事版本是正确的。

根据上述思路,彭宁顿和黑斯蒂进行了模拟陪审团的实证研究,并提出了陪审团裁决的故事模型,它包含三个部分:① 通过故事构造评估证据;② 通过学习裁决范畴属性表述集中裁决选项;③ 通过把故事分类到最适合的裁决范畴达成裁决。

(1) 对证据评估所进行的编码

从认知的角度讲,"在证据评估阶段,陪审员将证据项目及其含义编码,使之成为一个语义命题网络(network of semantic propostions),最终存入长时记忆储存。个体陪审员的网络,就是对那些直觉上能够形成关于证词所述时间的连贯一致版本的证据的选择型总结。连贯一致是按照心理语言学对文本理解的分析所确认的条例清楚、叙述(故事)的可信原则来界定的……最后陪审员将对证据的故事描述与对判决类型特征的记忆相对照,找到最佳匹配。如果找到了主观上满意的匹配,那么陪审员就会以对应的判决来结束裁决过程,其所获得的确信程度也与其所观察到的匹配优劣性、主观完整性、故事证据总结自圆其说的程度成正比"[①]。

---

① 〔美〕里德·黑斯蒂:《陪审员的内心世界》,刘威、李恒译,北京大学出版社2006年版,第233页。

（2）通过学习裁决范畴属性表述集中裁决选项

这便是建立若干个有关某事件的故事版本,它是故事模型的核心。

构建故事版本的第一步是形成一份有关证据的叙述性摘要。之所以要先形成证据叙述性的摘要,是由司法证明的特殊情境所决定的:"数量众多的证据在几天内呈现;证据呈现通常是以不连贯的问答形式出现的;不同的证人就一连串时间中的不同部分作证,通常不按时间或因果顺序;证人通常不被允许对有必然联系的事件,诸如为什么某些事件发生了,或者对某一时间有什么情感反应等作出推断。"[①]由于这些特殊性,在第一阶段形成的工作记忆连同陪审员内心固有的记忆一起,针对必要的任务首先形成了一份由多项主张组成的有关证据的叙述性摘要,在这份摘要中,并没有建立起各个叙述事件的顺序,也没有什么具体的联系,它们只是陪审员根据证据所相信发生了哪些主要事件的一种列举,是以一种临时的顺序排列的。同时,在这份摘要所列举的多个事件中,有一些是陪审员的推论。

对于这些推论的理解有两个要点。第一,正如彭宁顿和黑斯蒂在文中已明确揭示的那样,中间推论是通过汇合了依靠演绎推理生活知识、类比经历过的和假设的时间以及分析矛盾推理建立起来的。

第二,正确理解它在构建故事模型中所起到的作用。由于在故事构建的第一步中,陪审员拿出的是一份以临时顺序排列的事件列表,在这个列表中尚难以发现什么必然的逻辑规律和联系,推论正是这些看似偶然的事件的联结点。它们将与之相关的证据粘连在一起,为之后组构故事作准备,并且不同的推论有可能将故事的组构引向不同的方向,间接地影响着最终裁判。这种影响作用可用下述流程表示:

证据信息和背景信息——推论——粘连与之相关的更多证据信息、背景信息——新的推论……多个推论的组合——结论

（3）通过把故事分类到最适合的裁决范畴达成裁决

即在多个故事版本中选取一个最优的故事版本作为案件事实结

---

① 〔美〕里德·黑斯蒂:《陪审员的内心世界》,刘威、李恒译,北京大学出版社2006年版,第233页。

论的过程。对于最优故事版本的选取,彭宁顿和黑斯蒂提出了"确信原则",即确定故事接受度及因此而产生的故事可信等级的原则。他们认为,有三个标准决定了接受度的高低:连贯性(coherence)、唯一性(uniqueness)与全面性(coverage)。

① 连贯性

故事模型理论认为连贯性存在三个度量标准:一致性(consistency)、可行性(plausibility)和完整性(completeness)。其中,"连贯性体现在被认为真实的证据解释间,或解释的其他部分间没有内在矛盾。故事的可行性体现在符合裁决者对此类典型事件的认知且与其认知不相矛盾。故事的完整性体现在所预期的故事构造具有'所有部分'"①。

② 唯一性

所谓唯一性,就是指"如果现有证据有多个首尾一致的解释,则对其中任何一个的信任度都会降低。如果只有一个首尾一致的解释,这个故事将被认定为对证据的解释,而且将在裁决的达成中起作用"②。也就是说,陪审员最终选择的最佳故事版本只有一个,如果同时出现了两个以上的对案件事实首尾一致的解释,这代表对于本案案件事实的如何发生仍然存有合理怀疑,这些版本依然不能在我们无法确知事实真实面目时,从相对意义上最完美地利用已知的证据信息对案件事实进行解释。

③ 全面性

所谓全面性,是指故事对于所有证据的涵盖程度。故事模型理论认为,故事对于证据的涵盖面越广,那么它对证据的解释就越容易被接受。彭宁顿写道:"故事对证据的涵盖会影响审判中所陈述证据的解释程度。我们的原则认为,故事越全面,它作为对证据的解释就越容易被接受。如果被接受,陪审员就会更相信这个作为解释的故事。一个不能对许多证据作出解释的解释,被当做正确解释来接受的程度

---

① 〔美〕里德·黑斯蒂:《陪审员的内心世界》,刘威、李恒译,北京大学出版社2006年版,第233页。
② 同上。

可能会较低,不全面可能会降低故事总体的可信度,因此带来的后果是裁决的可信度降低。"①

　　从以上综述可以看出,一是国内对庭审叙事的研究主要是从叙事学的角度进行的,还有很重要的一块是从法学中的法律推理角度所作的研究,它尤其强调修辞的作用;而国外的研究更多的是从叙事结构、叙事衔接、叙事交流等,以及叙事的社会文化语境因素的分析。二是国内学者更多的是对庭审的过程或其结果——判决书的静态的描写和研究,而国外学者更倾向于庭审叙事构建的动态互动研究,这或许与英美国家在庭审中采用当事人主义的抗辩制度有关。

---

① 〔美〕里德·黑斯蒂:《陪审员的内心世界》,刘威、李恒译,北京大学出版社2006年版,第233页。

第 4 章
法庭事实构建及其问题分析

概念的科学界定是研究的前提,因此在论述法庭事实构建之前,我们有必要区分客观事实、证据事实、法律事实、案件事实、裁判事实等几个概念。

4.1 法庭事实构建中的各类事实

顾名思义,法庭事实构建是指在法庭上原被告/控辩双方对事实的构建,以及法官在他们双方对事实构建的基础上,根据他们提供的证据和相关法律规则构建的法律事实,并在此基础上形成判决。如果考虑裁判中的量刑规则,那么被告/被告人的悔罪表现、庭审中的态度等都是法官裁判的主要方面,因此我们认为法庭事实的构建涉及如上所说的各类事实。

4.1.1 客观事实

"以事实为依据,以法律为准绳"是我国法律所确立的司法裁判基本原则,它要求司法人员在审理案件时只能以客观事实作为依据,而不是主观分析和判断。那么"事实"是什么呢?

"事实"的概念,在《现代汉语大词典》中解释为:① 事情的实际情况;实有的事情;② 指事物发展的最后结果。在哲学上,事实有三种常见却截然不同的定义。第一种观点认为,事实就是外在于人的事物、事件及其过程。按照这一定义,先在于人的自然界以及打上了人的烙印的一切具有客观实在性的存在本身,都是事实。第二种观点认为,事实是主体关于客观事物、事件及其过程的反映或把握,有时指正确反映与把握真理。这一定义带有认识论的印记,主张事实不仅与主体相关,而且是主体的实践与认识活动的结果,实际上是把事实等同于对事实的认知。第三种观点认为,事实是不依赖于主体主观意识的客观存在状态,强调事实的根本特性在于其客观实在性,是不依赖于主体的观念、意向的客观存在。从形态上看,事实既包括客体性事实,也包括人本身的主体性事实,即通过主体的存在和变化而表现出的事实。这一定义的合理性在于它不但肯定一切客体的存在是事实,而且肯定人、社会、主体本身的存在与客观状况以及主体与客体之间的关系也是事实,是一种实践唯物主义的观点。① 概而言之,哲学角度关注的事实有三种:自然存在、主观认知、社会客观存在。② 可以说,客观事实指既已存在,就是不以人的意志为转移的客观存在,是事情的实际状态,不管人们是否意识到,它都是客观存在的,而且它既可以是自然的事实,也可以是社会的事实。

就庭审中的"客观事实"而言,指的是在此之前客观上发生过的一个真实事件,是曾经存在过的事实真相。它有待于我们在司法过程中进行认识,根据所掌握的线索、证据等运用逻辑准则和经验法则进行重建和还原。

4.1.2 案件事实

高德胜和朴永刚③认为诉讼领域的案件事实包括两方面:一是主张事实(或称争议事实),通常双方主张是冲突的和有争议的,没有争议的案件属于特例,所以本书隐含的一个论证前提就是案件事实都是有争议的,而且这种争议是对案件的原始事实究竟如何的争议,争议

---

① 孙伟平:《事实与价值》,中国社会科学出版社 2000 年版,第 75—77 页。
② 杨建军:《法律事实的概念》,载《法律科学》2004 年第 6 期。
③ 高德胜、朴永刚:《论案件事实真实性的语义界说》,载《社会科学战线》2008 年第 8 期。

事实是形成案件的基础事实,是需要证明的事实(即待证事实)。二是认定事实,认定事实是在争议事实的基础上,在真实性证明过程之后被法律最终确定的事实,这是结论意义上的案件事实。因此,案件事实本身是一个过程性的概念,进入到诉讼首先以双方各自有争议的主张事实出现,经过证明,最终由法庭确认并作为裁判的依据。杨维松[①]就把案件事实从三层意义上进行划分,具体包括客观事实、证据事实和法律事实。

从我们对所收集的材料看,案件事实是一个比较宽泛的概念,它指的不仅是庭审中的原被告双方的"主张事实"和"认定事实",还被人们用来指所发生的事件或者所有与案情相关的事实,以及经过审判程序认定的法律事实、裁判事实。

4.1.3 证据事实

对于证据,刑事诉讼证据法中较权威的定义是,司法人员按法定程序收集,用以确定或否定犯罪事实、证明被告人有罪或无罪,以及罪之轻重的事实。民事诉讼证据法中的证据,是指能够证明民事案件真实情况的客观事实。[②] 无论是民事诉讼法学界、还是刑事证据法学界,都强调证据是"……的事实"或"……的客观事实",并认为证据有三个特征:客观性、关联性和合法性(有人称为可采性)。我们认为其中的关联性和合法性还是有主观性的一面:关于关联性,在审判人员碰到的各式各样的证据中,哪些有关哪些无关,如何来决定这些证据的取舍,这就要仰仗司法工作人员,特别是法官,要有较广博的知识、较丰富的司法经验、相当高的道德水准,以及懂得科技知识、经验法则、伦理法则的运用;关于合法性,罗筱琦等[③]认为,证据的合法性是人的主观意识强加到证据上的东西,是非本体的东西,它当然不是本体的特征,所以证据只有两性——客观性和关联性(有人也叫相关性),合法性只是证据力问题。

[①] 杨维松:《客观事实 证据事实 法律事实》,载《乡镇论坛》2002年第5期。
[②] 柴发邦主编:《民事诉讼法学新编》,法律出版社1993年版,第195页。
[③] 罗筱琦、陈界融:《证据法及证据能力研究》,人民法院出版社2006年版,第11页。

证据事实是指在司法证明活动中,法庭上双方运用各种证据构建的事实。在我们的日常生活中不乏这样的例子,如张三还了向李四借的钱,但没有收回借据,事后李四拿了借据到法院起诉张三,要求张三归还所"欠"的款项。这时,如果张三不能提供在场的证人或其他有利证据的话,法官恐怕只有依据"借据"这个证据的核心所表明或构建的"事实"来裁判了。

运用证据来构建案件事实还必须依据证据法以及一些其他相关的法规和制度。根据证据的定义,以非法手段取得的证据,哪怕它能证明"案件事实",但因为其不具有程序的合法性,应该视做无效证据。

4.1.4 法律事实

前面提到,我国法律所确立的一项司法裁判基本原则是"以事实为依据,以法律为准绳",其中的"事实"是指客观事实还是法律事实?

孔祥俊[①]认为,人们似乎已经对法院据以裁判的依据为法律事实而非客观事实的结论达成了共识。前最高人民法院院长肖扬在《在全国高级法院院长会议上的讲话》(2001年12月17日)中指出:"司法公正的体现,应当是在当事人举证、质证后,人民法院根据查证属实的证据,认定案件事实,依法作出裁判。人民法院应当努力做到法律事实与客观事实的一致,但由于司法机关和当事人搜集证据的局限性,人民法院通过公正、公平程序,根据证据、事实和法律作出的裁判结果可能与客观实际不完全吻合,但是,在正常情况下只要做到了法律上的真实,裁判结果就应当认为是公正的。遵循和尊重司法活动这一客观规律,是实现司法公正的前提条件。"这标志人们对法律事实与客观事实的探讨已被最高审判机关认可、吸收和实现成果转化,而且这种认识已非常科学和到位。

那么,什么是法律事实呢?孔祥俊[②]认为:"法律事实是法院在审判程序中认定的事实"。但是,该定义有点过于概括和简单。杨维

---

① 孔祥俊:《论法律事实与客观事实》,载《政法论坛》2002年第5期。
② 同上。

松[①]认为:"法律事实是指通过审判程序,对各种证据经法定的示证、质证、交叉询问和辩论等法定程序加以调查后,裁判者在判决书中认定的案件事实,也就是判决书在证据基础上用法律语言重构和再现的客观事实。"我们认为该说法似乎有些理想化,因为就如我们在"证据事实"中分析的那样,证据事实也不完全是真正意义上的"客观事实"。杜金榜[②]认为:"鉴于庭审的条件限制,庭审中的法律事实不同于客观事实,也不同于法官据以制作裁判文书的事实。法律事实是基于客观事实,在法庭审理条件下由各方交际者共同构建的事实,同时具有客观性和主观性,是交际者在特定条件下对客观事实的甄选、表述和加工,受制于交际者的认识能力和利益指向。"该定义中的"不同于法官据以制作裁判文书的事实"这句话因为作者未予详细论述,因此,法律事实怎样或者为何"不同于法官据以制作裁判文书的事实"我们也不得而知,不知是否指我们后面要说的"裁判事实"。我们从以上几个概念可以发现,一是他们都认为法律事实不同于客观事实;二是法律事实是在审判的过程中构建的。

杨晓锋[③]认为:"目前国内法理学教材普遍认为'法律事实'是由法律规定的,能够引起法律关系形成、变更或消灭的各种事实的总称。它是法律规范中假定部分所规定的各种情况,一旦这种情况出现,法律规范中有关权利和义务的规定以及有关行为法律后果的规定就发挥作用,从而使一定的法律关系形成、变更或消灭。"杨建军[④]认为:"站在司法裁判的立场上来看,法律事实是由法律所规定的,被法律职业群体证明、由法官依据法律程序认定的'客观'事实。"这两种观点强调法律事实的"法律规定性",但前者未提及庭审中的事实构建,相比之下,我们认为杨建军的概念比较全面。

就法律事实的"法律规定性"来说,只能是法律对某一罪名的规

---

① 杨维松:《客观事实 证据事实 法律事实》,载《乡镇论坛》2002年第5期。
② 杜金榜:《法庭对话与法律事实建构研究》,载《广东外语外贸大学学报》2010年第2期。
③ 杨晓锋:《法律事实是纯粹的客观事实吗?》,载《江西青年职业学院学报》2005年第4期。
④ 杨建军:《法律事实的概念》,载《法律科学》2004年第6期。

定。比如,当被告人同时对原告进行人身伤害和名誉损毁时,如果原告只对被告人提出人身伤害的刑事自诉,当庭审判时,法官将只对被告人的人身伤害罪进行审理,这样的话,原告在构建法律事实时的叙述只能围绕人身伤害来展开。法官也将根据人身伤害罪的相关法规来裁判该案件事实是否符合该罪名的几个要件。

案件的发生往往是在若干年前,至少是在若干个月之前,可以肯定的一点是,发生这个案件的时候,法官不在场。假如他在场,他就只能当证人,而不能担任裁判本案的法官。因此可以说,客观事实对法官来说是不可知的,至少是不可全知的,他知道的通常是由证据及证据链所能证明的破碎的、断裂的法律事实。因为,一方面,时间的不可逆性决定了客观事实无法原封不动地回复到原始状态;另一方面,即使用摄像机把过去的事件拍摄下来,也可能因为摄像的角度不同、未注意全部细节、不能显示人物的心理活动等而无法恢复事件的原貌。但是,"雁过留声",任何发生过的事件都会留下物质或者痕迹,包括相关人员的所见、所闻、所感和所知,它们就是恢复和再现所发生的事件的依据,也即证据。正如吉尔兹①所说:"法律事实并不是自然而成的,而是人为造成的。……它们是根据证据规则、法庭规则、判例汇编传统、辩护技巧、法官雄辩能力以及法律教育成规等诸如此类的事物而构造出来的,总之是社会的产物。"

4.1.5 裁判事实

裁判事实是事实审理者通过法定程序并依据证据规则,在证据的基础上,对案件涉及的客观事实所作的一种认定或推定。从程序的角度看,裁判事实是经过程序法规范过滤了的事实;从证据的角度看,裁判事实是在客观事实的基础上,依据证据规则再现或建构的事实;从规范事实的角度看,裁判事实则是依据实体法规范裁剪过的事实。客观事实本身不存在真假问题,只有存在与否的问题。如果说非要用真假来评判客观事实不可的话,那么,客观事实的真假问题与其是否存

---

① 梁治平主编:《法律的文化解释》,三联书店1994年版,第80页。

在问题也是同一的。正是在这一意义上,我们说客观事实是一种类似于物自体的绝对事实。裁判事实不同于这种意义上的绝对事实,它只是一种相对事实,而且作为事实命题存在真假问题。对于裁判事实的真与假,人们只能基于裁判事实与客观事实的竞合关系加以判断,因为无论主观因素在裁判事实的认定过程中起着何种重要的作用,裁判事实都必须建立在客观的证据事实基础之上。①

裁判事实与法律事实有重合的方面,但又有所不同。从定义上看,前面已经说过,我们认为杨建军对法律事实作的定义比较全面,他认为站在司法裁判的立场上看,法律事实是由法律所规定的,被法律职业群体证明、由法官依据法律程序认定的"客观"事实。裁判事实是指事实审理者通过法定程序并依据证据规则,在证据的基础上,对案件涉及的客观事实所作的一种认定或推定。重合的方面体现在,它们都是司法人员(包括法官)通过法律程序、依据证据规则而对客观事实所作的认定。但是,从字面意义上说,我们认为两者是有区别的。裁判事实应该是法官最后在判决书中认定的事实。它包括在事件事实这一"第二性事实"基础之上构建的法律事实和庭审过程中的"第一性事实",如法官会在裁判尤其是量刑时考虑被告人在法庭上的表现和悔罪态度等。

4.2 法官裁判的逻辑

司法工作的原则是"以事实为根据,以法律为准绳",事实作为小前提,法律作为大前提,经过推理得出判决结论,这是法官审理案件最基本的思维模式。法院的司法审判以三段论思维模式为主导,法官是按照三段论的逻辑过程进行推理和判案的。先从案件事实中提炼出法律事实作为小前提,然后寻找应该适用的法律规范作为大前提,最后在大小前提的基础上按照推理规则进行推理得出结论。法院的司法审判遵循的三段论的逻辑公式就是形式逻辑的三段论:

---

① 赵承寿:《论司法裁判中的事实问题》,中国社会科学院研究生院法学系 2002 年博士论文,第 22 页。

$$T \longrightarrow R$$
$$S = T$$
$$S \longrightarrow R$$

图 4-1 形式逻辑的三段论

其中,第一段:$T \rightarrow R$,叫大前提;第二段:$S = T$,叫小前提;第三段:$S \rightarrow R$,是得出的推论。举个例子,如大前提是:"人都要死",小前提是:"张三是人",得出的推论是:"张三也要死"。法官裁判案件用的就是这个形式逻辑的三段论公式。如果在大前提、小前提、结论这三部分中少了任何一部分,都不叫判决。

法官裁判案件的过程分两步,第一步是认定事实,处理法律事实问题,因为在案件中,法庭双方都主张自己说的事实是真实的。但究竟哪一个是真实的?在案件中,双方主张的事实往往又是矛盾的。法官认定真实,不是凭空的认定,需要根据程序法规定,通过证明手段和方法来查明案件的真实。第二步是法律适用,处理法律问题。[①]

事实上,法官在判案时远非就一个三段论推理过程那么简单,在这个过程中他们还要经常运用一些其他的法律方法,除了上面提到的法律事实的认定、法律推理之外,还有法律发现、法律解释、利益衡量以及法律论证等。但并不是这些法律方法都会在某个具体案件中得以适用,要对个案作具体的分析,不能一概而论。在一些典型案件中,如果发现的法律是明确的,可以直接进行法律推理得出结论,那么就没有进行法律解释的必要了;相反,在一些疑难案件中如果发现的法律具有模糊性,不能直接进行法律推理,那么就需要进行法律解释;若出现了法律漏洞,那么就需要通过利益衡量或价值衡量来补充法律漏洞。赵振民[②]认为,在法治条件下,法官对案件如果能进行法律推理,就不能运用法律解释,而只有当法律推理难以直接进行,解释也难以叙说清楚的情况下,才能适用漏洞的价值补充方法。法律方法对于法

[①] 梁慧星:《裁判的方法》,法律出版社 2003 年版,第 2 页。
[②] 赵振民:《法律方法之运用探析——以许霆案为例》,载《十堰职业技术学院学报》2010 年第 3 期。

治具有重要的意义,在一定程度上可以限制法官的恣意审判。另外,法律方法也是法官必须掌握的一种工具,有利于实现司法的公正和判决结果的合理性。

在判决书中也一样,首先必须说明原被告双方、原告的起诉理由、被告的答辩理由,紧接着是法院查明的事实,这就是小前提;之后是引出法律的规定,这是大前提;最后是判决内容,也就是得出的推论。

4.3 法庭事实构建中的问题分析

正如上文已经提到的,一方面,时间的不可逆性决定了客观事实无法原封不动地回复到原始状态;另一方面,即使用摄像机把过去的事件拍摄下来,也可能因为摄像的角度不同、未注意全部细节、不能显示人物的心理活动等而无法恢复事件的全部原貌。另外,因为诉讼的结果关系两造的切身利益,甚至生命的生杀予夺,因此,原告方都会夸大被告方的损害或侵犯程度,而被告方也会尽其所能地否认。这些因素都会增加庭审事实认定的难度。

在古代,由于侦查手段极其有限,在不能认定事实但又要作出裁决的两难境况下,人们只能求助于神灵。例如,在古罗马,他们会把人丢进水里面,沉下去的就是有罪的,浮起来的就是无罪的。在新中国建立之前,我国的贵州苗族村寨中就有神判的习俗,其中的"烧汤捞斧"和"宰鸡(狗)头"就是判案的特殊形式。

"烧汤捞斧"是一种常见的"沸水判"方法,用以解决比较大的纠纷,比如寨与寨之间争山林、户与户之间争地界,乃至一些放火、抢劫、偷盗、蛊等证据不足,争执不休,悬而未决的案件。"沸水判"按其具体表现形式又可细分为捞汤、烧汤粑等。所谓捞汤又可以称为烧汤捞油,即当发生难以解决的纠纷时,往往由原告出资,架起一口大锅,下面燃起柴火,锅里灌上沸水或是滚油,锅底放入斧头、钱币、棋子等物。争辩双方分别伸手去捞锅底之物,观其手臂是否被烫伤或烫伤程度来判断谁是谁非。按照常理推断,无论谁把手放进去都有可能烫伤,但是神判结果却只有一方受到伤害。也正是由于这个原因,人们对此种

2011年6月拍于贵州自苗寨博物馆

图表 8　苗寨神判图例

神判方式的可靠性深信不疑。所谓神判只是一种表面现象,其实是仪式的主持者在一方手臂上或汤锅里使了一些窍门来控制锅里温度给捞汤者造成不同的伤害程度。例如,在手臂上涂上油脂或趁人不备在锅中加入某些降温物质。所谓的烧汤粑就更简单了,就是双方在锅里放入大小或轻重基本差不多的粽子,同时放入锅中,以粽子煮熟的程度来判断是非。①

"宰鸡头"或"宰狗头"都属于立誓、诅咒的方式。一般都由原告出实物,理老主持,当事人在理老前方两侧,理老砍杀判物,以判物走向或倒向的一方当事人为输理、为有罪,反之则有理无罪。此外,也有砍杀判物前,约定在一定时间内生病、伤残、死亡的为输理、为有罪。

在这种方式下,被告究竟是否犯错不需要去查明,也不根据什么法律规则,它依据的是一种传统的习惯。他们信仰的是神,如果你有罪,你将手伸进油锅就会受伤,因为有神明存在,神不会冤枉一个好人,也不会让一个有罪的人逃脱惩罚。我们只能说,神判是人判的一种补充,它反映了人们对某些纠纷处理的无奈。

随着科技的发展,取证手段也在不断地改善,如指纹、声纹、DNA、电子取证等,虽然这些高科技的取证手段可以让我们找到很多相关证

---

① 徐晓光:《神判考析》,http://xuxiaoguang.fyfz.cn/art/822151.htm,访问于 2012 年 2 月 18 日。

据,但事实上,法庭审判过程中的事实建构还是会碰到各种问题。归结起来,这些问题主要有以下几个方面:

4.3.1 立法问题

上文我们讨论了庭审中的"事实"问题,而法庭事实的构建中还有一个非常重要的方面,即"立法"问题,它主要有以下几个方面:

4.3.1.1 法律的概括性

立法都是以执法为目的的,这就要求法律规范要客观地、实事求是地面对它所作用的各种社会现象。但是,人的主观认识不可能穷尽不断发生和变化着的各种事物及社会现象。因此,一部法律也就不可能一事不漏地规范人类社会或者一个国家或地区内的所有事物和人们的行为。哈特也认为,人类立法者根本不可能有关未来可能产生的情况的所有结合方式的知识。所有的法律法规都有一定的概括性,例如:

> Whoever uses or carries a firearm during and in relation to a drug trafficking crime or a crime of violence shall serve at least 5 years in prison, 30 years if the firearm is a machine gun.
>
> 任何人如在毒品交易或暴力侵犯相关的犯罪过程中使用或携带枪支的,都将被判五年监禁,如果是机枪的话则为三十年监禁。

上例的法规中,它只能针对一类情况,但是很多情况往往是比较复杂的,如具体到"毒品交易"、"暴力犯罪"、"使用或携带枪支"的情况就有无数种可能,具体怎么判就看陪审团的裁决和法官的裁量了。

4.3.1.2 法律语言的模糊性

司法必须要以法律为准绳,在认定了法律事实的基础上,法官不能恣意断案,必须依法作出判决。法官在裁判案件之前必须在错综复杂的法律规定中选择要适用的法律,这就是法律发现。法律事实的认定和法律发现是三段论推理中最主要的和最基础的工作,小前提和大前提确定了之后才能按照推理规则得出相应的容易为人们接受的结论。

但是,因为法律的模糊是法律三大病灶之一,如果发现的法律是模糊的,那就有必要进行法律解释。此处的法律解释与立法机关和最高司法机关的有权解释不同,是指法官在个案中适用法律时所作的解释。法官进行法律解释,要根据法律和法律事实之间的互动关系,说清楚法律规范的意义,从而为处理案件提供合法、明确的大前提。其实,很多看起来很明确的法律在适用到具体的个案中时也可能会产生一定的模糊性。哈特举了一个著名的例子"禁止将任何车辆带入公园",这一规则看起来是明确的、清晰的,但是当"电动玩具汽车"这一新情况出现时,这一规则又具有了模糊性。①

产生法律的模糊性的另一个主要原因是语言的模糊性。模糊性是自然语言的重要特征。语言的模糊性既有其客观根源,也有主观根源。从客观上讲,语言的模糊性根植于语言系统的复杂性、整体的动态性;从主观上看,人们对语言的认识和描述的准确程度是相对于一定的认识范围而言的。罗素在其《论模糊性》的著名讲演中提供了关于模糊性问题的最集中而系统的论述,认为"模糊性根源于主体对客体的认知过程中,系概念、判断和思想的模糊性,而与客体本身的状况无关",而且"……模糊性是一个程度的问题,它取决于由同一表现手段所表现的不同系统之间可能存在的差别的程度"。② 语言模糊性产生的根源不仅在于客观事物无明确的界限,而且源于人们认知的不确定性和模糊性。

既然模糊性是自然语言的重要特征,那么法律语言作为其在特殊领域的一种使用当然也具有其模糊性。英国哲学家大卫·修漠认为法与法律制度是一种纯粹的语言形式,法的世界肇始于语言,法律是通过语词订立和公布的,语言是表达法律的工具,法律不能脱离语言而独立存在。麦考密克也认为法学其实不过是一门法律语言学。因此,法律语言作为自然语言的变体之一,不可避免地具有模糊性。另

---

① 赵振民:《法律方法之运用探析——以许霆案为例》,载《十堰职业技术学院学报》2010年第3期。
② 何建南:《现代西方哲学家论模糊性的本质》,载《五邑大学学报(社会科学版)》2005年第1期。

外,从法律思想史的角度分析,法就是由无数模糊性概念、定义构成的一个知识体系。①

值得一提的是,法律语言的模糊性有其消极的一面,也有积极的一面。杜金榜②认为,模糊性在这里是指运用语言时对无法准确定义、指称或描述的事物,采用可能有多种解释的表达所产生的效果。模糊性不同于"含混不清","含混不清"常指人们运用语言不当而产生的消极结果,是尽量要避免的现象。模糊性则是不确定性,既有消极的效应,也有积极的作用。杨德祥③认为,法律语言模糊性的积极功能有以下几点:一是维护法律的稳定与统一;二是使英美法系的法官享有更大的自由裁量权;三是为辩证推理的使用提供契机,使法官有可能创立新的法律原则,进一步推动法律的发展;四是有利于准确表达立法原则的概括性,实现立法的科学性;五是为法律解释提供了可能,从而使概括的、抽象的规则适用于具体的行为。其消极影响是:有可能使法律偏离法制的标准,甚至沦为专制的工具;有可能使法律脱离原来的立法目的,甚至互相冲突,造成使用上的不便;容易使公民无法明确自己的权利和义务,引起诉讼,甚至殃及无辜。

还是上面的例子:

> Whoever uses or carries a firearm during and in relation to a drug trafficking crime or a crime of violence shall serve at least 5 years in prison, 30 years if the firearm is a machine gun.
>
> 任何人如在毒品交易或暴力侵犯相关的犯罪过程中使用或携带枪支的,都将被判五年监禁,如果是机枪的话则为三十年监禁。

针对这一法规,有人问:"如果有人想用未装子弹的机枪与人交易

---

① 杨德祥:《法律语言模糊性对法律制度的影响》,载《云南大学学报(法学版)》2006年第4期。
② 杜金榜:《从法律语言的模糊性到司法结果的确定性》,载《现代外语》2001年第3期。
③ 杨德祥:《法律语言模糊性对法律制度的影响》,载《云南大学学报(法学版)》2006年第4期。

毒品,该法规还适用吗?""如果有人在储物箱里放有毒品,行李箱里放着枪支,那这算他在'使用枪支'吗?"另外,"交易的另一方有没有带枪""使用枪支"一般有五种情况:一是把毒品藏在机枪里携带出关;二是用枪支顶在某人背后威胁他/她把毒品带出关;三是让他/她知道你手上有枪;四是告诉他/她你有枪,如果不把毒品带出关的话将杀死他/她的家人;五是直接用机枪扫射冲关。很显然,不同的"使用"方法造成的后果严重性的程度也不一样,从判处监禁五年到三十年又该怎样裁量?如果是最后一种"直接用机枪扫射冲关"的话,判三十年监禁能足以惩戒罪犯吗?

4.3.1.3 法律规范的抽象性

法律文本是立法机关制定的公民行为规范,也是裁判规范,具有抽象性和稳定性,而这个世界处于一个不断发展变化的过程当中。当一个事件必须要诉诸法律裁决的话,往往是因为在某一具体情况下发生了一系列处于法律法规边缘地带的问题。

比如在许霆案①中,许霆于2006年4月21日晚到广州市商业银行自动柜员机(ATM)取款。许霆在自动柜员机上输入取款1000元的指令,柜员机随即出钞1000元。许霆发现,银行卡账户里只被扣1元。许霆于是又持银行卡在该自动柜员机指令取款170次,共计取款174000元。4月24日下午,许霆携款逃匿。2007年5月22日,许霆在陕西省宝鸡市被抓获归案。

2007年9月27日,广州市检察院以盗窃罪起诉许霆。11月20日,广州中院认为被告人许霆以非法占有为目的,采用秘密手段,盗窃金融机构,数额特别巨大,其行为已构成盗窃罪,判处无期徒刑,剥夺政治权利终身,并处没收个人全部财产。经媒体报道后,该案在社会上引起了广泛争议。2008年1月16日,广东省高院裁定案件"事实不清,证据不足",发回重审。2008年2月22日,许霆案在广州中院重审,法院认为,被告人许霆以非法占有为目的,采用秘密手段窃取银行经营资金的行为,已构成盗窃罪,根据案件具体的犯罪事实、犯罪情节

---

① 赵振民:《法律方法之运用探析——以许霆案为例》,载《十堰职业技术学院学报》2010年第3期。

和对于社会的危害程度,对许霆可在法定刑以下判处刑罚。3月31日,许霆被以盗窃罪判处5年有期徒刑,追缴所有赃款,并处2万元罚金。4月9日,许霆正式向广东省高级人民法院提起上诉。5月22日,广东省高级人民法院作出终审判决:驳回上诉,维持原判。

什么叫盗窃罪?它是指以非法占有为目的,秘密窃取数额较大的公私财物或者多次窃取的行为。构成盗窃罪必须具备以下条件:

① 行为人具有非法占有公私财物的目的。

② 行为人实施了秘密窃取的行为。秘密窃取,就是行为人采用不易被财物所有人、保管人或者其他人发现的方法,将公私财物非法占有的行为。如溜门撬锁、挖洞跳墙、潜入他人室内窃取财物;在公共场所掏兜割包等。秘密窃取是盗窃罪的重要特征,也是区别其他侵犯财产罪的主要标志。

③ 盗窃的公私财物数额较大或者多次盗窃的。①

正是因为许霆案是在新事物(ATM)出现后发生的,所以法律事实的认定一直都存在着争议。无罪派认为,许霆的行为不构成犯罪,应适用民法,其中有的主张构成不当得利,有的主张构成无效交易。有罪派认为许霆的行为具有社会危害性,构成犯罪,其中有的主张构成盗窃罪,有的认为构成侵占罪,还有的认为构成信用卡诈骗罪。在案件审理的过程中,控辩双方最主要的争议在于许霆的行为应认定为民法上的不当得利还是刑法上的盗窃。辩方认为,许霆作为银行的债权人,其取款的行为属于民法上的交易行为,其获得的钱属于民法上的不当得利,因而应该适用民法而不应适用刑法;另一方面,许霆使用自己的银行卡采用正当程序进行取款,不符合盗窃罪的秘密窃取,按照罪刑法定原则,不能构成刑法上的盗窃罪。控方则认为,许霆第一次取得的钱属于不当得利,但以后的取款行为由于许霆具有主观上的恶意,因而不属于不当得利,应该认定为刑法上的盗窃。② 可以说,以上

---

① 资料来源:http://www.lawtime.cn/zhishi/xingfa/qfccz/2007051066033.html,访问于2012年2月22日。

② 赵振民:《法律方法之运用探析——以许霆案为例》,载《十堰职业技术学院学报》2010年第3期。

观点各执一词,都有其一定的道理。

4.3.2 证据问题

开庭审理即人民法院在当事人和所有诉讼参与人的参加下,全面审查认定案件事实,并依法作出裁判或调解的活动。"全面审查认定案件事实"过程就是一个举证、质证和认证并形成法律事实的过程,因此证据是审判的基础。

4.3.2.1 证据不足

既然证据是审判的基础,那么如果证据不足,法官就不能构建或者认定案件事实,根据"疑罪从无"的规则,就不能认定被告人有罪。我国刑事案采用的定罪标准是"事实清楚,证据充分",英美法系国家为"排除合理怀疑"(prove beyond a reasonable doubt),大陆法系国家为"内心确信",否则不能判"任何人"有罪。苏特说[①]:"一个三段论不是一个故事,法庭上未经证实的提案也许比不上能够用来支持它的坚实的证据"。

如果证据缺失,就不能有效推断,因为法官是无法根据孤立的点来进行推断的,他们需要一系列的相关证据,即证据链。证据链是指一系列客观事实与物件所形成的证明链条。就刑事案件而言,公安刑侦人员在刑事侦查过程中需要广泛搜集证据,只有当所收集的证人证言和痕迹物证等有秩序地衔接组合出犯罪嫌疑人作案的主要环节,能够完整地证明其犯罪过程,方可认定其有罪并对其采取必要的刑事控制措施。法院在审判时必须根据公安机关提供的证据链对犯罪嫌疑人进行有罪或无罪认定。

在庭审过程中,为了使对方的"故事"不可信,论辩双方都会想尽一切办法来质疑对方证据的可靠性,如果能够做到这一点,就会使对方的证据无效,有的甚至会让证据链断裂。

4.3.2.1 证据规则

就证据问题而言,并非证据充足就一定能成功构建客观的法律事

---

① 〔美〕彼得·布鲁克斯:《法内叙事与法叙事》,转引自〔美〕詹姆斯·费伦等主编:《当代叙事理论指南》,申丹等译,北京大学出版社2007年版,第487页。

实,运用证据来构建案件事实还必须依据证据法以及一些其他相关的法规和制度。关于这一点,最典型的例子就是美国的"世纪审判"中的辛普森双重谋杀案。该案陪审团最后作出的裁决是"辛普森无罪",辛普森被当庭释放。检方败诉的最主要原因是洛杉矶市警方在调查案情过程中未能严格遵循正当程序,出现了一系列严重失误,致使辛普森的律师团能够以比较充足的证据向陪审团证明,辛普森未必就是杀人元凶,很有可能是警官马克·福尔曼伪造罪证,用栽赃手法嫁祸辛普森。另外,受英国普通法中"品格证据"传统的影响,美国联邦和加州的证据法和判例都规定,如果出庭证人的品格被证明有缺陷,如撒谎成性或前科累累,则证人呈庭的某些证词就不具有法律效力。所以,在法庭审判时,双方律师都会在证人的个人品格上大做文章。此外,在法庭宣誓之后,如果一位证人在一部分证词中故意撒谎,那么,陪审团可以将这位证人的其他证词也视为谎言。福尔曼警官在辩方律师的"在过去10年之中,你曾使用过'黑鬼'一词吗?"这一质问中说了谎话(陪审团中有8个黑人陪审员),因此他的证词失去了法律效力,使得检方也几乎输定了。辛普森案结束后,洛杉矶市地区检察官毫不留情,正式立案起诉福尔曼警官。结果,他因伪证罪被判了三年有期徒刑,狱外监管。这样,杀人嫌犯辛普森被无罪开释,执法者福尔曼警官却沦为罪犯。①

虽然躲过刑事追究,但在受害人家属提起的民事诉讼中,辛普森败诉,法庭判决辛普森应对前妻及其男友之死负责,对死者家属作出赔偿。在审判一开始,富基萨肯法官即禁止电视台记者在法庭拍摄并作出裁定限制双方代理律师就案件公开发表言论,从而将案件置于相对独立平静的审理氛围中。与审理该刑事案件时不同,民事诉讼的气氛非常职业化,诉讼进程更快捷。虽然在此民事案件中,大部分证据只是刑事诉讼时的证据的再现和重复,但是,一方面富基萨肯法官不允许任何来自刑事诉讼的可能有利于辛普森的有关种族歧视的证言进入民事诉讼程序;另一方面,也确有一些重要的新证据的展示更有

---

① 资料来源:《辛普森杀妻案审判始末》,http://www.chnlawyer.net/ShowArticle.shtml?ID=20071227142723 57564.htm,访问于2012年2月13日。

利于原告一方。例如,原告方传唤了数名早在马克·福尔曼之前就已经到达案发现场的洛杉矶警员,证实所有重要的证据在福尔曼到达现场之前就已经被收集,所以福尔曼不可能伪造现场和证据。他们同时还证实,只有一只带血的手套留在现场。在刑事诉讼中,辩方曾主张福尔曼在现场发现了两只带血手套并将其中一只移至辛普森家中从而诬陷辛普森。上述证人的证言推翻了刑事诉讼辩方的这一主张。再有,警方认定辛普森有一双与案发现场足迹相符的鞋子,而辛普森却矢口否认。原告方向法庭出示了27张照片,十分清楚地显示了辛普森穿的正是与现场足迹相符的鞋子。原告律师指出,正是由于辛普森作了案,他才否认自己有同样的鞋子。陪审团在就民事案件作出最后裁决前,要求再次听辛普森有关不在现场的证据、殴打他前妻尼克的证词以及去他住宅接送他去机场的司机有关按门铃无人应答的情况及时间的证词,显示出陪审团对辛普森的怀疑。1997年2月4日,民事陪审团终于作出裁决。他们一致认定辛普森对两名受害人之死负有责任,并裁决辛普森赔偿原告方850万美金,另外还裁决辛普森向两名受害人家庭各支付1250万美金的惩罚性赔偿金共计3350万美金。①

极具讽刺的是,在案发十几年之后的2006年11月,辛普森名为《如果我做了》(If I Did)的自传体新书出版。书中,辛普森以虚拟笔法细数他"杀妻"的经过。美国司法制度有"一事不二审"的原则,由于辛普森已被判无罪,不管他在书中如何耸人听闻地渲染自己的杀人细节,都不会因同一案件重新受到起诉。

同样一个案件事实,大部分证据只是刑事诉讼时的证据的再现和重复,得出的两个裁决却截然相反。在辛普森案的刑事审判中,可以说辩方主要胜在很好地利用了证据的程序规则和证据法的相关规则。那么,辛普森到底是"做了",还是"没做",除了他自己之外,恐怕无人知晓。

---

① 资料来源:《辛普森案件始末》,http://hi.baidu.com/luozhen325/blog/item/98a1984e26e892ced0c86ac2.html,访问于2012年2月13日。

4.3.3 裁判问题

在司法实践中,法官一般无法找出案件的客观事实,并根据案件的客观事实进行裁判。因为案件的客观事实是过去发生的,随着时间的推移,许多原有的证据可能已经灭失,不可能像自然科学实验那样通过对条件的控制反复再现,任何侦查、推理工作都无法以科学实验的方式重复事实的全部经过。法官通过法定程序,按照证据规则,根据当事人提交的证据材料,经过质证采信后,对案件事实所作的合理推断与认定,理论上称为法律拟制事实。这种合理推断、认定,是相对的,不是绝对的。

在既有证据基础之上进行推演是有效追溯事件客观真相的重要方法,案件事实认定同样是一个在既有证据材料基础之上发现过去、重述事实真相的过程。但在这种反向推演追溯的方法下所确认的过去并不是绝对真实的,实际上,它是在无相反证据材料予以否认、证伪的情况下"被迫"确认的事实,完全有可能由新的证据将其推翻,因此它是一种相对真实,即法理学上的法律真实。

目前,在法院实行"不得因事实真伪不明而拒绝裁判"的现代司法理念下,法官即使不能理性地判定案件事实的真伪,也不能将案件束之高阁而搁置判决。因此,提高法官的认定(发现)事实的能力,对于法律事实与客观事实达到最大限度统一的积极意义不容否认。一般来讲,在司法实践中,哪一个是客观事实并不应是法官们所关注的焦点,法官们关注的是法律事实,而法律事实又来自于当事人所陈述的案件事实。[①]

因此,法官在对当事人所陈述的证据事实作出判断和认定时有其主观能动性。尤其在量刑时,"判刑五到十五年"之间的差距还是很大的。法官的主观性贯穿在整个审判过程中,包括对证据的认定、法的适用、推理、法律事实的构建、对庭审中论辩双方的表现以及最后量刑等环节。

---

① 付忠源:《客观事实与法律事实的法学思辨》,载《法制与社会》2009 年第 1 期。

4.3.4 制度性语境制约因素

就庭审的语境问题,在 2.2.1.2 节中已有论述,在此我们将着重讨论庭审的制度性语境特征分析。

如前所述,法庭言语属于制度性话语。很多人曾尝试对制度性话语与日常话语进行区分,但事实上两者之间很难有明确的划分。Steven Levinson[①] 认为:"我们的目的只是想指出制度性话语中的一些家族相似性特征,如任务指向性、严格限制性和推论特殊性等。"

Thornborrow[②] 从制度性话语和一般话语的分析着手,认为仅从这三个方面分析还不够,制度性话语的另一个很重要的方面是在"权势"作用下言语角色之间话语权的极不对称性,这样,她又引入了一个参照因素——权势(power)。根据这一观点,制度性话语又具有以下几个特征:权势充斥性、话语的不对称性、策略性、言语角色及关系的语境决定性等。

4.3.4.1 任务指向性

法庭言语角色在他们自身的行业或技术的能力范围之内,根据他们对庭审的任务或功能的一般特征的理解来组织他们的话语。也就是说,在庭审过程中,法律专业人员和非法律专业人员的言语行为,都指向制度性任务或功能,这一点明显表现在他们所追求的总目标上——就被告的有罪或无罪作出判决。

另外,制度性法律专业人员的行为不仅受组织的或职业的限制,还受他们所担负的职责的影响,这种职责对于非法律专业人员来说印象模糊,甚至根本都不了解。因此,法律专业人员和非法律专业人员所追求的具体目标有明显的不同。

4.3.4.2 严格限制性

法庭言语的限制性主要表现在言语角色之间的互动和话题上。

---

① DREW, PAUL, HERITAGE, JOHN. Talk at Work:Interaction in Institutional Settings[C]. Cambridge:Cambridge University Press, 1993.

② THORNBORROW, J. Power Talk:Language and Interaction in Institutional Discourse[M]. Harlow, England:Pearson Education, 2002.

在法庭言语活动中，一些来自权势的或法律强制性的限制会使法庭言语具有一些形式特征，如具体表现为程序规则、话轮控制以及公诉人或律师的明知故问等，言语角色必须根据这些特征来调整自己的言语行为。如针对公诉人或律师的明知故问，听话者必须作出回答，否则将被认为是藐视法庭。具有制度性特征的言语角色是根据每个人可用的话轮的预先分配情况来定义的：法官发布指示，律师提出（制度上允许的）问题和反对对方的问题，证人回答律师的问题。

在主题上的限制主要体现在所有言语角色的言语都要与审判的主题相关，在不同的庭审阶段有不同的次主题，法官对庭审中的主题起检查和维护作用，任何有偏离主题的言语都将被法官制止。

对于以上两点，我们可以用下例来说明：

审：请坐下。现在开庭！（敲法槌）

南京市鼓楼区人民法院，根据《中华人民共和国民事诉讼法》第120条、第145条之规定，今天上午在这里按照简易程序，公开开庭审理原告尤某与被告王某一、王某二（王某一之父）出资转让协议效力纠纷一案。下面进行法庭调查！首先由原告向法庭陈述你方起诉的事实、理由和诉讼请求。

原代：第一，请求法院依法判决王某一、王某二之间就~南京龙图广告咨询有限公司所签订的股权转让协议无效；

二，判令两被告承担本案的全部诉讼费用。

事实和理由如下：

2003年3月，第一被告王某一目前任法人代表的龙图营销策划咨询有限公司成立。王某一和尤某夫妻俩先后筹集35万元购买了该公司70%的股权。现在尤某发现，王某一已经在2003年12月将其中50%的股权以返还25万元借款的形式转让给了本案的第二被告，也就是王某一的父亲王某二。

审：原告陈述完毕吗？

原代：代理人陈述完毕。

原告代理2（尤某母亲）：我有一点需陈述。

审：嗯。

原告代理 2:被告王某一买这个股权的时候,即 2003 年 7 月 24 日,她跟我儿子说,今天要退股给其他人了,她要 12 万块钱。儿子跟我说了,我想我媳妇的事情要比我儿子的事情还重要,比我自己的事情还重要,我在两个小时内借了 12 万元给她去买股。另外加上儿子买断工龄的钱 4 万元。这个股权△试问股权怎么会变成她父亲的呢?她父亲什么时候给她的钱?

我借钱有依据,有银行存单。▲

审:▼好,原告代理人,对于本案王某一转让股权,还有什么补充意见没有?

原告代理 2:补充意见。▲

审:▼对她转让本身?

原告代理 2:本身她就是恶意串通,她要跟原告尤某离婚,想把所有的财产全部转移掉,要损害我们的利益。

审:没有了是吧?

原告代理 2:是。

审:原告还有没有补充的,本人?

原:我的本意是不想选择在这里,其实我们的婚姻曾经幸福过,由于被告的地位和钱财的增多,她的(1's)哼~良心也起了变化。▲

审:▼好,原告~你所陈述的事实要与本案案件有关的,好吧?

上例是在法庭调查开始阶段,作为非法律专业人员,原告代理人 2 (尤某母亲)和原告尤某在叙述时没有注意到庭审这个语境的"任务指向性"和"严格限制性"特征。庭审的五个阶段的功能各有不同,因此各阶段对该说什么、怎么说也有不同的要求。在原告代理人(律师)向法庭陈述原告起诉的事实、理由和诉讼请求之后,法官还没有指示进行举证,原告尤某的母亲就开始叙述筹集资金的过程,被法官打断(见标记▼);原告本人的叙述更是充满了个人的主观评价,结果也被法官打断。从言语效果看,他们两人的叙述都没有按法官期望的那样"对她(股权)转让本身"作补充说明。

4.3.4.3 推论特殊性

在法庭言语活动的制度性语境中,制度性互动中产生的一些推理、推论及含义也具有一些特别("制度性")之处。如法官对非法律专业人员的描述、主张等不能露出吃惊、同情或赞成等表情,而在日常话语中,这种表情的隐藏通常被认为是不想加入话题(disaffiliative)。

另外,日常谈话中"你儿子还好吗"是一种表示关心的问候语,但是在法庭上,如果一个刑事被告人这样问法官,则会被看做是一种威胁。在法庭上的沉默,会被看做是藐视法庭,或者对某证据没有异议而被法官采信等。例如:

审:现在由公诉人对被告人进行讯问。

公:被告人林某,下面公诉人就你的犯罪事实对你讯问。在今天的法庭调查当中,也是给你一个机会,所以公诉人认为你必须要如实地交代自己的犯罪事实,对你的罪轻或者无罪也可以提出自己的辩解。听清楚了吧?

被:(不语 7's)

公:审判长,公诉人认为今天～被告人林某拒不交代自己的犯罪事实,<u>沉默不语,说明其对认罪的一种态度。请合议庭予以注意</u>。

上例中,林某因为恋爱被骗后怀孕,后来又怕未婚先孕影响不好,瞒着所有人生下了小孩,在害怕和惊恐中用塑料袋堵住婴儿嘴巴使其窒息而死,被人发现后被提起公诉。在庭审过程中,她觉得自己很冤屈,所以针对公诉人的讯问不愿作出回答,而这让人觉得很不合作。针对公诉人的指控,她也采取否认的态度而不是根据事实为自己申辩。

Gibbons[①]指出,在法庭话语中有三个重要平面:"第一性法庭事实"、"第二性事实"和"法律框架"。第一性法庭事实由法庭本身以及在场的人们形成;而第二性事实就是诉讼案由所指的事件。第一性法

---

① GIBBONS, JOHN. Forensic Linguistics: An Introduction to Language in the Justice System[M]. Oxford: Blackwell Publishing, 2003.

庭事实是一个独一无二的文化的和物质的语境。第一性法庭事实可以通过法庭直接的语境，用语言显示出来。第二性事实——法庭直接语境外的世界（最主要的是作为诉讼案由的特定语境和事件）——也是通过语言展示的。比如说，如果诉讼案由是抢劫，那么在法庭（第一性法庭事实）上证人将用语言来描述抢劫过程——第二性事实。第一性法庭事实和第二性事实这两个层面之间是不断互动的。因此，如果在庭审中公诉人提请法官注意的被告人"沉默不语"、"认罪态度不好"这几点能说服法官的话，法官在量刑时，会在法庭上构建的事实基础上对被告人重判。

4.3.4.4 权势充斥性

前面已经论述过，法庭言语角色之间的权势不对等引起了他们之间权势的层级性，权势的层级性又影响着各言语角色之间话语权的大小。我们认为，法庭言语中的权势直接影响到话语权。法庭上的权势包括权力和权威、知识以及在法庭言语互动中一方通过语言的使用对另一方的控制。权势越大、所掌握的法律知识和庭审程序等就越多，谁就越有话语权，也就越有可能控制权势较小的一方。

4.3.4.5 话语权的不对称性

正是因为言语角色权势的不对等才有话语权的不对称。话语权的不对称又引起了法庭言语角色之间的层级性。根据言语中体现话语权的三种方式：提问、控制话题和打断，法庭言语角色的话语权大致有三个层级：法官；控辩双方以及原被告；证人及刑事案件中的被告人。

4.3.4.6 言语的策略性

由于刑狱诉讼等法律事务关涉个人或群体的财产得失、毁誉荣辱乃至生命予夺，为了争夺话语权，法庭言语各角色都会通过使用一定的语言或言语策略对对方进行一定程度的控制。法庭言语活动中的各角色之间关系复杂，各言语角色之间的目的不一。同时，法庭言语活动又受很多程序规则、时间等的限制，这就要求法庭言语各角色，包括法官（根据我国的审判制度，法官在庭审中也可以参与实体调查，因此在法庭事实调查阶段法官也对原被告进行提问），在言语活动中使自己说出的每一句话都能达到最佳效果,而为了实现这一言语目的,他们都会自觉不自觉地使用各种语言策略和言语策略,归结起来说,主要是要达到控制对方话语的目的。

如律师,他们很清楚法庭言语中的这种权势的不平衡,因此,他们在庭审过程中会有意识地利用这一点,并根据不同的交际对象采用不同的策略。如:

① 因为法官是最终的受话者,所以他们会对法官采用礼貌用语;他们还注意话语效力——经济原则,如"我就不再多说了"、"不知道这又是怎么一回事"等。

② 对己方当事人或证人采用亲和原则来使用他们的言语策略。他们对己方证人的询问,事先经过排练,所以是一种明知故问,话语语气缓和,以突出某些重要信息;使用的问句也多是开放性的。

③ 对对方当事人、代理人或证人则采用针锋相对的策略。对对方证人进行控制,目的是让注意力集中在律师而非证人身上;通过提问让证人断裂式回答,以否定证言的可信度,否定证人的可信度。

在法庭上律师使用权势的体现尤其见于他们对证人证言的控制上,主要表现在以下几点:

① 律师使用的权势主要与他们有强迫对方作出回答的权力有关;

② 这种权势等于对证人的控制;

③ 对证人的成功控制有三种方法:坚持角色的完整性(如律师不回答证人的提问,以显示自己的权势);控制进程;最重要的是提问形式的选择——缩小问题答案的选择范围(如只回答"是"或者"不是"),以保证质证者(律师)而非回答者来控制证据的叙述。

④ 与大多数语言现象不同,对证人的这种操纵方法都是在律师有意识的控制下进行的。

这就是为什么双方律师在法庭上通过询问构建的"故事"会完全不同甚至相反的原因。

4.3.5 虚假叙事

庭审中的虚假叙事有两个方面的内容,一是虚假诉讼,二是在诉讼过程中提供虚假信息。

　　虚假诉讼是指民事诉讼的双方当事人恶意串通,合谋编制虚假事实和证据向法院提起诉讼,利用法院的审判权、执行权,非法侵占或损害国家、集体、公民的财产或权益的诉讼行为。其产生的原因主要有二:① 民事活动所遵循的当事人意思自治原则与权利自主处分原则及民事审判权的被动性特征客观上为虚假诉讼提供了滋生的条件与生存的空间。民法属于私法,法律对待民事关系遵循当事人意思自治的原则和权利自主处分的原则。只要双方当事人形成合意,法律就应予以尊重。另外,法院民事审判权呈现被动性的特征。被动性要求法院不能主动介入、干预当事人的诉讼活动。诉讼中采用当事人主义的审判方式。原、被告是对抗的双方,法院是中立的裁判者。当事人提出主张、答辩、抗辩、放弃、承认、变更、调解与和解等,均具有自主性。对当事人的自认行为、自主处分行为、达成的和解、调解协议,只要不违法,法院均不应否定。民事诉讼的这种性质为虚假诉讼者提供了可乘之机。只要虚假诉讼双方当事人互相串通,虚构事实与证据,从表面上达到事实清楚、证据充分,诉讼双方对事实和证据没有异议,法院就不大可能去审查双方证据和民事法律关系的真实性。正因为如此,虚假诉讼者往往能轻易得逞。② 证据制度的不够严密为虚假诉讼的得逞提供了可能。《民事诉讼法》第63条规定了8种证据的形式要件,即证据的外在表现形态,而没有规定证据的本质属性。外在形态只是一种载体或形式,至于这种载体所记载的内容的属性,法律没有明确规定,而证实民事行为真实性的恰恰是其内容属性,不是载体本身。由于法律没有规定证据的本质属性,因而为虚假诉讼者任意编制证据提供了机会。实践中对一方提供的证据,对方如无异议,法官即予认定,而不管证据本质属性上是否真实。此外,出现虚假诉讼还与法律规制力度不够和部分法官素质不高有关。①

　　在一系列侵犯或违法事件发生后,受到侵犯的一方或公诉人会向法庭提起诉讼,要求对方对所造成的损失或所犯的罪行作出赔偿或承

---

① 应海波:《虚假诉讼的特征、成因及对策》,http://www.tzcourt.cn/InfoPub/InfoView.aspx? ID = 501,访问于2012年2月22日。

担法律制裁。审判是从被侵犯人或公诉人提起诉讼开始的。但由于诉讼的结果对当事人来说关乎财产得失、毁誉荣辱乃至生命予夺,被告方往往会构建他们对事件的一个叙述版本,而双方因为有极大的利益关系,对所发生的事件的叙述版本可能会完全相反,如下图所示:

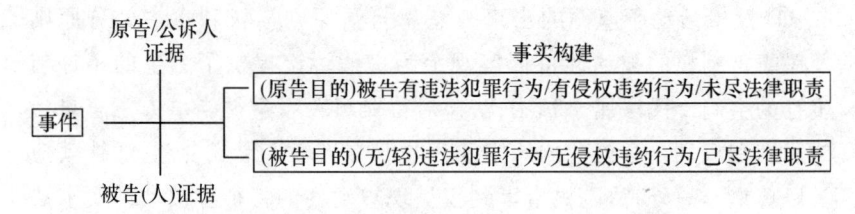

```
                原告/公诉人
                   证据                         事实构建
                    |         ┌─────────────────────────────────────────┐
                    |         │(原告目的)被告有违法犯罪行为/有侵权违约行为/未尽法律职责│
        ┌─事件─┬────┤         └─────────────────────────────────────────┘
                    |         ┌─────────────────────────────────────────┐
                    |         │(被告目的)(无/轻)违法犯罪行为/无侵权违约行为/已尽法律职责│
                被告(人)证据    └─────────────────────────────────────────┘
```

图 4-2　原被告/控辩双方对同一事件构建不同叙事版本示例

当事双方在审判之前,根据他们收集的证据,对同一个事件已经各自构建了一个事件版本,他们的任务是在法庭上叙述各自的事件版本,由法官决定哪个事件版本更好,因此,在法庭陈述或辩论时,他们都希望整个言语活动向着对自己有利的方向发展。具体而言,原告方或控方总是把对方的损害或侵害扩大化,而被告方总是否认或把自己的损害或侵害最小化。因此,他们两者之中必有一方是在虚假叙述,至少是部分虚假。在庭审中的被告或被告人在回答问题时,如果对自己不利,他们会故意用"不知道""不清楚"等来回答,这样就阻碍了对方事件版本的构建,也会使法庭上的法律事实离客观事实更远。

4.3.6　记忆缺失

案件事实均发生在过去,在庭审中,有些离事件发生已经是好多个月甚至一年以上。随着时间的推移,庭审双方及其证人对事件的细节、内容等的记忆都会缺失。Bernard, Killworth, Kronenfeld 和 Sailer 曾经进行了一系列的研究分析受试者回忆以往事件的准确性,他们的研究结果显示,在对过往事件进行回忆时,受试者所回答的内容中有一半是错误的。这一发现引发了大量的争论和重复研究,其中 Romney 和 Freeman 的一项研究得出了更有说服力的结论,他们认为受试者在对以往事件回忆时,回忆的非准确性不是随机的,而是有系统性的和可以预测的。也就是说,人们的回忆的非准确性来自于人们根据以往经验和自己的社会网络建立起来的图式。这一结论说明,在对信息进行加工时,图式会对信息进行主动的重组。

请看下例:①

　　Q: Where was this executed? [这是在哪儿执行的(指立遗嘱)?]

　　A: In our office. [在我们的办公室。]

　　Q: Who drew the will, do you remember? [谁写的遗嘱,记得吗?]

　　A: Well, I don't remember positively, but, judging…… [哦,我记不太清,但是看起来……]

该案是遗嘱的效力引起的诉讼,原告怀疑立遗嘱人在病重时受了律师不当的影响,作证的是原告方的证人,是遗嘱执行人,但是他明显不能准确说出当时立遗嘱的具体细节,包括由谁执笔等重要的环节。最后法庭下令将该证言撤出记录,理由是非专家证人只能就其所见作证,不允许陈述对事件的意见。对证言效力的否定主要是依据"judging"一词在证言中的使用。

另外,像辛普森案件那样,审判总共历时 460 天,仅审判的过程对于法官和陪审员们来说也是一个考验记忆的问题。

4.3.7　媒体舆论

时任最高人民法院院长的王胜俊在珠海视察时提出,在审理死刑案件时,法官要考虑三个依据:一是要以法律的规定为依据;二是要以治安总体状况为依据;三是要以社会和人民群众的感觉为依据。他表示:"就司法而言,最重要的是以法律为准则,法官对于治安状况和民情的考量,不应该完全杜绝,但必须在法律范围内考量。严格地依照法律来审判,实际上并没有否定另外两者的考量。刑法中判刑往往都

---

　　① O'BARR, W M. Linguistic Evidence: Language, Power, and Strategy in the Courtroom [M]. San Diego: Academic Press, 1982: 47.

有幅度,如'五年到十五年有期徒刑',这里面幅度就很大。"①这说明,在案件的审理过程中法官或多或少都会考虑民意,而当前最主要的表达民意的方式是媒体舆论。

就几个在全国引起广泛注意的几个案件看,比如刘涌案、张金柱案、许霆案、药家鑫案、张方述案、彭宇案、时建锋案、李昌奎案、邓玉娇案等,最后的判决都很大程度地受到了媒体舆论的影响。不可否认,舆论起到了一定的监督作用,但另一方面也有妨碍司法公正之嫌。"民意本身便难以衡量。现代社会多元化,民众对同一问题有多种不同看法。在涉及刑事案件中,民意也会受到复杂因素左右。比如,信息发布者以怎样的口径、怎样的叙述方式来描述事件本身,同一个人,可能被描述为罪恶昭彰,不杀不足以平民愤的,而在另外一个记者笔下,又可能被描述为一个值得同情者。现在网络上民意更是潮起潮落,多变,难以琢磨,难以衡量。拿药家鑫案来说,民众将案件与富二代、官二代、央视、专家、特权等如炸药一样的社会符号捆绑起来,认定此案背后定有一种力量将影响到司法公正。如同刘涌案一样,又有人再以正义之名要求药家鑫死。"②即使在药家鑫被处决后,网上爆出了他的家庭情况,民众的反应改变的也不大。

因此,可以说,不管是监督的一面还是妨碍司法公正的另一面,媒体舆论都在不同程度上影响着一些有争议的案件的法庭事实的构建,有时其影响力还不小。

4.3.8 道德与情

4.3.8.1 法与道德

上文提到,时任最高人民法院院长的王胜俊提出,在审理死刑案件时,法官要考虑的三个依据是法律的规定、治安总体状况、社会与人民群众的感觉。因此,法官在判决时需要考虑社会治安总体状况。

---

① 贺卫方:《民意决定死刑?——答〈南都周刊〉记者陈建利问》,http://www.aisixiang.com/data/38083.html,访问于2012年3月1日。

② 《人民的意见很重要,但人民的意见是否可靠?》,http://news.ifeng.com/opinion/special/lichangkui/,访问于2012年1月22日。

王丽萍和刘鲁平在《在法律与道德之间——由一起司法判决引起的思考》[①]一文中引用了这样一个案例:四川省泸州市纳溪区某厂职工黄永彬与蒋伦芳于1963年6月登记结婚,1994年,黄永彬认识了一个名叫张学英的女子,并且在与张认识后的第二年同居。黄的妻子蒋发现这一事实以后,进行劝告,但是无效果。1996年底,黄和张租房公开同居,以"夫妻"名义生活,依靠黄的工资(退休金)及奖金生活,并曾经共同经营。2001年2月,黄到医院检查,确认自己已经是晚期肝癌。在黄即将离开人世的那段日子里,张面对旁人的嘲讽,以妻子的身份守候在黄的病床边。2001年4月17日,黄永彬立下遗嘱:"我决定,将依法所得的住房补贴金、公积金、抚恤金和卖泸州市江阳区一套住房售价的一半(即4万元),以及手机一部遗留给我的朋友张某一人所有。我去世后骨灰盒由张某负责安葬。"4月20日,黄的这份遗嘱在当地公证处得到公证。4月22日,黄去世,张根据遗嘱向蒋索要财产和骨灰盒,但遭到蒋的拒绝。张遂向纳溪区人民法院起诉,请求依据继承法的有关规定,判令被告蒋某按遗嘱履行。法院经过审理后认定,尽管继承法中有明确的法律条文,而且本案中的遗赠也是真实的,但是黄某将遗产赠送给"第三者"的这种民事行为违反了《民法通则》第7条"民事活动应当尊重社会公德,不得损害社会公共利益"的规定,因此法院驳回了原告张某的诉讼请求。对此,参与审理的一位法官在接受记者采访时说:继承法、婚姻法这些特别法的规定都不能离开《民法通则》的指导思想。执法机关、审判机关不能机械地引用法律,而应该在充分领会立法本意的前提下运用法律。在判决本案时,我们直接引用《民法通则》的基本原则,而没有机械地引用继承法的规定,是合情合理的。如果我们按照继承法的规定,支持了原告张某的诉讼主张,那么也就滋长了"第三者"、"包二奶"等不良社会风气,而违背了法律要体现的公平、公正的精神。原告不服,在上诉期间内提出上诉,二审法院最后驳回上诉,维持原判。

有媒体报道此案时称这是一道"情"与"法"交织的难题。其实,

[①] 王丽萍、刘鲁平:《在法律与道德之间——由一起司法判决引起的思考》,载《山东社会科学》2004年第2期。

也可以此案来诠释法理学上的一个基本命题,即道德与法律的关系。虽然在该案中法院的判决有违司法公正,因而司法裁判不当,但是法官在判案时确实有面临两者之间抉择的问题。

4.3.8.2 法与情

虽然我们平时说"法不容情",似乎法律就是死板教条的,但事实上,"法"与"情"并非水火不容,它们之间也有平衡点。正如法谚有云:"法乃善良公正之术。"比如,我国的诉讼法中规定的回避制度、民事诉讼中的调解制度等,均是"法"与"情"融合、互动的结果。再比如,在许霆案中,许霆之所以由无期徒刑被改判为 5 年有期徒刑,很大程度上是因为民意的介入和影响。还有孙伟铭案,与其说由死刑改判无期是因为他"有真诚悔过表现"和"慎杀"的法律理念,还不如说是他的父亲孙林以罹患癌症晚期之身多方奔走,卖房、卖车筹款赔偿过程中所表现的悲凉及真诚的"替儿赎罪"行为打动了公众,包括受害者家属。改判,某种意义上也算是法律对于这份"情"的回应。同理,在邓玉娇案中,也是由于"情""法"互动,法院虽仍然认为"邓玉娇的行为构成故意伤害罪",但最后决定对她"免除处罚"。可见,法与情的交融非但不会有损法律公正,还能取得法律效果和社会效果的最佳统一。①

以上列举的各种问题对法官来说无疑是一种考验,尤其是对法律规定的阐释、对原被告/控辩双方叙述的事实的判断、法律程序规则的遵循、民意的考虑、逻辑的论证等。

---

① 薛世君:《法与情并非水火不容》,http://pinglun.youth.cn/mtgz/200909/t20090914_1023187.htm,访问于 2012 年 1 月 23 日。

第5章
庭审叙事的形式及其结构分析[①]

庭审叙事有其独特的形式与结构特征。从形式上看,有自述、独白,还有多角色互动交际(以问答形式)等;从层级结构上看,有判决中的叙事、原被告总体叙事、相对完整叙事、论辩过程中原告/被告对证人询问时证人的"次叙述"以及直接询问及交叉询问中问答式的"最小叙述"等;从叙事结构上看,证人/被告的叙事结构又区别于拉波夫的一般叙事结构。

5.1 庭审叙事的形式特征

这里主要强调庭审中的问答叙事形式。庭审中的主要话语方式是对话,Brenda Danet[②]认为,在法庭论辩以及质证过程中问答形式是最主要的,当今的纠问制模式下主要是法官提问,证人相对来说可以比较自由地用开放式的叙述形式来进行描述;抗辩制模式要求对提问的严格控制,以至于证人的主张主要是作为一些非常具体的问题的答案来表达的。然而,即使是在抗辩制提问的回答中,我们仍然可以这样说:证人是在"叙述"。直接质证与交叉质证之间最主要的区别在于

[①] 本章内容已于2011年在余素青主编的《法律语言与翻译》(第二辑)(复旦大学出版社2011年版)上发表。

[②] DANET, BRENDA. Language in the Legal Process[J]. Law and Society Review, 1980: 445.

"审判的叙述(the story of the trial)"之程度。因为,在直接询问中,证人在执行"说服"这一任务时有一个帮手——己方律师在提问时就知道证人该怎样说或者会怎样说,证人也很清楚己方律师在提问时需要他怎么回答;而在交叉询问中,证人面对的是一个敌手。O'Barr 也注意到了这种区别,因此,他把直接询问称做叙事型作证方式(narrative testimony style),把交叉质证称为碎片型作证方式(fragmented testimony style)。

5.2 庭审叙事的多角色交叉性

一般叙事多为独白式。通常,人们认为叙事是由一人陈述,与由两者或两者以上的话轮转换或序列言语构成的对话相对照。

在庭审中,有独白式叙述,如在刑事审判中,在法官宣布开庭后,首先由公诉人陈述诉讼理由,辩护人陈述答辩意见,这两部分都有完整的叙述。此外,还有被告人的最后陈述。在审判结束时,法官的判决中也有对事件的简单但较完整的叙述。

刑事审判中有公诉人、辩护人及被告人、证人等多个叙述角色,除了有独白式叙述外,还有互动交际形式构成的对事件的叙述,如上文提到的直接询问和交叉询问过程中控辩双方的论辩,以及双方律师对对方证人的询问等。

5.3 庭审叙事的层级结构特征

(1) 判决书中法官的叙述

从法庭审判的功能看,开庭审理即法院在当事人和所有诉讼参与人的参加下,全面审查认定案件事实,并依法作出裁判或调解的活动。因此,从总体看,审判是一个以言行事的"大言语行为",其目的是"全面审查认定案件事实"、"适用法律"、"作出判决",其中"作出判决"是最主要的目的之一。可以说,审判的功能决定了判决这一必然的结果,也决定了法官的叙述(判决书部分)是最高层次的叙述。见下例:

经审理查明,原被告系同村村民,且相邻居住。原告居北,被告居南。原告从被告宅院西侧的南北过道通行至大街。2005年3月下旬,被告私自在过道南口东侧建墙基,墙是现垒的。现原告以被告所建墙基给其驾驶农用车出入造成不便为由,诉致本院,要求排除被告所造成的妨碍。经现场勘查,被告所占之墙基确实给原告驾车出入造成妨碍。(以上为叙事部分。)本庭认为,不动产的相邻各方应按照方便生活,正确处理通行等方面的相邻关系。被告私自在过道南口东侧建墙基,属违法行为。给原告驾驶农用车出入确实造成不便,其行为除应进行批判教育外,所建之墙基应予拆除,以便恢复原告正常通行。

依照《民法通则》第83条之规定,判决如下:

被告张某于本判决生效后3日内将过道南口之东侧所建之墙基(南北长2.35米,东西宽0.65米)拆除,恢复二原告正常通行。

法官在庭审中是"中间人",在审判过程中是个主持人,因为他们在审判的过程中主要是"全面审查认定案件事实",因此,他们的主要话语方式是提问,只有在宣布判决时,才有完整的叙事,而且法官的叙事是对控辩双方两个叙事版本的最终认定——两个版本的归一。

(2) 原被告的总体叙述

即由下面(3)—(5)三个层次的叙事构成的一个整体。从认知的角度看,随着审判的进行,双方证据的出示,法庭对事件的认定等,双方的叙述要素会发生变化,因此它们是动态的。

(3) 相对完整叙述

开庭时原告陈述、被告答辩陈述,辩论结束后被告人最后陈述,不同类型的叙事,含有不同的叙事结构。对叙事结构的研究,主要有三种[①]:一是拉波夫(Labov, 1972; 1982)的结构取向,他的结构包括摘要(叙事的主要内容)、状况(包括时间、地点、情境和参与者)、繁杂的行动(事件的顺序)、评价(包括行动的重要性和意义及叙事者的态度)、

---

① 葛忠明:《叙事分析是如何可能的》,载《山东大学学报》2007年第1期。

结果(最后发生了什么)和尾声(将事件拉回到现在);二是博克(Burke,1945)的结构,它包括五个要素,即"做了什么"、"什么时间和什么地点做的"、"谁做的"、"如何做的",以及"为什么";三是基(Gee,1986)的叙事结构,他把叙事结构拉回到社会语言学中,注重文本的口语特征——经验是怎样被说出来的。

法庭叙事要求叙述者讲述真实的事实,因此它属于非虚构性叙事,必须做到"真实、客观、公正、全面"。李法宝[①]认为,非虚构性叙事必须完全真实可信,构成要素的时间、地点、人名、事件等都要真实。它往往以事件发生、发展的顺序为线索,所有叙述都围绕事件展开。因为法庭审判的最主要功能之一是认定事实、查明事实真相,所以我们认为博克的结构理论更适合我们的研究。我们将在此基础上,把时间、地点、人物、事件原因、事件经过和结果确认为法庭叙事的六个要素。

首先,我们来看某案开庭后原告的陈述:

审:现在开庭!

下面进行法庭事实调查。首先由原告提出诉讼请求及事实与理由。

原代:诉讼请求:第一,请求判令被告恢复原告名誉,公开书面赔礼道歉,消除影响,并赔偿原告经济损失231元;第二,判令被告赔偿原告精神损害抚慰金5000元;第三,本案诉讼费由被告负担。

事实与理由:2004年5月13日原告上夜班,由于公司不供应夜宵,5月14日清晨2时许,原告在公司附近的餐厅用完夜宵后回公司,途经位于某路被告所属的某路分店与原告的单位夹墙处,被身后赶上来的两名男子当做盗窃犯拦下。这两名男子后经民警证实为被告所属某路分店的保安。其中一名赤膊穿短裤的保安,手持警棍,强令原告蹲下,然后该两名保安动手将原告强行

---

① 李法宝:《试论虚构性叙事与非虚构性叙事的差异性》,载《华南师范大学学报(社会科学版)》2007年第3期。

拖到某路分店店内。原告不从,其就用脚猛踢原告。原告被拖到店内以后,两名保安即锁上大门,又强令原告双手抱头,蹲在地上,接受询问。其他过路的同事见状,即进行交涉,未果。同事随后打电话报警。幸亏民警及时赶到,制止了被告工作人员的不法行为。本案事实与行为已经使原告的人身受到侮辱,名誉受到侵害,并造成原告身体上的伤害和精神上的侵害。为了维护原告的合法权益不受侵犯,根据中华人民共和国有关法律规定,向法院起诉。请查明事实,依法裁判。完了。

将上述内容按照叙事的六个要素进行分析,表现为:

表 5-1

叙述要素	叙述内容
时间	2004 年 5 月 14 日清晨 2 时许
地点	① 原告在公司附近的餐厅用完夜宵后回公司,途经位于某路被告所属的某路分店与原告的单位夹墙处 ② 原告被拖到店内
人物	原告、被告、两名男子(被告单位保安)、其他过路的同事、民警
事件原因	原告上夜班,由于公司不供应夜宵,5 月 14 日清晨 2 时许,原告在公司附近的餐厅用完夜宵后回公司,途经位于某路被告所属的某路分店与原告的单位夹墙处(被身后赶上来的两名男子当做盗窃犯拦下)
事件经过	①(原告)被身后赶上来的两名男子当做盗窃犯拦下,……其中一名……强令原告蹲下,然后该两名保安动手将原告强行拖到某路分店店内 ②(原告不从,)其就用脚猛踢原告 ③ 原告被拖到店内以后,两名保安即锁上大门,又强令原告双手抱头,蹲在地上,接受询问 ④ 其他过路的同事见状,即进行交涉,未果
结果	同事随后打电话报警。幸亏民警及时赶到,制止了被告工作人员的不法行为

以下是该案中被告的答辩陈述:

审:被告,针对原告提出的诉讼请求及事实与理由,可以陈述答辩意见。

被代:2004 年 5 月 14 日凌晨 2 点 20 分左右,答辩人某路店值班人员在例行夜间巡查时,发现三人正在用大的钢丝钳夹上面的门锁,欲进店进行行窃。答辩人的值班人员以强烈的责任心迅速捉拿作案人员,截获了作案工具,后又发现身处现场的原告,在询问了一些问题后,要求原告到门店等候110来处理。在整个案件处理过程中,答辩人的值班人员面对盗窃未遂事件处以高度的警惕和保护公司的财产利益,制止了不法行为,维护了公司的利益,同时答辩人的值班人员在要求身处现场的原告至门店,等候警方调查处理的过程当中也未如原告所述那样动手打人,也未用脚踢人。原告在诉状中所描述的所谓答辩人值班人员动手打人的事实显然证据不足。答辩人认为:原告的诉讼请求不能成立,依法应予驳回。请法院依法裁决,以维护答辩人的合法权益。

表 5-2

叙事因素	叙事内容
时间	2004 年 5 月 14 日凌晨 2 点 20 分左右
地点	某路分店
人物	答辩人某路店值班人员
事件原因	在例行夜间巡查时,发现三人正在用大的钢丝钳夹上面的门锁,欲进店进行行窃
事件经过	答辩人的值班人员以强烈的责任心迅速捉拿作案人员,截获了作案工具,后又发现身处现场的原告,在询问了一些问题后,要求原告到门店等候110来处理
结果	在整个案件处理过程中,答辩人的值班人员面对盗窃未遂事件处以高度的警惕和保护公司的财产利益,制止了不法行为,维护了公司的利益,同时答辩人的值班人员在要求身处现场的原告至门店,等候警方调查处理的过程当中也未如原告所述那样动手打人,也未用脚踢人

最后,是某刑事审判中被告人的最后陈述:

审:现在由被告人作最后陈述。被告人尹某你站起来!你最后有什么要向法庭陈述的?

被(尹):有。

尊敬的法官、检察官、律师们,你们好!今天我站在庄严的法庭上,站在被告席上,我感到非常惭愧。由于我的愚昧无知,对这种毒品的危害性认识不够,总以为这是软性毒品,是给人助兴的,不会像吸食海洛因那样容易上瘾,没什么危害。因此,伙同他人多次吸食,最终害人害己,给社会及他人造成不可弥补的损失,在此我表示深深的歉意(念完)。(以上为叙事部分)

……

表 5-3

叙事因素	叙事内容
时间	今天
地点	庄严的法庭上,站在被告席上
人物	我
事件原因	由于我的愚昧无知,对这种毒品的危害性认识不够,总以为这是软性毒品,是给人助兴的,不会像吸食海洛因那样容易上瘾,没什么危害
事件经过	伙同他人多次吸食
结果	害人害己,给社会及他人造成不可弥补的损失,在此我表示深深的歉意

(4) 论辩过程中双方对证人询问时证人的"次叙述"(sub-narrative)

请看下面一个医疗纠纷中原告律师对己方证人的询问:

原代:3月3日看了门诊之后,直到手术的3月4日上午,医院有没有给袁某做过什么检查?

证1:3月3日是我陪着袁某去看张某副主任的专家号。看了以后他就说有包块,要做手术。当时袁某就说"我是搞播音的",而张某就说没什么问题,小手术,一个星期就可以出院了。因此,我们就住院了。

表 5-4

叙事因素	叙事内容
时间	3月3日
地点	医院
人物	我、袁某、张某
事件原因	(喉咙)有包块

(续表)

叙事因素	叙事内容
事件经过	我陪着袁某看张某副主任的专家号。看了以后他就说有包块,要做手术。当时袁某就说"我是搞播音的",而张某就说没什么问题,小手术,一个星期就可以出院了
结果	住院

(5) 直接询问及交叉询问中问答式的"最小叙述"(mini-narrative)

请看下面一个编造虚假恐怖信息案中公诉人对被告人的讯问:

审:下面由公诉人对被告人进行讯问。

公:被告人高某,2004年4月9日,也就是你被拘之前你在干什么?

被:干手机维修,还有卖手机。

公:什么地点?

被:顺义区影院的那个门脸房。

公:那天你为什么要打电话报警,说有炸弹呢?

被:因为影院从东北请来的歌舞团的人去年把我给打了。

公:什么时候有了要编造爆炸信息的想法的?

被:就是那天～他们来了以后看见我,然后特别得意,因为去年他们把我打了以后,我没报警,然后～今年他们重新来了就比较得意。还跟我示威,我回到家里边想,比较生气。

公:他来了以后比较得意,跟你示威,怎么个得意示威了?

被:冲我笑,就像在嘲笑"把你打了,你也不敢报警",就那样。

公:你是说整个歌舞团的人还是? ▲

被(同时):不是,就那个～两三个人吧。

公:那你用哪个电话报的警?

被:波导928的。

公:你谎称店里有炸弹,是从什么地方得到启示的?

被:报纸上。

公:当时打了哪个电话报警?

被:110。

公:打110。怎么说的?

被:就说电影院有炸弹。
公:说完就挂吧?
被:对。
公:对？～你有什么认识现在?
被:现在想起来很后悔。
公:想起来很后悔？▲
被:对。应该用法律手段来解决这种事情。自己不该私自△用非法手段,现在想起来非常后悔。
审:审判长,讯问完毕。

表 5-5

时间	2004 年 4 月 9 日
地点	顺义区影院的那个门脸房
人物	我、影院从东北请来的歌舞团的两三个人
事件原因	去年他们把我打了以后,我没报警,今年他们看见我就特别得意
事件经过	① 用波导 928 型维修备用机打了 110 报警说电影院有炸弹;② 看了报纸以后,有了这个想法的
结果	应该用法律手段来解决这种事情。自己私自不该用非法手段,现在想起来非常后悔

以上例子显示,刑事案件中,公诉人对被告人犯罪的事件经过的叙述是通过对被告人的提问,由被告人的回答来构建的,整个叙事是由一系列的一问一答这种最小叙事构成的。

可以说,以上(3)—(5)这三种叙述的形式及三个层级相互交织,对原被告/控辩双方来说,他们的总叙事是分别由这三个层级的叙述来支撑的;他们的总叙事又是法官判决中最终叙事构成的基础。

5.4 一般叙事结构和证人/被告叙事结构

根据拉波夫(Labov,1972)的结构取向,他的一般叙事结构(narratve structure)包括以下六个方面:

摘要——叙事的主要内容
状况——包括时间、地点、情境和参与者

繁杂的行动——事件的顺序
评价——包括行动的重要性和意义及叙事者的态度
结果——最后发生了什么
尾声——将事件拉回到现在

其中,原来作为一个叙事结构成分的"评价"后来被提高到一个可能贯穿整个叙事的二级结构。拉波夫也确立了三个评价类型和四个评价要素的范畴,而且这个叙事结构来自于为了引发个人口头叙事而设计的访谈。

针对个人口头叙事的研究(包括拉波夫)通常都是第一人称叙事,而且主要是独白。当然,听众可以对叙述者提问,或者对所说的故事进行评判。与一般对话中的叙事相比,很多证人/被告的叙事是碎片式的,而且关涉多个叙事者。这是因为在庭审中,信息通过问答形式被转换成了证据。结果,"知情者"并不总是"叙述者",通常律师(叙事者)会以向事实的知情者(显然是证人/被告)提问的形式进行叙事,目的只有一个——确认事实。

庭审中的证人和被告的陈述很少体现拉波夫的叙事结构的全部,因此,Sandra Harris[1]对拉波夫的一般叙事结构作了修正,她认为证人/被告的叙事结构应为以下几个部分:

状况——叙事发生的环境
核心叙事(拉波夫的繁杂的行为)——陈述本身,即发生了什么,通常包括做了什么以及说了什么、看到什么
详述——提供更多核心叙事的细节、澄清、解释等
观点(拉波夫的评价)——对更高层级的审判叙事的意义,即被告有罪还是无罪。明确是对陪审团说的

这几个主要叙事成分一般按顺序发生,但有时候"观点"也会偶尔出现在"核心叙事"之前。任何一个成分都可以有详述。它们与语境(如法庭)、对象(主要是陪审团)和举证目的(被告有罪或无罪)等相关。其中,最重要也是最有趣的是"观点"部分,因为律师的职责是确保把证人/被告的叙事的重要性表现给陪审团看。"观点"可以用很多

---

[1] HARRIS, SANDRA. Fragmented Narratives and Multiple Tellers: Witness And Defendant Accounts in Trials[J]. Discourse Studies, 2001 (1): 60.

种方式传达,比如,可以直接让证人/被告回答问题,也可以由律师用一些修辞术来暗示,见下例:

原代:2003 年(2's)3 月(1's)4 日(1's)上午(1's)你在什么地方? ⎫
证1:我在(2's)陪着袁某做手术。 ⎬ 状况
原代:3 月 3 日看了门诊之后,直到手术的 3 月 4 日上午,医院有没有给袁某做过什么检查? ⎭

证1:3 月 3 日是我陪着袁某去看张某副主任的专家号。看了以后他就说有包块,要做手术。当时袁某就说"我是搞播音的",而张某就说没什么问题,小手术,一个星期就可以出院了。因此,我们就住院了。
原代:小手术?那么医生有没有给袁某做过什么检查?
证1:当时就是在那个门诊做了那种镜子。▲ 核心叙事
原代:那后面检查有没有做过?
证1:没有。
原代:那么 4 日早上有没有说过呢?在手术之前?
证1:3 号下午收进去以后,办完入院手续后,我就回家拿东西了。4 号一早开了个检查单,去做的检查。9 点左右,她就打电话来跟我说,今天上午就做手术了。我问她为什么这么仓促,她说医院上午有空,就来做,打电话叫我赶紧过去。

原代:在手术前,医生有没有向你们讲过(1's),就是说这种声带手术如果做了以后会不会有什么其他的并发症啊,或者有什么副作用啊,或者有什么其他影响? ⎫
证1:没讲过。 ⎬ 核心叙事
原代:麻醉之后再做手术的过程有多长时间?
证1:大概有(2's)40 来分钟吧。 ⎭

原代：这段时间中，做手术的人和非手术的人有些什么反应？

证1：因为我们一直在等着，后来另一个床位还问过护士，她说那个贺医生现在不在。那么我们就等了一会儿。<u>后来那个贺医生有说有笑地出来了</u>，把我们带进那个做手术的那间房子里去。

原代：这个当中医生有没有出去过？

证1：一开始做，医生就找那个(1's)包块的位置。后来那个贺某某的手机就响了，响了好长一会儿。然后他走到门口，之后挂了电话又回来，继续找。因为找的过程中袁某感觉很疼，整个过程都在发抖，我一直都在握着她的手。手术以后大概两个星期左右，袁某发声依旧很困难。但他们开了出院通知单(1's)，让结账去了。<u>我们很惊讶，这个连话都不能说呢，怎么就出院了？</u>

｝核心叙事

｝观点

原代：嗯，审判长，我的问题问完了。

以上例子是原告律师对己方证人的直接询问，叙事的结构非常直接。"状况"确定了所叙之事的场景。"核心叙事"都是由过去时态和按时间顺序的分句组成，它叙述了事件中的人之所说、所做，而且所说和所做互相紧密联系。在"观点"部分证人和原告律师很默契，证人在回答"核心叙事"中的问题时表明了"观点"，原告律师并没通过提问来显示"观点"，而是在"核心叙事"部分对证人的问答以一些细节、评价和说明等"详述"来体现该医院医生的不敬业（术前未仔细检查、手术中接电话、手术过程中有说有笑）、不专业（手术中找包块过程长、未告知病人术后可能出现副作用）等，正是这些因素导致了病人手术失败，而且术后还不能说话就被要求出院。该部分的叙事中原告律师用了一些修辞术来暗示被告的失职和失误。

第 6 章
庭审叙事的特征分析[①]

我们拟在本章从庭审叙事、一般叙事及文学叙事的比较入手,探讨庭审叙事的特征。

6.1 庭审叙事的一般叙事特征

庭审叙事作为叙事的一种,也具有一般叙事的一些基本特征,具体如下:

6.1.1 重建过去事件

维基网[②]对"Narrative"的定义是:叙事是在一个描写一系列虚构或非虚构事件的结构模式中被创建的一个描述(A narrative is a story that is created in a constructive format (written, spoken, poetry, prose, images, song, theater or dance) that describes a sequence of fictional or non-fictional events)。它从拉丁动词 narrare(= recount,描述、说明)派生而来,并与形容词 gnarus(= knowing or skilled)有关。《牛津词典》对其的定义是:对相关事件的口头或书面陈述;故事或描述(a spoken or written account of connected events; a story)。著名社会语言学家拉

[①] 本章内容作者已于 2011 年 2 月在《外国语文》(原《四川外国语学院学报》)杂志发表。

[②] 资料来源:http://en.wikipedia.org/wiki/Narrative,访问于 2010 年 10 月 12 日。

波夫(1972)[①]认为,所有的叙事都是对过去一个特定事件的详细描述,而且它们有着共同的特征。

庭审叙事作为叙事的一种,当然也是在庭审现场对所发生的侵害或违法事件的描述,以构建法律事实,让违法者得以惩戒,受害者得以补偿等。

6.1.2 基本叙事架构

人们叙事的方法不一,因此叙事并无固定形式,但有一个基本架构,具体如下:

表 6-1

基本结构	以提供一些背景信息开始,通常介绍各个角色或者场景
陈述顺序	介绍之后,继续陈述一系列事件,通常按时间顺序陈述
达到冲突或问题	通常事件的复述中会达到一个冲突或问题
问题的解决	此类叙事经常以问题的解决为结束

可见,叙事的基本类型就是:以提供背景信息(主要是角色和场景)开始,继续以时间顺序陈述一系列事件发生,达到冲突或问题,最后以冲突或问题的解决结束。

6.1.3 叙述的选择性

叙述不能构建过去发生的事件的全景及每个细节,因此所有的叙述都是有选择的。叙述是对过去所经历事件的陈述,叙事者的描述并不能反映客观世界的全部,而是被构建的、创造性地写作的、修辞的、充满假设的,并且是解释性的,因此主观性很强,是有选择的。他们要强调或省略什么、他/她作为当事人或受害者的立场、叙述要确立的叙述者与听众之间的关系如何等,都会影响其怎样叙述。个人描述不仅是叙述的一种方式,我们还可以通过它来确定叙述者的特性。叙事描述的不仅是过去的行为,而且还是叙述者对这些行为的理解,即意义。

---

① LABOV, W. Ed. The Transformation of Experience in Narrative Syntax[A]. In Labov W. Ed. Language in the Inner City: Studies in the Black English Vernacular[C]. Philidelphia: University of Pennsylvania, 1972: 354—396.

6.2 庭审叙事的对立统一性

6.2.1 庭审叙事的对立性

通常,叙述都会被认为是真的,哪怕它是虚构的。这就意味着叙述者,无论是表达还是暗示,都是把它作为真的来描述的。

庭审叙述则不同。庭审中的叙事通常都有对同一事件的两个对立版本的叙事,因此双方的叙事可能提供真实信息,但也可能虚假。指控中的叙述只是声称为真,它的真实性还要在审判中确认。该叙述也是不完整的,因为还没有针对这一问题或冲突的裁决。结果取决于指控中声称的事实能否在审判中被证明,以及法院达成的判决怎样。

6.2.2 庭审叙事的统一性

庭审中,由"中间人"——法官对事实形成一个最终版本,并在此基础上适用法律,拿出解决方案(而一般叙事可以是真也可以是虚构的)。

在普通法的陪审团审判中,第二性事实的本质、这些事实的法律陈述以及被认定的违法或侵犯事实(侵犯的严重性)的差异程度,都是通过原被告/控辩双方来辩论的。原则上陪审团是在物证、证人证言以及律师的陈述等基础上形成第二性事实的形象,然后,在律师陈述,尤其重要的是法官的证据总结(即 summing up:是指法官在全部的证据提交并质证之后,在向陪审团所作的指示中,就与解决争议有关的证据要点所作的综述。在英国,法官同时还要就裁断的格式向陪审团作出提示)的基础上来裁决第二性事实与法律的"对应"情况。正如 Solan(1995)[①]所说:"法庭最常面临的问题之一就是在世界上发生的一个具体事件与一个法律相关概念之间的匹配程度。"通常是法官和陪审团裁决违法或侵犯行为的严重性及其赔偿或惩罚程度。

[①] SOLAN, L M. Judicial Decisions and Linguistic Analysis: Is There a Linguist in the Court? [J]. Washington University Law Journal, 1995(3): 1069—83.

在非抗辩制的法律程序中，通常是法官在相似基础上裁决上述的三个问题，即第二性事实的本质、这些事实的法律陈述以及被认定的违法或侵犯事实(侵犯的严重性)的差异程度。警察调查在第二性事实的构建中往往占很大的权重(但并不忽视法律框架)，而律师和委托人之间的咨询也往往集中在案发事件和场景的法律构建上。

在我国，陪审制度还不完善，我国现行的审判程序是在大陆法系法律制度下的抗辩制，但本质上还是职权主义的审判方式。

6.3 庭审叙事的法律与逻辑关联性

6.3.1 庭审叙事的法律相关性

庭审叙事是在法律框架下构建事实，因此需要证据支撑。Gibbons[①]指出，在法庭话语中有三个重要平面：第一性法庭事实、第二性事实和法律框架。第一性法庭事实由法庭本身以及在场的人们形成；而第二性事实就是诉讼案由所指的事件。第一性法庭事实是一个独一无二的文化的和物质的语境。法庭言语中会提到这两个事实。第一性法庭事实可以通过法庭直接的语境，用语言显示出来。第二性事实——法庭直接语境外的世界(最主要的是作为诉讼案由的特定语境和事件)——也是通过语言展示的。比如说，如果诉讼案由是抢劫，那么在法庭(第一性法庭事实)上证人将用语言来描述抢劫过程——第二性事实。第一性法庭事实和第二性事实这两个层面之间是不断互动的。第一性法庭事实、第二性事实以及法律框架之间的互动情况如图6-1所示。

Gibbons认为，因为法律关心的是怎样规定行为(哪些合法，哪些不合法)，所以法律框架总是尝试把第二性事实分为哪些是法律事实和哪些不是法律事实。法律程序也是一个试图对以下三点作出评判的过程：① 第二性事实的表述；② 第二性事实和法律表述之间的"对

---

① GIBBONS, JOHN. Forensic Linguistics: An Introduction to Language in the Justice System[M]. Oxford: Blackwell Publishing, 2003: 146.

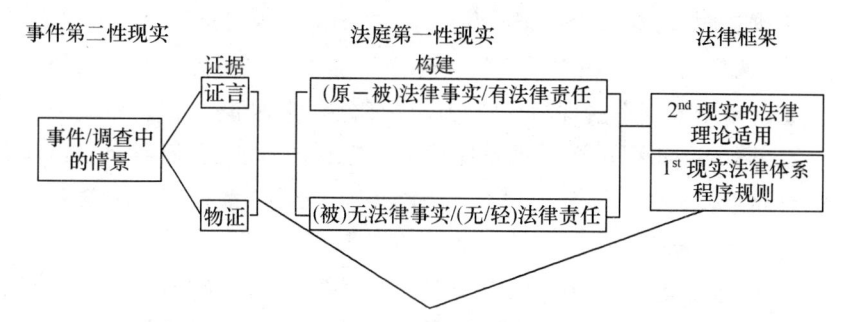

图 6-1　John Gibbons 关于庭审中法律事实构建的图例

应"(在刑事案件中,用以确认第二性事实是否在法律上站得住脚);③ 第二性事实和法理之间的任何差异的程度,以决定惩罚或赔偿的额度。因此我们说,庭审叙事(第一性法庭事实)是在法律框架下构建事实(第二性事实),并且根据法律框架,它还需要证据支撑。

6.3.2　庭审叙事的逻辑性

《刑事诉讼法》第 162 条规定,人民法院对案件事实清楚、证据确实充分,依据法律认定被告人有罪的,应当作出有罪判决。可见,"证据确实、充分"是刑事侦查、起诉、审判的统一要求。"证据确实"指证据的真实可靠性与确定性,是对证据质的要求;"证据充分"是指证据要达到证明对象和证明过程所需要的量。① 在民事案件中也一样,需要原被告双方有充分的证据来论证,拿事实说话。只有证据充分了,才能做到论据的充分,这是基本要求。

证据确实的认定主要有以下两个方面:首先,证据必须能反映案件的客观事实,这是确实的基础;其次,证据与案件事实、证据与证据之间的关系明确,具有关联性。证据之间逻辑关系明确,在对事实的证明上无断层存在,具有一定的完整性。

对证据充分的认定,则有以下两点:首先,从纵向看,案件发生的各个环节均要有相应的证据证明。如果还有一部分证明对象没有得

---

① 《论刑事诉讼中的证据》,http://www.docin.com/p-55016043.html,访问于 2010 年 10 月 12 日。

到证据证明,就意味着证据收集不全,数量没有达到充分所要求的度。其次,从横向看,证明案件事实的不同证据本身也要有其他证据加以证明。一个证据本身即使反映的内容符合案件的事实,但也不能证明自身的真实性,司法人员也不能凭空断定它的真实性,而需要运用其他证据加以佐证。可见,证据的"确实"和"充分"都强调证据之间的逻辑性和关联性。

20世纪下半叶,英美证据法学理论上的一个趋向是逻辑学、心理学、数学等法学以外的学科对证据法学领域的大举"入侵",跨学科的研究方法受到推崇。理查德·莱姆伯特(Richard Lempert)[①]指出:"证据正在从一个关注规则解说的领域转变为一个关注证明过程的领域。"

在法庭论辩时,证据除了要"确实、充分"之外,证据之间的逻辑连贯性更加重要。证据具有客观性,但是证据并非纯粹客观的东西,而是人的主观认识与客观事物相互结合的产物。例如,当事人陈述和证人证言显然是有关人员主观上对客观存在的案件事实的认识结果。正因为如此,当事人陈述和证人证言等证据中才存在着不符合案件事实的可能性。[②]

6.4 庭审叙事的非文学叙事特征

叙事首先是作为文学要素发展起来的,因此通常被用于文学作品的研究。文学叙事是用语言去虚构社会生活事件的行为。叙事的基本特征有两个:一是着重表达社会生活事件过程,二是具有话语虚构性或假定性。文学叙事的基本构成包括以下十个方面[③]:① 叙事的构成,包括叙述内容、叙述话语和叙述动作;② "本文"时间和故事时间;③ 时序;④ 时长;⑤ 频率,即"本文"叙述与故事内容之间形成的重复

[①] 封利强:《从"证据法学"走向"证明法学"》,载《西部法学评论》2008年第6期。

[②] SOLAN, L M. Judicial Decisions and Linguistic Analysis: Is There a Linguist in the Court? [J]. Washington University Law Journal, 1995(3): 1069—83.

[③] 《文学叙事的基本构成》,http://zhidao.baidu.com/question/160440739.html? push =ql,访问于2010年7月5日。

关系;⑥叙述视角,也称叙述聚焦或聚焦,是叙述话语中对故事内容进行观察和讲述的特定角度;⑦叙述动作,是讲故事这一行为本身;⑧叙述者,是作者在叙事时虚构出来的代替自己讲述故事的角色;⑨拟想接受者,是由叙述者拟想出来的潜在的叙述接受者;⑩抒情,就是抒发感情,是指作品所具有的在一定话语形式中表现个人内心情感的性质。

从以上文学叙述的十个构成要素看,庭审叙述有它的一些非文学叙事特征,主要表现在以下几个方面:

6.4.1 故事情节的求实性

文学叙事是用语言去虚构社会生活事件的行为。一般而言,文学作品的情节是在叙述行为发生之后才面世的,情节自然随着叙述活动的展开才发生。叙事活动停止时,情节可以中断,待叙述再次开始,情节又在中断处继续,直至叙述完毕,故事才与叙述行为本身分开。因此,人们在阅读文学故事时对情节真实性的认定,是从故事本身获得的,并非在现实中一一对应。

庭审中的故事情节是对现实中已经发生的事情的叙述,它的叙述对象是真实故事。真实故事在叙述开始之前已经发生,它的存在与叙述行为没有直接的关系,它完全是一个自然存在的完整的主体。真实故事用自己的时间将情节串联起来,它并不在乎有没有叙述行为出现,也不会受任何叙述的影响。事情的发生、过程、结果都是无法预料、不可逆转的。① 因此,从法庭审判的功能看,开庭审理即法院在当事人和所有诉讼参与人的参加下,全面审查认定案件事实,并依法作出裁判或调解的活动。它不同于文学叙事——偏于用话语的意义去讲述故事。

6.4.2 故事场景的可验证性

文学叙事的场景主要是由行动和对话描写构成的有关故事发生的实际场面的叙述。在文学叙事作品中,场景并不是直接诉诸视觉的

---

① 赵静:《法律叙事与文学叙事》,载《当代文坛》2008年第2期。

"视像",读者什么也看不到。与事实相比较,在文学叙事作品中其实什么也没有发生,发生的只是语言而已,只有语言的到来才构筑起场景,它的真实程度在于合理与可信,因此对场景的感觉实际上成了对语言的一种感觉。

虽然庭审中对事实的叙事也是用语言来构建的,但其对场景的叙述可以在现实中得到验证,叙述有一个真实存在的对象。即便现场已经被破坏,它也曾经真实存在过。因此,语言的指称功能在庭审叙述中产生着重要作用。案发事件的场景,即行为发生的环境基本上都是由那些有明确指称功能的语词构建的。[①]

另外,上文中也提到,文学叙述的叙述者是作者在叙事时虚构出来的代替自己讲述故事的角色;而庭审中的叙述者都是客观存在的。文学叙事的接受对象是拟想接受者,即由叙述者拟想出来的潜在的叙述接受者;而庭审叙事的接受对象是当下存在的真实听众,判词中的叙述还有更广泛的接受者。

6.4.3 说理性和概述性

如果说抒情是文学叙事的特征之一的话,那么庭审叙事的特征则是它的说理性。潘庆云[②]认为:"由于法律语言叙事的目的,不像文艺作品和一般叙事文体那样单纯地进行叙述或主要是进行叙述,并求生动、真实、形象地重视整个事件,法律语言的叙述总是伴随着论证或者说理而出现,叙事之后紧接着切事而论,依法分析,事、理、法互相交融,有机结合,因此法律叙述也多用概述。"潘先生对于法律叙述的论述同样适用于法庭审判中的叙述。

---

① 赵静:《法律叙事与文学叙事》,载《当代文坛》2008 年第 2 期。
② 陈炯:《谈司法语体中的叙事语言》,载《应用写作》2000 年第 2 期。

第 7 章
庭审叙事连贯的连接机制

　　整个庭审是各参与者通过言语互动进行的,因此从话语分析的角度看,与其两个层面——结构和意义——相对应的是衔接与连贯两个概念。苗兴伟[1]认为,衔接是一种语义关系,它在语篇中体现为具体的词汇和语法形式。在探讨衔接关系时不应脱离意义,因为衔接手段是借助意义来实现衔接关系的,离开了意义也就谈不上衔接。孤立地去分析各种衔接手段对研究语篇的连贯性并无多大帮助。衔接只是为实现语篇连贯性而可能用到的手段,而语篇表层的衔接关系是建立在深层的连贯关系基础上的。朱永生[2]认为,连贯是一个语义概念,它指的是话语内不同组成部分之间在意义上的联系,具体表现在两个方面:① 话语内不同组成部分所表达的命题彼此相关;② 话语内不同的组成部分所表达的言外之意彼此相关。话语只要能符合上面任何一条标准,可视为连贯。归纳起来,语篇的连贯性指的是语篇的组成部分在意义或功能上的连接关系。在语篇的生成过程中,交际者可以根据需要选择适当的衔接手段,以加强语篇的连贯性,并使语篇接收者在语篇的理解过程中付出较小的认知努力。

　　语篇连贯理论涉及语义、语用、认知等多种理论和知识,在进行语篇分析时,我们要用全面的眼光看待语篇的连贯性问题。从语义的角

---

[1] 苗兴伟:《论衔接与连贯的关系》,载《外国语》1998 年第 4 期。
[2] 朱永生:《韩礼德的语篇连贯标准》,载《外语教学与研究》1997 年第 1 期。转引自苗兴伟:《论衔接与连贯的关系》,载《外国语》1998 年第 4 期。

度看,语篇连贯性在局部上表现为语篇中前后相连的句子之间的语义联系,在总体上则表现为句子意义与语篇的宏观结构(macrostructure)即语篇主题之间的联系。从语用的角度看,语篇连贯性体现为语篇的组成部分在功能上的连接关系,即句子或语段所实施的言外功能之间的联系。从认知角度看,语篇连贯性涉及语篇接收者在语篇理解过程中的心理运算和认知推理。因此,单纯从一个角度有时难以说明语篇连贯性的全貌。语篇不仅仅是一个静态的成品(product),而且也是一个动态的过程(process)。作为成品,它是语言运用的结果或产物;作为过程,它是使用者在语言交际过程中的相互作用(interaction)。在进行语篇分析时,我们可以把语篇看做是一个静态的成品,并对其衔接手段进行分析,但这种静态的分析在很大程度上不能说明语篇的连贯性。语篇是在语言的运用过程中产生的,脱离了语言运用的实际过程以及与语篇的生成和理解相关的因素,便很难揭示语篇连贯性的实质。

就庭审语篇而言,它是一个动态的过程,尽管有其静态部分,如起诉书和判决书,但在庭审中对起诉书和判决书的宣读也是动态的。由于庭审叙事结构层次的复杂性(见第5章),从叙事的角度看庭审的连贯性也是一个集复杂性和多层次性于一体的问题。

那么庭审叙事究竟是时间性连贯、因果连贯,还是主题性连贯?还是三者都有?或者还有其他形式的连贯?

事件是一件已发生或将要发生的事,一件可以用动词来加以概括和说明的事,同时它也是一个变化的过程,是序列与故事这个大的构成链条中相互连接的一环。既然作为事件叙述链中的一环,它除了有自身的状态之外,也将以自身状态的变化而对下一个可能发生的事件产生影响。但是,一个事件对下一个事件具有的意义和所产生的影响是各不相同的。巴特[①]认为,在这些不同的事件中,有些事件是叙事作品或者是叙事作品片断的真正的铰链;而另一些只不过用来"填实"铰链功能之间的叙述空隙。第一类功能被称为主要功能或核心功能,而鉴于第二类功能的补充性质,可以称之为催化功能。也就是说,依据

---

① 〔法〕罗兰·巴特:《叙事作品结构分析导论》,张寅德译,载张寅德编:《叙述学研究》,中国社会科学出版社1989年版,第14页。

事件所具有的不同功能,事件可以分为核心事件和催化事件。

故事可以被看做是一系列由核心事件和催化事件互相结合的一个特定组合,其结合规则包括逻辑的原则和常规的限定。逻辑原则是一切有意义的行动及事件发展所必不可少的前提;常规限定则是与一定的时代、一定的文化息息相关的,可以看做是由历史的与文化的决定的群体规则在具体情况下的说明与解释。在叙事文本中,具体的结合原则主要体现为时间顺序的原则和因果关系的原则。①

7.1 时间顺序

法庭审判中的叙事形式及其层级结构的复杂性决定了其本身衔接的复杂性。就叙事衔接而言,在《诗学》中,亚里士多德说叙事有开始、当中和结束。之后学者们都认同这一点:序列对于叙事是必要条件,如果不是充分条件的话。拉波夫等②认为,叙述是按时间序列进行的:事件的发展是按时间呈线性顺序的,而且该顺序是不可变的,除非改变根据原来的语义阐释推断出来的事件的顺序。根据这一定义,一个叙述,必定是对这一问题的回答——"那然后又发生了什么?"西方学者有关叙事是按时间顺序的假设证实了拉波夫的方法。

叙事的共同特征是描述事件从一个状态向另一个状态作时间上的推移(E. Ochs, 1997)。③ 这是叙事语篇时间上的维度。④ 庭审叙事首先是时间性连贯的,叙述者都是根据事件发生及发展的时间顺序来叙述的,因为叙事是一种语言行为,而语言是线性的、时间性的,所以叙事与时间的关系紧密。

审:现在开庭!

---

① 谭君强:《叙事学导论》,高等教育出版社 2008 年版,第 26—28 页。
② LABOV W, WALETZKY J. Narrative Analysis: Oral Versions of Personal Experience [A]. Cited from Helm, J. Ed. Essays on the Verbal and Visual Arts. Seattle: University of Washington Press, 1967: 12—44.
③ OCHS E. Narrative [A]. Cited from VAN DIJK T A. Ed. Discourse as Structure and Process [C]. London: Sage Publications Ltd., 1997.
④ 任绍曾:《叙事语篇的多层次语义结构》,载《外语研究》2003 年第 1 期。

下面进行法庭事实调查。首先由原告提出诉讼请求及事实与理由。

原代:诉讼请求:第一,请求判令被告恢复原告名誉,公开书面赔礼道歉,消除影响,并赔偿原告经济损失231元;第二,判令被告赔偿原告精神损害抚慰金5000元;第三,本案诉讼费由被告负担。

事实与理由:<u>2004年5月13日</u>原告上夜班,由于公司不供应夜宵,<u>5月14日清晨2时许</u>,原告在公司附近的餐厅用完夜宵后回公司,途经位于某路被告所属的某路分店与原告的单位夹墙处,被身后赶上来的两名男子当做盗窃犯拦下。这两名男子后经民警证实为被告所属某路分店的保安。其中一名赤膊穿短裤的保安,手持警棍,强令原告蹲下,<u>然后</u>该两名保安动手将原告强行拖到某路分店店内。原告不从,其就用脚猛踢原告。原告被拖到店内<u>以后</u>,两名保安<u>即</u>锁上大门,又强令原告双手抱头,蹲在地上,接受询问。其他过路的同事见状,即进行交涉,未果。同事<u>随后</u>打电话报警。幸亏民警<u>及时</u>赶到,制止了被告工作人员的不法行为。本案事实与行为已经使原告的人身受到侮辱,名誉受到侵害,并造成原告身体上的伤害和精神上的侵害。为了维护原告的合法权益不受侵犯,根据中华人民共和国有关法律规定,向法院起诉。请<u>查明事实,依法裁判。完了。</u>

上例中下划线部分明显表明的是时间顺序。

7.2 因果关系

Young[①]也赞成因果序列:叙述中一个事件引发了另一个事件,尽管它们之间的连接并不总是按照时间顺序发生的。因为诉讼是由于一系列的事件对某人造成伤害或侵犯后,该被害人因此而寻求法律补

---

① YOUNG K G. Taleworlds and Storyrealms: The Phenomenology of Narrative[M]. Boston: Martinus Nijhoff, 1987.

救方法的一种手段,所以因果关系的连贯也很明显。见下例:

　　审:先由起诉人陈述诉讼请求、事实依据和理由。

　　原代:嗯,诉讼请求是依法撤销丁某某的监护人资格。

　　事实与理由:<u>由于</u>丁某某长期以来阻挠丁某(丁某某之子)正常上学,<u>侵害了</u>未成年人受教育的合法权利;(由于丁某某)不尽抚养义务,未尽到监护人的责任,<u>已丧失了</u>监护人的资格。特此起诉法院,望法院主持公道,从保护未成年人的合法权益出发,依法判处。

该例中原告非常简要地概述了被告的行为,正是这些行为侵害了原告的权益。

7.3　主题连贯

也有一些学者赞成主题衔接。一个片段性的叙述是通过主题而非时间顺序来连接的(Michaels,1981)[①]。Mishler[②]提出了叙事研究分类的方法,他的分类为以下三种:① 时间顺序:真实时间中事件发生的顺序与叙述中它们的顺序之间的关系;② 语篇的连贯和结构:处理的是构建描述时的语言学及叙事策略;③ 叙事功能:与该叙事在其社会和文化中更大的语境有关。

在庭审的举证质证阶段,原被告/控辩双方提供的证据并对其的陈述都是围绕该事件或行为是否构成侵害或侵犯这一主题的,法庭言语活动中的话题是庭审要解决的法律争端。如当审判长在宣布开庭时说了"现在开庭!上海市第一中级人民法院民事审判第一庭今天对上诉人张某(小妹)、被上诉人张某1(大姐)继承纠纷一案进行审理。接下来我们就进行法庭调查"之后,根据庭审程序,法官确定的主话题是"继承纠纷",那么在该庭审中,所有言语角色的话题都要与具体的

[①] MICHAELS, S. "Sharing Time": Children's Narrative Styles and Differential Access to Literacy[J]. Language and Society, 1981(10):423—442.

[②] MISHLER, ELLIOT G. Models of Narrative Analysis: A Typology[J]. Journal of Narrative and Life History, 1995(2):87—123.

"争议财产"和"继承法"相关规定有关。在法庭调查阶段,法庭要调查的是当事人双方所出示的用来证明他们对某部分财产享有继承权的相关证据,因此针对他们出示的每一个证据进行的法庭调查都是一个相对独立的次话题。在法庭辩论阶段也一样,针对法庭调查确认后的事实,双方当事人针对每一个辩论焦点发表的辩论意见也构成一个个相对独立的次话题。见下例:

审:首先就马某起诉(某婚庆公司)一案,出示相关的证据。
出示的第一份证据是双方所签订的《婚庆服务协议书》。(这份证据证明马某对照片的质量有特别的要求并在协议书上有所体现。)对协议书中几条基本条款,被告方是否认可?
被代:认可。
审:<u>下面出示原告认为由被告方拍摄的存在严重质量问题的照片</u>。双方看一下大屏幕。(证明照片图像模糊,不符合马某合同中的规定。)以上是原告认为某婚庆公司所拍摄的图像严重模糊的照片。
<u>下面出示的是原告认为拍摄质量效果极差的照片</u>。原告出示有问题的照片一共超过50张,法庭就不逐一出示了。对刚才出示的照片,被告公司有什么质证意见没有?首先,对这是你们工作人员所拍摄的婚礼现场照片,对这一点有什么异议没有?
被代:我认为出示的前六张确实存在一定的模糊和不清楚,但至于后面的话,你也知道,婚礼会场,大家也看到会场很拥挤。那这样碰碰撞撞的话,造成模糊是一定的。它并不像照相馆里照相,摆好姿势,调好灯光去照。
审:后几张呢?
被代:后几张我觉得存在一定的环境因素。
审:另外一个代理人还有什么补充没有?
被代2:我觉得应该是酒店灯光有问题吧。
(马某的代理人又提出婚庆公司所提供的主持人的服务也存在问题,<u>并且出示了一段录像</u>,以证明在婚庆的过程中,在主持人的引导下,敬茶改口程序出了差错。)

原代2:这是根据中华民族的习惯,在敬茶奉茶敬老的过程当中,应该是互相改口了,但在这时,男方敬茶是向本人的父母。

审:就是新郎敬茶的时候是冲自己的父母?

原代2:对。

审:好。

原代2:<u>女方敬茶也是向自己的父母,而不是交替的</u>。

审:新娘敬茶的时候也是冲自己的父母?

原代2:对。众所周知,之所以请婚庆公司来主持婚礼,也就是为了尊重传统,而恰恰婚庆公司把所有的优良传统完全给抹煞了。

在上面的举证过程中,原告出示的证据有:① 双方所签订的《婚庆服务协议书》;② 原告认为由被告方拍摄的存在严重质量问题的照片,一共超过50张;③ 原告代理人提出的婚庆公司所提供的主持人的服务存在问题的一段录像。它们从形式上看,是以问答的形式叙述的,属于碎片式叙述,但是它们都围绕叙事主题,也即在合同履行过程中,被告存在严重的违约行为。因此,可以说是按主题衔接的。

上例中,被告方的陈述也不可忽视。从表面上看,它们与原告的陈述是相对立的。但是,从总体看,原被告的两个叙述不同,但又同时出现在语篇中,而且还是两个相互不同但又相互关联的部分,属于整体中部分之间连贯的冲突原则。

7.4 信息连贯

法庭审判中的叙述有多个层次,而且相互之间关系错综复杂;它们还有多种连贯形式。这些都是微观层面上的分析。如果把法庭审判的叙述看做一个整体,我们又可以看到它的另外一面。

叙事有它的目的,常常是对一个事件、一个行为或与若干事件有关的心理状态的道德评价(Ochs,1997)①。语篇之所以是语篇,是因为除了衔接和连贯外,它还具有意图性(intentionality)和信息性(informativeness),叙事语篇更是如此。②

信息一词指的是发话人传递给受话人的音信内容,多用于通讯系统及计算机领域。语言学所说的信息指的是以语言为载体所传递出的消息,也称为话语信息。话语信息结构即把语言组织成为"信息单位"的结构。话语信息结构单位由已知信息和未知信息两大类构成。已知信息是指已由环境或上文等提供了的信息,未知信息是指不能从环境或上文预测的信息。其基本结构模式为"已知信息+未知信息"。语篇中的信息是以语言为载体的消息内容,语篇生成过程是信息传递的过程,每一个语句都是一个信息单元。语篇的展开是由已知信息到新信息不断循环交替推进的。已知信息和新信息的编排方式决定了语篇质量。语篇不是一个简单的语法单位,而是一个语义单位,是用语言向读者传递信息的动态过程。语义间信息连贯是构成书面语篇清晰脉络的内在机制,因此,信息结构理论对语篇的连贯性、经济性及语篇的组织等具有一定的解释力。③

严轶伦④认为,语言为我们提供了表达自己的各种可选择方式,从句式到用词无不体现着语言的这一大特性。人们的选择并非是随意的或是出于文体要求的,而是体现了交际中信息传递的目的性。具有相同深层意义的语篇通过使用不同语篇结构而传递不同的信息内容、信息量,促成不同的信息交互性。语篇的连贯应包含两个不同的层次:意义的连贯和信息的连贯。只有意义连贯而缺乏信息连贯的语篇不具备交际价值,会使交际方造成认知的困难。

对信息的研究简而言之是对语言的词素——句法可选择性的研

---

① OCHS, E. Narrative [A]. Cited from VAN DIJK T. A. Ed. Discourse as Structure and Process[C]. London: Sage Publications Ltd., 1997.
② 任绍曾:《叙事语篇的多层次语义结构》,载《外语研究》2003年第1期。
③ 罗国莹:《话语信息结构功能探讨》,载《广西社会科学》2006年第12期,第132—133页。
④ 严轶伦:《论语篇的信息连贯》,载《天津外国语学院学报》2006年第5期,第42—44页。

究。它是语篇命题有选择性的表达,反映了语言使用者通过对语言形式的控制而实现传递自我信息并有利于交际。信息结构不仅是语篇连贯的手段,更是语篇连贯的一种形式或至关重要的一个层面,因为意义的连贯并不能保证语篇的交际价值。没有延展受话者对外部世界的认知或扰乱受话者自身的认知体系都将直接导致交际的失败,而信息的连贯却恰恰有助于语篇避免这一威胁。所有的语言都以自身为载体传递着一定的信息,它依照某种信息结构将信息单元组织在一起,在语言形式上呈现出千姿百态的面貌。信息连贯便是通过林林总总语言形式的选择使语篇的内在信息不断地增长,并可以被受话者接受,以完成交际的目的。

我们再来看林某杀婴案中辩护人对被告人的询问:

审:下面辩护人有什么问题要发问?

辩:有。被告人林某,……公诉机关指控你在生出婴儿的时候,用塑料袋堵住婴儿的嘴巴致其死亡,有没有这个事实?

被:他本来就是死的。

……

辩:我问你第二个问题,那你当时是先扭断婴儿的脐带才堵住嘴巴,还是先堵住嘴巴才扭断婴儿的脐带?

被:他本来就死的。

……

辩:……第二组问题是,你是什么时候怀孕的?

被:2004年6月份。

辩:怀孕以后你有没有向你的亲人和朋友▲讲过这个事情?

被:‖没有。

……

辩:从怀孕到生孩子后的这段时间都没有人知道是吧?

被:没有。

辩:我要问的第三组问题是,你知道这个跟你发生两性关系的男子是哪里人吗?

被:是我们安溪的。

……

辩:好,那~当时你为什么会跟这个男子发生两性关系呢?

被:因为喝酒,被他害了。

辩:哦~他承诺要娶你做妻子是吗?

被:(不语)

辩:好。这是我要问的第三组问题。最后我要问的一组问题是,你在案发以后,也就是说你把孩子扔到垃圾桶里面去以后,你是否知道已经有人报案,公安机关已经对这个事情介入调查了?知道不知道?

被:知道。

辩:你知道公安机关在调查这个案件后,你当时有没有跑啊?

被:没有。

……

辩:……到了公安机关找你的时候,你有没有把事情的全部经过如实地交代啊?

被:有。

……

辩:好。审判长,我的发问结束。

在上例中,辩护人的叙述是通过与被告人的言语互动来完成的。从字面意思看,辩护人和被告人的每一组对话之间的语义关系并不紧密,所涉及的话题主要有"怎么致使婴儿死亡"、"怀孕后有没有告诉任何人"、"为什么会怀孕",以及"有没有逃走"、"有没有如实向公安机关交代"。

当我们从话题的可及性和预设的可及性来进行分析时,可以看出它们之间的信息结构的连贯性。语篇的可及性涉及的是语篇信息的认知范畴。严轶伦是从话题的可及性和预设的可及性的角度对语篇的信息连贯进行界定研究的。

① 话题的可及性:语篇表达命题的话题就是在特定语境下命题所涉及的内容。信息结构中的话题有别于语法上的话题表达,它强调所传达的信息是否与受话者对该指称物的知识相关联或帮助增加这

类知识。交际双方认定的话题在一定程度上是由语篇实体在发话者和受话者的语篇心理再现的即时状况产生的结果。也就是说,话题可以是高度可及的,只要它处在发话者或受话者注意力的中心,或者发话者相信它对受话者来说是高度可及的。话题与信息的已知性之间并没有必然的联系,这说明话题的一个潜在的特性便是对发话者和受话者而言的可及性。依据 Beaugrande 和 Dressler① 的程序操作模式,语篇先在工作记忆中进行,然后再激活储存在长期记忆中的语言系统,而有限的工作记忆往往就是被交际情景所激活的那部分长期记忆。语篇的信息连贯是建立在语篇概念连接关系激活的高频率上的。激活的频率越高,激活的难度便越低,所需的工作记忆也就越小,受话者从大脑记忆系统中提取记忆单位的便捷程度越高,可及性越高。可及性的要求意味着语篇包含的新信息必须是易激活的。目前关于话题可及性的划分有几种方式。其中 Prince② 提出的界定不同可及性状态的假定熟悉程度的等级(a scale of assumed familiarity)认为信息的可及程度自高到低是:语篇引发的信息(textually evoked) > 情景引发的信息(situational evoked) > 未用信息 > 可推知信息 > 固定的全新信息(brand-new anchored) > 全新信息。

  从话题的可及性看,被告人针对辩护人的提问——"怎么致使婴儿死亡"、"怀孕后有没有告诉任何人"、"为什么会怀孕",以及"有没有逃走"、"有没有如实向公安机关交代"等问题的回答提供的信息是:婴儿生下来就是死的;怀孕后没有告诉过任何人;被同乡的小伙欺骗并在喝酒后怀的孕;事情败露后没有逃走并如实向公安机关交代事情的全部经过。在庭审的总主题"故意杀人罪"的统摄下,这些次话题都与其有不同程度的关联性,如"婴儿生下来就是死的"与总主题直接相关;"怀孕后没有告诉过任何人"可以推知的信息是"被告人在分娩

---

  ① BEAUGRANDE, R, DRESSLER, W. Introduction to Text Linguistics[M]. London: Longman, 1981. 转引自严轶伦:《论语篇的信息连贯》,载《天津外国语学院学报》2006 年第 5 期,第 43 页。
  ② PRINCE, E F. Toward a Taxonomy of Given-New Information[A]. In COLE, P. Ed. Radical Pragmatics[C]. New York: Academic Piews, 1981: 223—255. 转引自严轶伦:《论语篇的信息连贯》,载《天津外国语学院学报》2006 年第 5 期,第 43 页。

时也没有其他人在场",因此当时慌乱、无助(难免会做出出人意料的事);从社会文化语境看,她"被同乡的小伙欺骗并在喝酒后怀的孕"属于未婚先孕,这是不被世人所接受的,这一点与前面的"怀孕后没有告诉过任何人"有信息上的连贯,也是她"故意杀人(婴)"的原因所在;"事情败露后没有逃走并如实向公安机关交代事情的全部经过是辩护人根据审判这个场景想向法官传递的一个信息,即被告人的认罪态度好",以求得对被告人轻判的言语目的。

② 预设的可及性:预设也叫前提或先设,逻辑语义学家将预设看做是句子和命题之间的关系,而越来越多的语言学家认为预设是一种语用现象,它不仅与语境有关,更与发话者有关。语用预设是关于交际言语活动的预设,是说话和写作时假定对方已知晓的信息,这种预设应是交际双方共知的。对于预设的研究最初停留在句子的层面上,但现在预设的概念已完全被引入语篇的研究范畴,因为语篇中的预设限定着语篇的后续语句的范围。断言信息是信息流中的新信息,而预设信息则是信息结构的起点。在正常情况下,发话者将根据自己的假设认为是已知的、次要的信息处理为预设信息,而将新的、重要的信息处理为断言信息或放在语句焦点的位置上。在焦点——预设/背景等信息切分方式中,焦点被看做是述题的一部分,是句子的新信息。预设指的是句子中说话人假定由他与听话人所共享的那部分信息。余下的非共享信息为焦点信息,在意义上为语句中的断言,即提供新信息的部分。Chafe 提出,预设所代表的实际是背景信息,因而预设又可被背景取代。Prince 指出,语用预设所谓的共享知识其实也是说话人对听话人的观念的假定,而不一定是说话人自己也相信的信息。张今认为,语用预设也可以是说话人自己知道而听话人不知道的,但听话人能够根据说话人的语篇推断出来。

上例中辩护人对被告人发问后,被告人回答问题,在被告人回答问题之后辩护人并没有进行任何的评价,如"在案发以后,也就是说你把孩子扔到垃圾桶里面去以后,你是否知道公安机关已经对这个事情介入调查"等,被告人的回答是"知道"、"没有"等,辩护人的预设是具有丰富判案经验的法官在裁判时量刑的一个重要方面是被告人的认罪态度,所以他觉得如果他再提出这一点,那是多余的。

根据话题的可及性和预设的可及性,辩护人通过和被告人的一系列问答来叙述这样一个故事:被告人在被骗后未婚先孕,所以在没有任何人知道的情况下产下一子,后因怕婴儿哭声被人听到所以用塑料袋堵住婴儿的嘴巴致其死亡,案发后知道公安机关已介入调查的情况下也没有逃跑,并且在被公安机关找到后如实交代全部事实经过。

7.5 认知图式下的连贯

前文讲到语篇的信息连贯主要是从话题的可及性和预设的可及性来界定和研究的,而语篇的可及性涉及的是语篇信息的认知范畴。从认知的角度对语篇的连贯研究主要有图式理论、框架理论等,而图式本身就是一个理论性的心理结构,用来表征贮存在记忆中的一般概念,它是一种框架、方案或脚本。因此,我们将从图式理论来考察庭审叙事话语的连贯。

由于各自的研究兴趣不同,各位学者从各个不同的角度给图式下了定义,还有的运用了自己的术语。Bartlett[1]认为,图式是指"对过去的反应或经验的积极的组合";Minsky[2]运用术语"框架"(frame)来描述与典型环境有关的图式;Schank 和 Abelson[3]则用"脚本"(script)来描述事件的顺序,认为脚本是一种结构,能够描写某一特定场合中事件出现的先后顺序,一种预先决定的、原型化的动作序列并定义了一个熟知的场景;心理学家 Jean Piaget 把图式看做包含动作结构和运思结构在内的从经验到概念的介物;人工智能专家 Rumelhart[4]认为图式是以等级层次形式储存于长时记忆中的一组"相互作用"的知识结构或

---

[1] BARTLETT, F C. Remembering: A Study in Experimental and Social Psychology[M]. Cambridge: Cambridge University Press, 1932.

[2] MINSKY, M A. Framework for Representing Knowledge[A]. In WINSBON, P H. The Psychology of Camputer Vision[C]. New York: McGraw-Hill, 1975.

[3] SCHANK, R C, ABELSON, R. Scripts, Plans, Goals and Understanding[M]. Hillsdale, NJ: Lawrence Erlbaum Associates, 1977.

[4] RUMELHART, D E. Toward an Interactive Model of Reading[A]. In DOMICS. Attention and Perfomance IV[C]. Academic Press, 1977.

构成认知能力的"建筑砌块";de Beaugrande[①] 用"总体概念"(global concepts)来表示图式;Sanfond and Garrod 用"方案"(scenarios)来表示图式;Mckeomn 和 Mann 则从狭义的角度用"修辞手段"意指语篇产生理论中的图式;Eysenck &. Keane[②] 认为"图式"是组织我们感知世界的内在结构;Cook[③] 把图式定义为"典型事例的心理表征"(mental representation of typical instances);Brown 和 Yule[④] 将图式定义为可以激活以理解篇章的知识结构;van Dijk 认为图式是更高层次上的复杂的知识结构(schemata are said to be "higher-level complex knowledge structures");还有人用"心理模式"(mental models)一词等等。以上释义或术语虽各有不同,但表述的观点是一致的,即图式是作为一种经过抽象和概括了的背景知识存在于人们头脑中的认知结构,对理解和交际非常重要。

不同学者对图式进行了不同的分类。Carrell 把图式分为两类:内容图式(content schemata)(关于世界的背景知识)和形式图式(formal schemata)(关于修辞结构的背景知识)。Cook 则把图式分为三种:世界图式(world schemata)、文本图式(text schemata)和语言图式(language schemata)。Kramsch[⑤] 在她的著作中引用了 Fillmore 所提出的语篇理解中的三种图式,即语篇图式(text schemata)、风格图式(genre schemata)和内容图式(content schemata)。[⑥]

在语篇结构理解研究中,Bower 和 Girilo 把与该领域相关的图式分成以下两种类型:① 故事图式(story schema),描写原型故事及其变异的图式。它识别构成故事的单元、这些单元的顺序以及特别容易出

[①] de BEAUGRANDE, ROBERT. Design Criteria for Process Models of Reading [J]. Reading Research Quarterly, 1981(2):261—315.

[②] EYSENCK, M W, KEANE, M T. Cognitive Psychology:A Student's Handbook[M]. London:Longman Group Limited, 1985.

[③] COOK, G. Discourse [M]. Oxford:Oxford University Press, 1992.

[④] BROWN, G, YULE, G. Discourse Analysis[M]. Cambridge:Cambridge University Press, 2000.

[⑤] KRAMSCH, C. Context and Culture in Language Teaching[M]. Oxford:Oxford University Press, 1993.

[⑥] 魏薇、刘明东:《图式理论的发展及应用》,载《湖南第一师范学报》2007 年第 1 期,第 105—106 页。

现在单元之间的各种连接。② 说明文图式(expository schema),用于理解各种不同的说明文的图式。人们假设这些图式有序地排列在论述原形模式的周围。① 另外,请看 Alder 和 Doren 提供的乘车图式:

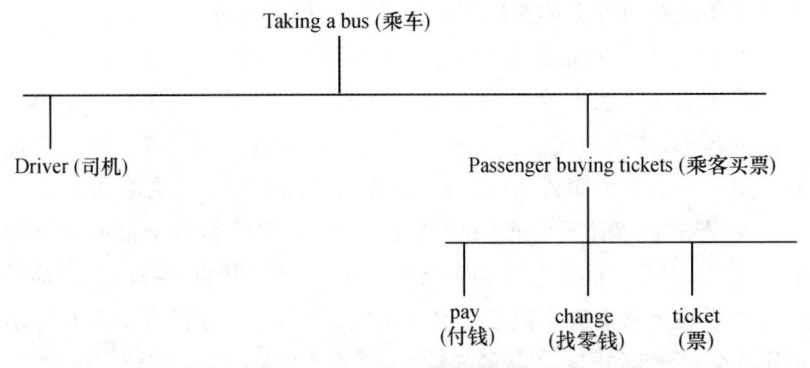

```
                    Taking a bus (乘车)
                    ┌──────┴──────┐
              Driver (司机)   Passenger buying tickets (乘客买票)
                            ┌──────┼──────┐
                           pay   change  ticket
                          (付钱) (找零钱)  (票)
```

图 7-1　Alder 和 Doren 的乘车图式

图式的程式是常规的总结,它具有特别明显的社会与文化约定俗成的模式。因此,在不同的文化氛围中,餐馆就餐以及乘车等图式在内容和形式上都存在着文化上的差异。在语言的交际中,相关的语言和文化因素作为信息出现在大脑中,形成了一定的模式。② 如果这些模式不断输入大脑,就会成为图式,储存在大脑的长久记忆之中。这些图式时刻准备着在语言理解中被激活。③

在对阐释和理解行为的知识构成和应用模式所进行的分析研究中,依照 Carrell 和 Eisterhold 对形式图式(formal schemata)和内容图式(content schemata)的划分原则,④Kern 对这两类图式进行了进一步的阐述。在他看来,"形式图式涉及与语言应用形式有关的知识;内容图

---

① BOWER, G H, CIRILO, R K. Cognitive Psychology and Text Processing[A]. In VAN DIJK, T A. Ed. Handbook of Discourse Analysis Volume I[C]. London: Academic Press, 1985: 93—94.
② KERN, R. Literacy and Language Teaching[M]. Oxford: Oxford University, 2000: 82.
③ RUMELHART, D E. Toward an Interactive Model of Reading[A]. In DOMICS. Attention and Perfomance IV[C]. Academic Press, 1977.
④ CARRELL, P L, EISTERHOLD, J C. Schema Theory and ESL Reading Pedagogy[A]. In CARREL, P L, DEVINE, J, ESKEY, D E. Eds. Interactive Approaches to Second Language Reading[C]. Cambridge: Cambridge University Press, 1988.

式则与主题知识、对现实世界事件了解的程度以及文化概念有关"[①]。

Rubin[②] 对图式的特性做了如下总结,他指出:

● 如果一部分内容正好与图式匹配,那么回忆这一部分时,无论在顺序还是在内容上都要比不匹配时删节和变化得少。

● 回忆某个特定部分内容时,其过程中的变化可以使该部分无论在顺序上还是在内容上更近似于与之相关的图式。如果某个细节回忆不起来,从该图式衍生而来的替代品通常被使用。如果在某个部分的细节不能与该图式相匹配,一个更为常见的细节就会取而代之。

● 图式可以让听者推断出省略部分,因此给知识丰富的听众唱歌的时候,完全可能而且希望省略图式中听众知道的某些部分。这种省略并不表示歌唱者忘记了这部分图式,也不意味着没有对听众提示过图式省略的部分。

● 图式的中心或重点会比次要方面回忆得更好,反映得更及时。[③]

我们认为,庭审叙事是对过去发生过的事件的叙述,因此属于叙述式语篇,叙述式语篇的图式要素是时间、地点、人物、事件、方式等,其结构是以事件的起因、发展和结果为脉络的。因此,在庭审叙事的内容上我们采用故事图式(描写原型故事及其变异的图式。它识别构成故事的单元、这些单元的顺序,以及特别容易出现在单元之间的各种连接),在形式上我们采用形式图式(涉及与语言应用形式有关的知识)。比如,在对故意杀人案件的审理中,法官和公诉人的大脑中都有一个"故意杀人"事件的基本原型,每一次对不同案件的审理都是在寻求该原型基础上的变异图式的过程。

那么,原型和图式之间的关系如何呢?认知语言学中的"原型"概念是指人们通过指派同一个名称或标签来创造或表示一个范畴。原型(prototype)和范畴化(categorization)是认知语言学的研究基础。我们在对周围事物的认知过程中,会把它们按照我们理解的范畴归类;

---

① KERN, R. Literacy and Language Teaching[M]. Oxford: Oxford University, 2000: 82.

② RUBIN, D C. Memory in Oral Traditions: The Cognitive Psychology of Epic, Ballads, and Counting out Rhymes[M]. New York, Oxford: Oxford University Press, 1995: 22.

③ 常宗林:《图式及其功能》,载《山东外语教学》2002年第5期,第29页。

在归类时会把常见的特定事物原始模式作为归类的依据。我们认知的事物包括具体的和抽象的事物以及在特定环境中所观察到的事件和状况。在对事物进行理解和归类的过程中,一种常见的行为是把某些事物比喻为常见的原型事物。

原型是对一个类别或范畴的所有个体的概括表征,反映一类客体所具有的基本特征。原型的意义在于为人类认知外部世界提供简洁的认知框架,体现认知行为和语言使用的经济原则。通过原型,人可以用较少的认知成本来获取较大的认知效益,灵活地反映现实和适应环境,这是概念和范畴得以形成的认知基础。人在感知和理解客体时,以原型为蓝本对所感知的对象进行比较和匹配,输出认知结果。认知心理学的实验研究证明认知原型是一个客观存在,原型代表着一个范畴的实例的集中趋势,是以抽象的表象来表征的。根据原型理论的方法,语言学的范畴主要不是由语言的特异性决定的,而是由人类的认知决定的。语言使用概念的形式对范畴进行概括和抽象,概念具有不同的层次,有上位概念和下位概念之区别。

在人对某一范畴的表征中,往往组合了命题、表象和线性序列,这就是认知科学中的图式。① 原型和图式有着密切的关系,图式是对原型的典型特征所做的编码。原型具有层次结构,在人类的演化过程中,随着感知经验的积累和对外部世界的认识的深化,人脑根据类似客体所具有的一组共同特征,将它们归入一个范畴,这些客体中最具典型性的客体便成为原型。人对范畴的一组特征的定型看法,就是认知科学家所谓的范畴图式。Rosch 认为图式不是任意性的,而是有其客观基础,这就是范畴成员的典型性特征。原型是概念的基础,通过语言以概念的形式表达出来。图式是人类在和环境互动的过程中形成和发展起来的认知结构,图式也体现着人类的认知经济原则。②

就"故意杀人"中的"杀"而言,它最初的原型是"用兵器(刀)把人剁死",请参见"杀":殺,shū,动词。形声。从殳,杀声。古字作"杀",甲骨文字形,在"大"的下方做上一个被剁的记号,表示杀。殳(shū):

---

① 吴庆麟:《认知教学心理学》,上海科学技术出版社 2000 年版,第 67 页。
② 卢植编著:《认知与语言——认知语言学引论》,上海外语教育出版社 2006 年版,第 132—133 页。

兵器。从殳表示与杀有关。本义:杀戮。

殺,戮也。	——《说文》
武王胜殷杀纣。	——《墨子·三辩》
杀气浸盛。	——《吕氏春秋·仲秋》
杀其君,虐于乾溪。	——《穀梁传·昭公十三年》
杀人以梃与刃,有以异乎?	——《孟子·梁惠王上》①

其中,在"杀人以梃与刃,有以异乎"中的"梃"指的是"棍棒",因此,"杀人以梃"是指"用棍棒将人打死",这就出现了与"杀人以刃"这一最初原型的变异。当世间万物发展到现在,"杀人"的手段有很多,如毒杀、枪杀、绞杀、溺杀、烧死、使人窒息而死等,而且光就"用刀"而言,就有剁、刺、砍、割等方式,因此,《现代汉语大词典》对"杀"的释义是"使人或动物失去生命、弄死",并没有限定通过什么手段致人死亡,而只是说明结果。根据 Alder 和 Doren 提供的乘车图式,我们用格语法的形式把"杀人"的原型描述为:

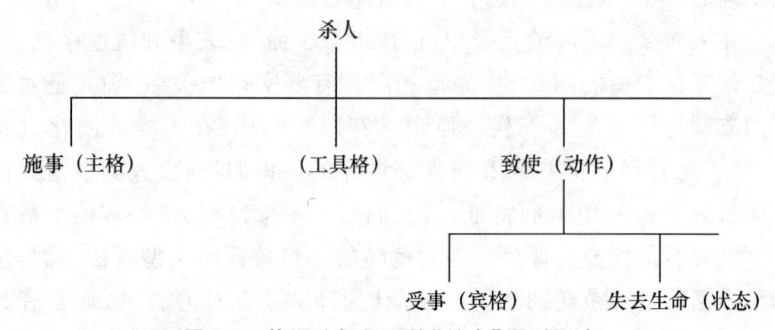

```
              杀人
    ┌──────────┼──────────┐
施事(主格)  工具格     致使(动作)
                    ┌──────┴──────┐
                 受事(宾格)   失去生命(状态)
```

图 7-2　格语法框架下的"杀人"原型图式

我们看下例:

审 2:由公诉人宣读起诉书。

公:福建省长汀县人民检察院起诉书:

被告人池某于 2001 年 2 月 17 日凌晨,在自己家中产下一女婴后,便用掐、打、摔等残忍手段欲将其杀死。后见婴儿没有了声

---

① 《"杀"字的解释》,http://zidian.qihaoming.com.cn/zd/zi_8475ec.html,访问于 2012 年 3 月 8 日。

音,以为已经死亡,便将其抛弃在小河边的厕所里。得知婴儿被妻子杀死的陈某,指使母亲谢某隐瞒事实,报告村干部婴儿生下来就是死的。有关工作人员赶到现场查看,意外发现婴儿尚未死亡。随即送到医院救治,后抢救无效死亡。陈某与池某感到事情将要败露,惶恐之下先后外逃。两人在江西石城县会合后,辗转江西、广东等地,四处逃匿,直至2004年11月13日被公安机关抓获归案。

本院认为被告人池某故意非法剥夺他人生命,致人死亡,触犯《中华人民共和国刑法》第222条的规定,犯罪事实清楚,证据确凿充分,应当以故意杀人罪追究其刑事责任。被告人陈某明知被告人池某的行为是犯罪,仍然为其提供住处及财物帮助其逃匿,触犯了《中华人民共和国刑法》第310条的规定,犯罪事实清楚、证据确凿充分,应当以窝藏罪追究其刑事责任。根据《中华人民共和国刑事诉讼法》第141条之规定,提起诉讼。请依法判定。

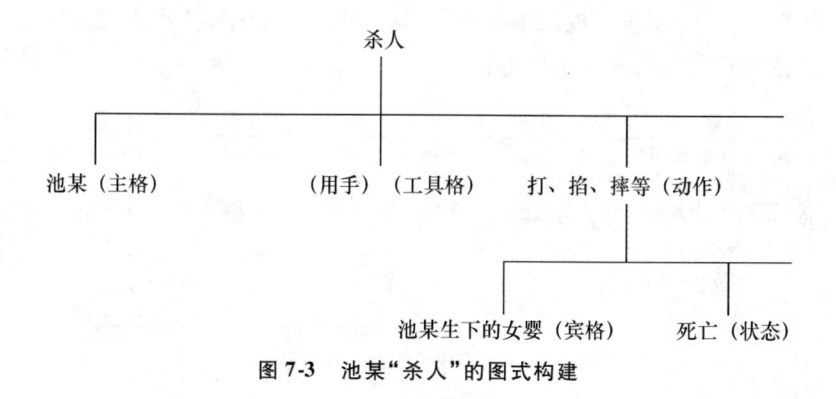

```
                           杀人
         ┌──────────┬──────────┼──────────┐
      池某(主格)  (用手)(工具格)  打、掐、摔等(动作)
                                    ├──────────┐
                            池某生下的女婴(宾格)  死亡(状态)
```

图7-3 池某"杀人"的图式构建

根据检方的陈述,池某的行为符合"杀人"的原型图式。那么是不是属于"故意杀人"呢?《现代英汉大词典》对"故意"的定义是:① 存心;有意识地。② 法律用语。在实施犯罪时能预见到自己的行为的严重后果。分直接故意和间接故意,无论直接故意还是间接故意,凡构成犯罪的都要承担刑事责任。在后面的庭审中,被告人说明打婴儿的原因是"平时就听别人说过,过夜女儿不好,生下来没死,到了两三岁还是会死掉。所以我就开始打我的女儿"。事实上,她已经生了一个女儿,是因为想要一个男孩才把生下来的第二个女儿"掐"、"打"或"摔"死的。尤其是在她"用掐、打、摔等残忍手段欲将其杀死"后,"见婴儿没有了声音,以为已经死亡,便将其抛弃在小河边的厕所里"。当时她意识清楚,完全能预见到自己行为的严重后果,因此有主观故意性。《刑法》中"故意杀人"是指"故意非法剥夺他人生命的行为"。池某没有、也不可能被任何机关授权去"剥夺"她女儿的生命,因此属于非法行为。

下面我们用故事图式来分析该案件的庭审叙事,可以将"故意杀人"的原型故事图式用线性序列表示如下:

何时	何地	何人(施事)	因何	用何方式	杀	何人(受事)	何果
when	where	who	why	how	**kill**	whom	consequence

图 7-4 "故意杀人"的原型故事图式

从庭审的总体功能看,法官和控辩双方的话题都是围绕着对故事图式中的"何时、何地、何人(施事)、因何、用何方式、杀、何人(受事)、何果"这八个识别构成故事的单元、这些单元的顺序,以及特别容易出现在单元之间的各种连接进行的。

何时	何地	何人(施事)	因何	用何方式	杀	何人(受事)	何果
when	where	who	why	how	kill	whom	consequence
2001年2月17日凌晨	池某家中	池某	(想再生男孩)	掐、打、摔等		池某产下的女婴	女婴死亡

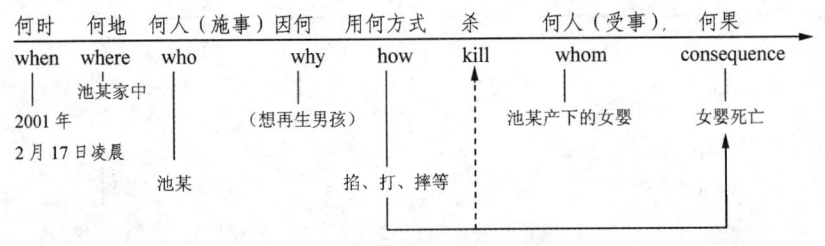

图 7-5 池某"故意杀人"的故事图式

该案中控方的言语目的是通过叙述来建构池某"杀人"故事事件的八个单元及各单元之间的顺序和连接。可以说法庭上的整个庭审过程中,法官以及控方的言语目的就是针对池某"杀人"事件的八个元素的确认,而辩方的言语目的是否认这些单元或者部分单元,或者打断这些单元之间的联系。见下面被告人对审判员的提问时的回答:

审1:(你)什么时候因为什么事情被采取了强制措施?
被1:是因为生了一个妹子,<u>刚生下来闭气</u>。▲

审1:▼啊?

被1:是生了一个妹子。▲

审1:▼这里(起诉书)写的是因为涉嫌故意杀人,2004年11月13号被长汀县公安局刑事拘留。▲

被1:▼没有,法官大人,真的没故意杀人。▲

审1:▼我现在讲是因为这个事情被刑事拘留。

被1:哦。

审1:2004年11月17日,你经长汀县人民检察院批准,由长汀县公安局执行逮捕,有没有错?

被1:<u>我记不住。你们里面写那么多,我又不识字,不知道。</u>

……

下面是被告人对公诉人的提问所作的回答,也是否认一些关键单元的事实:

公:被告人池某,现在公诉人对你讯问,你应当如实向法庭陈述。▲

被1:好。

公:不得隐瞒。▲

被1:好。

公:听清楚了没有?

被1:听清楚了。

公:好。女婴出生以后,你对女婴做了什么?

被1:<u>她一生下来就闭气,一直不会哭。出生的时候她身上很冷,我就把她抱到床上。抱到床上后,我把自己衣服整理好。后来我又给她参汤吃,提神。她不会吃,结果流到了脖子上,我就用毛巾这样擦。</u>这时她的脸已经发紫,参汤也不会吃了。想起以前老人说过过夜女不好,会害死人的。想想很伤心,之后两人就掉在了衣服堆里。家里的地不是木板的那种,是土的。后来自己想想自己生得那么辛苦,就又把她抱起来,用塑料纸把她裹起来。▲

公:▼后面的等下再说。按你的说法,女婴生下来以后,你灌了参汤给她,后来流在脖子上,你又用毛巾捂了她的嘴上,然后擦了她的颈,后来把她扔到衣服上。但是根据法医鉴定,她脖子上有机械性这个痕迹,还有胸腹部都有掐和抓的痕迹,这是怎么来的?

被1:<u>没有,没有</u>。

公:在案卷当中都有明确的证据记录的。

被1:<u>没有</u>,这个是……▲

公:▼公诉人提醒你!你要如实向法庭陈述!

被1:好,好。

公:好,再问你啊,你有没有掐女婴的什么地方?

被1:<u>没有</u>。

公:有没打她?

被1:<u>没有</u>,就是这样摸她。

公:这个摸和打、抓、卡、捏、掐是有明显区别的。

被1:<u>没有</u>。

公:案卷当中有明显的相关鉴定。▲

被1:▼嗯。

公:以及相关的证据证实的。

被1:嗯。

公:你有没有用鞋打过女婴?

被1:那个鞋子很薄的。我就听老人讲生下过夜女运气不好,我就在她面孔上这样拍了一下,就是这样子。

公:用的是什么鞋子?

被1:用的是那个布鞋,买来的那种,薄薄的那种。

公:打她的脸部啊?

被1:嗯。

公:打了几下?

被1:就是这么拍一下。我是说她运气不好,我就拍她一下看她有没有活过来这样子。

公:你以往有讲过是用皮鞋、草鞋、布鞋,△究竟是用的什么鞋?

被1:我没有用过什么草鞋,什么布鞋呀,真的没有。就是我那个布鞋,我自己买来的。▲

公:▼那你用的是布鞋?

被1:那种买来的布鞋,薄薄的,很薄的。我就是刚拖了地,进屋换了拖鞋。像布一样,在她脸上就这样擦了一下。▲

公:▼那么你生下来的女婴有没有哭?

被1:<u>没有</u>。

公:自始至终都没有哭,是不是?

被1:是。

公:你的意思是自始至终都没有哭过?

被1:<u>没有,我真的没有听到她哭</u>。

公:那你在2004年11月13日17时至20时40分向本案的侦查人员的供述是这样:"你讲一讲女婴生下来以后有没有哭过?"你的回答是"是哭了一两声"。▲

被1:<u>没有</u>。

公:"后来我看到是女婴,而家里人又不在跟前,所以我很生气。<u>平时就听别人说过,过夜女儿不好,生下来没死,到了两三岁还是会死掉。所以我就开始打我的女儿</u>。"

被1:<u>不是那样子说的,当时女婴已经没有气了</u>。以前那个老年人说的,过夜女会害死人的。他们让我说,我是老实人,就是这样子说出来的。

公:这是供述里面并且有你亲自按印,你今天为什么要改变供词?

被1:<u>没有改的</u>。

针对审判员和公诉人"婴儿有没有哭"的提问,被告人一直声称"生下来就是闭气(死)的"、"没有哭,自始至终都没有哭",如果这一事实成立,那么就不存在"故意杀人"的前提;针对"有没有掐或者打婴儿"这一提问,被告人连续用了"擦、摸、拍"等这些词。比较公诉人使用的词汇"掐"、"打"和被告人池某用的"摸"、"拍"、"擦"等,它们虽然都表示"某人用上肢(手)或某物与另一个人发生接触",但在程度上"摸"、"拍"、"擦"要轻得多,而"掐"和"打"会造成伤害的后果,属于公诉人说的"残忍手段";另外,它们的感情色彩也不一样,"掐"或"打"一个刚出生的女婴反映的是作为母亲的池某残忍的一面,而"摸"、"拍"、"擦"等则让人联想起温柔的母性的一面。被告人选用语义程度低的词汇以消除是她致使女婴死亡的这个结果,这同样是想达到否认自己故意杀人的目的。

如前所述,从整个庭审看,法官和控辩双方的话题都是围绕着对故事图式中的"何时、何地、何人(施事)、因何、用何方式、对何人(受事)、做了什么、产生何果"这八个识别构成故事的单元、这些单元的顺序,以及特别容易出现在单元之间的各种连接进行的。因此,可以说庭审的叙事连贯是在故事图式的基础上展开的,而这个故事图式是个序列的连续体,因而是连贯的。它是通过语言表达来实现的,所以体现在语言形式上,有词汇手段、语法手段、逻辑语义手段和语用手段等。

第8章
法庭事实构建中叙事的有效性分析

8.1 法规的一致性

开庭审理即人民法院在当事人和所有诉讼参与人的参加下,全面审查认定案件事实,并依法作出裁判或调解的活动。审判的目的是法官代表法院这个国家机关在法庭上"全面审查认定案件事实"、"适用法律",并最后"作出判决"。法官在全面审查和认定案件事实时必须要依据程序规则和证据规则来进行,在适用法律时也牵涉到针对案件性质适用相关法律哪一条款的问题。因此,庭审叙事的法规的一致性主要有以下几点:

首先,法律适用。

在一个侵犯或侵权事件发生之后,原告或者检方都有一个寻找法律法规的过程;当诉状提交法院之后,法官也会面临法律的适用问题。例如,曾经在社会上引起强烈反响的"杭州飙车案"和"我爸是李刚案"在审判之前都有网友们热烈的讨论,是按"以危险方法危害公共安全罪"还是按"交通肇事罪"审判的问题。一旦罪名确立,庭审各方参与人的叙事都应当围绕该主题进行。

其次,罪名构成要件。

就交通肇事罪而言,《刑法》第133条规定:"违反交通运输管理法规,因而发生重大事故,致人重伤、死亡或者使公私财产遭受重大损失的,处三年以下有期徒刑或者拘役;交通运输肇事后逃逸或者有其他特别恶劣情节的,处三年以上七年以下有期徒刑;因逃逸致人死亡的,处七年以上有期徒刑。"

它的构成要件是:

① 本罪的主体为一般主体,司法实践中主要是从事交通运输的人员。

② 本罪主观方面只能是过失,即对事故后果的发生由于疏忽大意而没有预见或者因过于自信轻信能够避免。

③ 本罪客观方面表现为违反交通运输管理法规,这是交通肇事的原因,同时违反交通运输管理法规的行为还必须造成重大事故,导致重伤、死亡或公私财产重大损失的严重后果。

④ 本罪的客体是交通运输的公共安全。

"杭州飙车案"是指 2009 年 5 月 7 日晚,年仅 25 岁的高校毕业生谭卓在走过斑马线时,不幸被一辆狂飙的三菱跑车撞飞,送医院抢救无效死亡。在杭州当地论坛上,一个《富家子弟把马路当 F1 赛道,无辜路人被撞起 5 米高》的帖子引来大批网民发表对飙车族的声讨。2009 年 7 月 20 日,被告人胡斌(肇事车主)被以交通肇事罪一审判处有期徒刑三年,而一些社会舆论认为胡斌的行为构成以危险方法危害公共安全罪或者过失以危险方法危害公共安全罪。审判长潘波在宣判后的新闻发布会上,就庭审争议的焦点和社会舆论关注的问题详细解释了有关法律依据,陈述了判决理由:

第一,以危险方法危害公共安全罪、过失以危险方法危害公共安全罪与交通肇事罪侵犯的客体都是公共安全,客观方面均表现为实施了危害公共安全的行为,因此,交通肇事罪本身就是一种危害公共安全的犯罪。

第二,以危险方法危害公共安全罪是故意犯罪,行为人的主观心态是故意,是希望或者放任危害社会结果的发生;而交通肇事罪的主观方面是过失,包括过于自信的过失和疏忽大意的过失,即应当预见到自己的行为可能发生危害社会的结果,因为疏忽大意而没有预见或已经预见而轻信能够避免。根据庭审查明的事实,被告人胡斌平时喜欢开快车,但其认为凭自己的驾驶技术能够避免事故的发生,案发当晚,胡斌在超速驾车过程中未违反交通信号灯指令,遇红灯时能够停车,肇事时没有注意观察前方路面情况而撞上在人行横道上行走的男青年谭卓,撞人后立即踩刹车并下车查看谭卓的伤势情况,随即拨打了120急救电话以及122报警电话,并留在现场等候处理。这一系列行为反映了胡斌肇事时主观上既不希望事故发生,也不放任事故的发生,对被害人谭卓的死亡其内心是持否定和排斥态度,是一种过失的心态,因此,被告人胡斌的行为不构成以危险方法危害公共安全罪。

第三,过失以危险方法危害公共安全罪和交通肇事罪的主观心态都是过失,但是我国《刑法》分则第二章"危害公共安全罪"中对违反交通运输管理法规,发生重大事故,致人死亡的,《刑法》第133条专门规定了交通肇事罪,因此,驾驶交通工具在公共交通管理的范围内过失致人死亡的,应认定为交通肇事罪,而不能适用《刑法》第115条第2款规定以过失以危险方法危害公共安全罪定罪。根据罪刑法定原则,法院以交通肇事罪对被告人胡斌定罪。①

因此,庭审叙事的有效性首先要注意策略上的"以法规为导向"(rule-oriented),而非"以事实为导向"(fact-oriented)。

8.2 故事的完整性

叙事,从根本上说是一种交流活动,它指的是信息发送者将信息传达给信息接受者这样一个过程。因此,叙事总是要告诉别人一些东西。这个"事",指的就是事件(event)。事件有大有小,其发生的时间也有长有短,在一个大的事件中可以包括许多小的事件,而许多小的事件也可以归于一个大的事件的标记之下。热奈特在试图利用动词语法的分类法来组织或表达话语分析的各个问题时,曾经说道:"我走路,皮埃尔来了,在我看来都是叙事作品的最低级形式。相反,《奥德修记》或《追忆似水年华》只不过在某种方式上扩充了(从修辞学意义上讲)'尤利西斯回到了伊大嘉岛'或'马赛尔成了作家'这两个陈述

---

① 《杭州飙车案审判长详解审判结果》,http://news.sina.com.cn/c/2009-07-20/191018259483.shtml,访问于2012年3月3日。

句罢了。"①也就是说,他将两部充满复杂情节、卷帙浩繁的叙事作品看做为仅仅包含着一个事件的陈述句的扩充。

在结构主义者看来,每一叙事文本都包含着两个部分:第一部分是故事(story),即内容或事件链,加上所谓存在物,这一存在物由包括人物与环境在内的成分所构成;第二部分则是话语,也就是作品的表达,其内容得以交流的方式。美国学者查特曼(S. Chatman)以下列图示将叙事文本中这种内在的关系展现出来:②

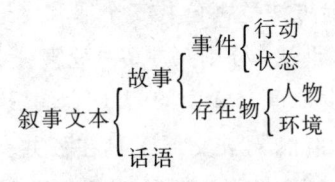

$$
\text{叙事文本}\begin{cases} \text{故事} \begin{cases} \text{事件} \begin{cases} \text{行动} \\ \text{状态} \end{cases} \\ \text{存在物} \begin{cases} \text{人物} \\ \text{环境} \end{cases} \end{cases} \\ \text{话语} \end{cases}
$$

图 8-1　S. Chatman 的叙事文本及其构件

我们从上图中可以看出,在叙事文本的话语这一层面上,有一个与之相对应的层面,这就是"故事"。故事属于所叙或被叙述的部分,这个部分由事件以及与之相关联的因素构成,其中的核心部分是事件。叙述的内容可以多种多样,但在叙事文本中,无论出现什么样的内容,都离不开事件。因此,这里有必要对事件作进一步的探讨。事件所指的就是一件所做或所发生的事,它引起状况发生变化。当这种变化是由行为者所引起并导致某种结果时,事件可以是一个行动,比如"弟弟打破了一个杯子";而如果变化并非为行为者所引起时,它就是一件所发生的事,比如"天上响起了雷声"。无论出现的是上述哪种情况,对于事件,都主要强调它所发生的变化,强调它是从一种状况到另一种状况的转变。也就是说,它是一种原有状况变化的过程。事件的发生必定在时间、空间与地点的范围内进行。与此同时,就叙事作品中所出现的实际情况而言,事件的发生往往离不开行为者的作用。也就是说,必定有特定的行为者促使行动发生、状况变化,不论这样的

---

① 〔法〕热奈特:《辞格之三》,巴黎瑟依出版社 1972 年版,第 75 页。转引自谭君强:《叙事学导论》,高等教育出版社 2008 年版,第 17 页。
② CHATMAN, SEYMOUR. Story and Discourse: Narrative Structure in Fiction and Film[M]. Ithaca: Correll University Press, 1978:19.

行为者是一个人物也好、动物也好,还是作为第一推动力而出现的上帝也好。从叙事作品中的实际表现看,如果离开行为者的参与,就难以构成叙事作品一环紧扣一环的事件链,无法推动情节事件的发展。叙事作品本身就是对由这一系列事件所构成的故事的表现与描述。

在上述基础之上,可以对叙事学中的"故事"作如下的理解:故事指的是从叙事文本或者话语的特定排列中抽取出来的、由事件的参与者所引起或经历的一系列合乎逻辑的并按时间先后顺序重新构造的被描述的事件。①

法庭审判的最主要功能之一是认定事实,查明事实真相。在法庭上认定事件的五个要素为:"做了什么"、"什么时间和什么地点做的"、"谁做的"、"如何做的",以及"为什么"。在此基础上,我们把"时间"、"地点"、"人物(包括施事与受事)"、"事件原因"、"事件经过(包括行动及其方式)"和"结果"确认为法庭叙事的六个主要要素。具体而言,如果考虑人物的"施事"或"受事"性质以及行动的方式,我们把故事结构分为以下八个要素(参见 7.5 节中故事图式的线性序列):

| 何时 | 何地 | 谁(施事) | 因何 | 用何方式 | 做了什么 | 对谁(受事) | 何果 |
| When | where | who | why | how | did what | to whom | consequence |

图 8-2 故事图式的线性序列图

比如,在辛普森案件的刑事审判中,检方的故事结构是:

表 8-1

序号	故事结构因素	检方
1	时间	法医鉴定表明,被害人死亡时间大约在 1994 年 6 月 12 日晚上 10 点到 10 点 15 分之间
2	地点	辛普森前妻妮克的公寓
3	谁(施事)	辛普森

---

① 谭君强:《叙事学导论》,高等教育出版社 2008 年版,第 16—21 页。

(续表)

序号	故事结构因素	检方
4	原因	嫉妒心和占有欲 (戈德曼是比妮克小 10 岁的白人男子。离婚之后,辛普森对妮克与年轻英俊的男人约会非常吃醋,一直希望破镜重圆,但希望日益渺茫。案发当天,在女儿的舞蹈表演会上,妮克对辛普森非常冷淡,使他萌生了杀机)
5	用何方式	利刃割喉
6	做了什么	杀(kill)
7	对谁(受事)	辛普森的前妻妮克和她的男友戈德曼
8	结果	妮克和戈德曼死亡

辩方的故事结构是:

表 8-2

序号	故事结构因素	检方	辩方
1	时间		辛普森声称,当晚 9 点 40 到 10 点 50 之间,他在家中独自睡觉,无法提供证人
2	地点	辛普森前妻妮克的公寓	
3	谁(施事)		未知
4	原因		妮克有可能被贩毒集团或黑手党杀害。因为妮克有吸毒历史,如果她大量购买毒品之后未能按时支付,有可能被黑手党暗下毒手,而割喉杀人正是黑社会惯用的凶杀手段。另外,戈德曼与妮可之间也不是一般关系,有人曾看见他驾驶妮可那辆价值 15 万美元的白色法拉利牌高级跑车在街上兜风。另外,戈德曼的背景也非常令人生疑。1993 年到 1995 短短两年期间,在戈德曼工作的那家意大利餐厅,竟然有四位雇员被谋杀或神秘失踪

(续表)

序号	故事结构因素	检方	辩方
5	用何方式		对辛普森这种缺乏训练和经验的业余杀手来说,使用枪支是最佳选择,根本没必要手执利刃割喉杀人。这种作案方式不仅会弄得自己满身血迹,而且会在凶杀案现场、白色野马车和自己住宅中留下难以抵赖的"血证"
6	做了什么	杀(kill)	
7	对谁（受事）	辛普森的前妻妮克和她的男友戈德曼	
8	结果	妮克和戈德曼死亡	

辩方与检方的故事结构在一些基本事实上如"地点"、"做了什么"、"对谁（受事）"、"方式"和"结果"都是一致的,辩方只在"时间"、"谁（施事）"、"原因"上改变了故事结构:① 从时间上看,在整个审判过程中,根据律师的建议,辛普森依法要求保持沉默,拒绝出庭作证。但是,检方关于预谋杀人的指控似乎不合情理。主要原因是,辛普森当晚要赶飞机,他已预约了豪华出租车送自己去机场。这一安排实际上堵死了他本人作案的后路。因为他必须在短短 1 小时 10 分钟之内,驱车前往现场,选择作案时机,执刀连杀两人,逃离凶案现场,藏匿血衣凶器,洗净残留血迹,启程前往机场。整个环节稍有差错闪失,就会耽误飞机起飞的钟点。这时,出租车司机便会成为重要证人。① ② 在"原因"上,双方也未有过多的纠缠。③ 在作案方式上,辩方认为对辛普森这种缺乏训练和经验的业余杀手来说,使用枪支是最佳选择,根本没必要手执利刃割喉杀人。这种作案方式不仅会弄得自己满身血迹,而且会在凶杀案现场、白色野马车和自己住宅中留下难以抵赖的"血证"。④ 最主要的是辩方通过证据规则以及打陪审团的"种族

---

① 《辛普森杀妻案审判始末》,http://www.chnlawyer.net/ShowArticle.shtml?ID=2007122714272357564.htm,访问于 2012 年 1 月 20 日。

牌",推翻了检方的"施事者是辛普森"这一关键点,破坏了检方的故事结构的完整性,从而最终赢得了官司。

辩方改变检方"故事"完整结构的几个要素之间是有一定的逻辑关系的,辩方在破坏检方完整故事结构的同时构建了这样一个故事:案发时辛普森独自在家中睡觉;妮克和她的男友有可能被贩毒集团或黑手党暗下毒手,因为割喉杀人正是黑社会惯用的凶杀手段,而妮克有吸毒历史;戈德曼的背景也非常令人生疑,1993年到1995短短两年期间,在戈德曼工作的那家意大利餐厅,竟然有四位雇员被谋杀或神秘失踪。

故事越全面,它作为对证据的解释就越容易被接受。

8.3 情节的连贯性

前面已经论述过,关于情节的讨论,亚里士多德在《诗学》中把情节看做悲剧艺术中最为重要的部分,把情节界定为"对事件的安排"。这种安排是对故事结构本身的构建,而不是在话语层次上对故事事件的重新安排。在安排事件、组织情节时,有机完整性原则是第一要义。他说:所谓"完整",指事之有头、有身、有尾。

在亚里士多德之后,出现了传统情节观,其特点是:① 将"情节"视为"故事"的一部分;② 强调"情节结构"的完整性。英国小说家特罗洛普从情节角度强调人物的重要性,把情节看做"故事最重要的部分"。这种观点在很大程度上代表了传统小说家把情节看做故事内容的倾向。

经典叙事学的情节观又是什么呢?俄国形式主义学者不把情节看做叙事作品的内容,而是把它视为对故事事件进行的创新安排;而几乎所有结构主义叙事学家的"情节"都停留在故事结构层次。

刘为钦和周晶[①]认为,亚里士多德的悲剧情节由开头、中间和结尾三个部分组成的观点受到了现代小说实践的挑战。现代小说(如意识

---

① 刘为钦、周晶:《情节的构成》,载《中国社会科学院研究生院学报》2007年第2期。

流小说)的开头、中间和结尾再也不是一个事件的开头、中间和结尾,也就是说,文本中的话语情节再也不是故事的情节。所以,叙事文本中的情节是叙事元素,以及由叙事元素构成的叙事序列的组合。但是,这种组合一定要排列有序,形成一个统一的整体。不过,两位作者最后还是承认:"叙事元素、叙事序列的组接也要有如亚里士多德所说的'它的各个部分应有一定的安排'。"

彭宣维[①]持的则是一元论,即他并不把"故事"、"话语"和"情节"看做三个独立的东西,而是认为"话语"(或"篇章")是一个复合概念,它包含"故事"。语言具体以"语篇"(Text,指狭义的话语或篇章)为代表;语篇是一个三维复合体:音系组织(实体维度)、句法组织(形式维度)和语义组织(内容维度)。据此,"故事"属于"话语"的"内容","形式"则是组织"故事"的手段。传统情节观认为情节是构成故事的具体事件,或情节就是故事;普洛普等人认为"情节"是由故事中的"行为功能"构成的,因而情节是故事内容的一部分,是语义结构性的;什克洛夫斯基等人把"情节"和"故事"对立起来——"情节"指对故事事件的"艺术上的处理和形式上的加工",还"特别指大的篇章结构上的叙述技巧,尤指叙述者在时间上对故事事件的重新安排",因此情节范畴属于语用学这一层次。

还有人认为情节是叙事性文艺作品中以人物为中心的事件演变过程。由一组以上能显示人和人、人和环境之间的关系的具体事件和矛盾冲突构成。一般包括开端、发展、高潮、结局等部分,有的还有序幕和尾声。按照因果逻辑组织起来的一系列事件情节,应当体现出人物行为之间的冲突。情节是叙事性文学作品内容构成的要素之一,它是指叙事作品中表现人物之间相互关系的一系列生活事件的发展过程。它是由一系列展示人物性格,表现人物与人物、人物与环境之间相互关系的具体事件构成。高尔基说,情节"即人物之间的联系、矛盾、同情、反感和一般的相互关系——某种性格、典型的成长和构成的

---

① 彭宣维:《话语、故事和情节——从系统功能语言学看叙事学的相关基本范畴》,载《外国语》2000年第6期。

历史"。因此,情节的构成离不开事件、人物和场景。①

综合以上各家的说法,我们认为,既然故事和话语是叙事的两个层次,那么作为叙事的一个方面,情节既可以体现在故事层面,也可以体现在话语层面,因为故事是由话语来承载的。但是,情节应该不同于叙事技巧,而是叙事者通过叙事技巧对故事事件的重新安排之后所产生的话语结果,这个话语结果所承载的就是故事。情节的构成离不开事件、人物和场景。

通过情节,叙事者可以点明时间和感情如何交织成一个连贯的故事。它把场景、人物、工具、行为和目的编织成一个连贯的图式,围绕一个事件展开。它将一个问题置于一系列具有因果关系的事件及其环境中,从而揭示这个问题。对同一个事件的不同方面进行不同的情节编排,可以有很多种叙述方式。

在此,我们还想提一提犯罪情节这个概念。我国《刑法》规定了"情节显著轻微"、"情节较轻"、"情节严重"、"情节特别严重"、"情节恶劣"、"情节特别恶劣"、"尚未造成严重后果"、"造成严重后果"、"后果特别严重"、"危害特别严重"、"致人重伤、死亡"、"使公私财产遭受重大损失"等各种不同的犯罪情节。那么犯罪情节指的是什么呢?从《刑法》第61条明文规定"对于犯罪分子决定刑罚的时候,应当根据犯罪的事实、犯罪的性质、情节和对于社会的危害程度,依照本法的有关规定判处"中可以看出,犯罪情节不同于犯罪事实。

犯罪情节当然也是一种客观存在的犯罪事实,但它不是构成犯罪的主、客观要件的基本事实,而是指除了决定犯罪性质的基本事实以外的其他能够影响危害程度的那些犯罪事实。一般来说,这些事实包括:犯罪的时间和地点、手段和方法,犯罪的动机、结果和后果,犯罪的具体对象,行为人的一贯表现,在共同犯罪中所处的地位和所起的作用,以及犯罪后的态度等。因此,犯罪情节与犯罪事实是既有联系又有区别。从犯罪情节本身的性质看,有轻重之分或一般与恶劣之别。这轻与重、一般与恶劣是相对而言、比较而论的,是以它对社会的危害

---

① 《什么是情节》,http://wenwen.soso.com/z/q117369071.htm,访问于2012年3月3日。

程度和行为人的主观恶性大小来划分的。① 因此,叙事学中的"情节"和"犯罪情节"中的"情节"不是同一个概念,我们所说的"情节的连贯性"是从叙事学研究的角度而言的,或者可以说"犯罪情节"是故事层面的,而"叙事情节"是话语层面的。

8.4 叙述的策略性

我们且看下面对 Harold Shipman 谋杀指控的审判中针对同样的几个要点的直接质证和间接质证的摘录。②

Harold Shipman 何许人也？他(1946.1.14—2004.1.13)是一名英国医生,也是有史以来杀人最多的医生,有 218 人因他而死,因而也被人称为"死亡医生(doctor of death)"。2000 年 1 月 31 日,陪审团裁决 Shipman 在十五宗谋杀案中有罪。他因此被判终身监禁,法官也建议说他永远不得释放。在他的审判之后,由 Janet Smith 任主事法官的"Shipman 调查"③调查了由 Shipman 证明的所有死亡。他的被害人中 80% 是妇女,最年轻的只有 41 岁。英国关于医疗保健和药品的大多数法律结构的审查和调整都直接或间接地与 Shipman 案件有关,尤其是在 Shipman 调查的结果出来之后,该调查始于 2000 年 9 月 1 日,持续了近两年时间。Shipman 是唯一一个因谋杀其病人而被判有罪的英国医生。他于 2004 年 1 月 13 日在西约克郡的 Wakefield 监狱自缢身亡。

Kathleen Grundy,海德市前女市长,是他的最后一个被害人。她于 1998 年 6 月 24 日被发现死于自己的家中。Shipman 是她生前最后见到的人,后来他签了她的死亡证明,记录的死因是"寿终正寝"。Grun-

---

① 《什么是犯罪情节》,http://china.findlaw.cn/bianhu/fanzui/smsfz/88.html,访问于 2012 年 3 月 3 日。

② The Shipman Inquiry, http://www.the-shipman-inquiry.org.uk/trialtrans.asp, visited on 2009-5-21.

③ 在英国高等法院的诉讼中,经常要对主要争议问题的某些附属事实予以查明。法庭有权将此种事项提交给指定的官员或特别公断人进行调查并作出报告。现在通常是由主事法官或其他官员在法官室中对当事人提交的证据进行调查来完成的。

dy 的女儿 Angela Woodruff 是一名律师,当她听 Brian Burgess 律师说有一份显然是她母亲立的遗嘱时感到很不安,因为遗嘱的真实性值得怀疑。该遗嘱把38.6万英镑留给了 Shipman,而 Angela Woodruff 和她的孩子们却是一分也没有。Burgess 让 Woodruff 报警,并去了警署。警察进行了调查。Grundy 的遗体已经火化,化验之后发现含有海洛因的成分,它经常被用于癌症晚期病人的止痛。Shipman 于1998年9月7日被捕,并查出他有一台打字机,用以制作假的遗嘱。之后,警察调查了 Shipman 证明的其他死亡,并列了一份有15个要调查的标本案件的清单。他们发现了他实施从过量使用海洛因致人死亡、签署病人死亡证明,到伪造病人病危的医疗记录等整个过程的模式。①

下面是审判第27天辩护律师对被告人 Harold Shipman 的询问:

辩:我们看所出示的预约本,上面7月15日没有 Grundy 太太的预约记录。1997年的7月15日你在诊所见过 Grundy 太太吗?

被:据我所知,是的。

辩:你能告诉法庭那天预约本上没有记录是什么原因吗?

被:好像我只是把她带到我的诊室并且说了一些关于肠易激综合征的事。这虽然有点问题,但是病人经常要求医生做些这样的小处理。

辩:那么关于预约和记录,您能再跟法庭说一下那次见面时发生了什么吗?

被:她进来后告诉我如果再发展下去的话她的肠易激综合征很糟糕。我告诉她并不会。我们就谈了些节食的事,而且她的饮食控制得很好。事情就这样不了了之。

辩:我们看到你的记录中说有可能有滥用药品的情况,"否认吃了除肠易激综合征以外的任何药物"。你和 Grundy 太太之间有没有说起过她除了肠易激综合征的处方药之外还有没有吃其他的任何药?

被:我清楚地记得是这样说的:"你有没有吃任何可能使肠易

---

① Harold Shipman, http://en.wikipedia.org/wiki/Harold_Shipman, visited on 2012-3-10.

激综合征恶化的药物或者对薄荷油有干扰的药物?"她说:"没有。"

辩:那么以前提到过,我们在 Lloyd George 记录(病人的电子记录)上看到有这一条。为什么在 Lloyd George 上的记录跟计算机上的记录不一致?

被:就像我以前说过的,屏幕是对着病人的,如果她一直能看到这种怀疑的态度,她就可能不会说任何实情了。

辩:那么随着时间的推移,事实上,在计算机上的记录第489B 页,好像 Grundy 太太肯定 1997 年 11 月 28 日回来过,并且当天似乎送了尿样进行了检查,是这样吗?

被:对的。

辩:那这又是为什么呢?

被:检查是否感染。

辩:就"十月 97",她好像打了这种流感疫苗,那么再看第 9 条的"十月 97"记录,我们看到很多个检查项目,有身高、体重、体质指数、血压读数等。就所有这些检查而言,其目的是什么?

被:我们是做常规的老年病理筛查。

辩:那是"十月 97"。我们再回到 Lloyd George 记录,还是在同一页——503AB 页,在该页上的最后一个记录,是 1997 年 11 月 26 日吗?

被:是这样。

辩:是您手上的这份?

被:是这样。

辩:请您念一下那个记录好吗?

被:"还是肠易激综合征。我该做血检、尿检吗?真的很难,因为她什么都不承认,而且她并没有什么危险,就是说不是静脉注射者。"所以在她手臂上没有任何痕迹显示她在给自己注射。"我不确定,还是没有任何诊断记录。"不好意思,"还是没有任何诊断记录来确定我的怀疑,待观察"。

辩:那么您能告诉法庭在诊疗时都发生了什么吗?在我让您

说该诊疗内容之前我们看 1997 年 11 月 26 日预约本上的记录，在那天很显然您事实上并没在看病，在那儿的是一个临时代理医生，而这天也有证人指证事实上您当时在约克。

被:是的。

辩:那 1997 年 11 月 26 日您在约克吗？

被:是的。

辩:那您能说明在 Lloyd George 记录上为什么会有那天的记录吗？

被:我把记录带回家看看情况怎样以及我该怎样进行进一步治疗。我完全可以在此之后的星期天把记录补上，日期还是回写到 26 日。我肯定不会把记录带到约克去，但是这些记录就在屋子里，这样的话我周一回去工作之前人家可以参阅或者处理。

辩:那么 Shipman 医生，您现在还能回忆起事实上您什么时候给 Grundy 太太看的病，比如具体是几号或者在 1997 年 11 月的哪一天，这样在这些记录上就有了记录？

被:是在星期二，11 月 25 日。

辩:是前面一天？

被:是的。

辩:如果我们再看电脑记录的第 503 AV 页，上面有预约本，而这一页上面没有出现 Grundy 太太的记录。您能说明一下吗？

被:我觉得她是来开个处方，看看我，聊聊天什么的。这儿的医生知道我不在。她问过我去哪儿啦，这个记录是花了好多心思和回忆做上去的。就我来看，她不会把自己置于危险之中的。我只是当时很怀疑。不管是同事还是会诊医生，我都没有跟任何人谈论过此事。我当时只是很怀疑而已。

辩:怀疑什么？

被:怀疑她事实上在滥用药物。

辩:你知道是什么药吗？

被:那肯定是一些诸如鸦片制剂、可待因、哌替啶、可能吗啡什么的。

以上是辩护律师对被告人的询问,他们之间非常"合作",辩护律师对被告人也非常"有礼貌",多处用了"您"。辩护人的提问信息是非常有选择性的,从"以前提到过"、"再看"等可以看出他们之间在法庭审判之前就已经确定了一个"故事"的细节,这些细节是通过辩护律师在法庭上有选择地提问来展示的,而故事又是通过这些展示的细节来构建的:Grundy 太太于 1997 年 7 月 15 日来到 Shipman 医生的诊所看病,因为是老病人,Shipman 医生给她做了点小处理,他在记录上说怀疑她有滥用药品的情况,也问过她本人,她予以否认。因为他还不确定,而且考虑到保密的事,也不想让病人 Grundy 太太在电脑上看到他的怀疑,所以他在 Lloyd George 病人的电子记录卡上的记录和在电脑上的记录不一致。11 月 25 日给 Grundy 太太看过病并有记录;11 月 26 日去了约克,回来后补上了 11 月 26 日由他的临时代理医生看病的情况记录;在 1997 年 11 月 28 日,Grundy 太太回来过并且当天送了尿样进行了检查。Shipman 医生怀疑 Grundy 太太滥用的药物是一些诸如鸦片制剂、可待因、哌替啶、吗啡等。他们通过这些细节的展示想要达到的叙事目的是,Grundy 太太的死亡是因为她自己滥用诸如鸦片制剂、可待因、哌替啶、吗啡等药品的结果。

下面再看控方对被告人的提问(审判第 33 天):

控:要我说你把用药习惯扣到 Grundy 太太头上是不是太恶毒啦?

被:如果你想要那样说就随你便好了。我告诉你这些记录,除了一个之外,都是当时做的,而且都是准确的。

控:这三个记录都只是你预计到自己因为 Grundy 太太的死可能面临审判时在一个时间做的,是这样的对吗?

被:什么叫"对",不好意思?

控:你就是预计到由于 Grundy 太太的事要被审判,你才捏造了这三个记录。

被:不,我没有。

控:如果你因为 Grundy 太太的事受审,你的辩护只能是她死于自己服用的药物,因为她有(用药)习惯。

被：还是不好意思，不是。

控：请大家看第503AV页，1997年7月15日："肠易激综合征。腹部软。肠回音正常。时有便秘。吃过可能的所有药物。瞳孔小。口干。还是疑有滥用药物。否认吃了除肠易激综合征以外的任何药物。"你们都能理解，我也这样认为——我们看到的与最后一个记录有关的两个预约，1996年10月12日的，还有这里，1997年7月15日的，在预约单上都没有记录。你是承认这一点呢，还是你要再看看？

被：我确定你很对。

控：(两个预约)在电脑记录上也都没有。

被：我在答辩时早就解释过这一点了。

控：你的解释是你不想让她看到电脑上的东西，而且如果你怀疑(她的)用药习惯问题，你也不想让她知道你怀疑她有用药习惯。

被：我确信她知道我怀疑她。

控：如果她知道你怀疑这一点，为什么你会因为把它输入电脑而感到不安？

被：因为这是一个很保密的事，而且电脑的保密不如记录。

控：这不是你以前给的理由。你以前给的理由是输入电脑的话她会在屏幕上看到。

被：是的。

控：而且因为你不希望她知道你在想什么。

被：如果这事儿她在屏幕上看到的话感觉会很不好。

控：但是，这儿，在7月15日，根据你的记录，你说，"否认吃了除任何肠易激综合征之外的药"。所以，如果这个记录有一点点事实的话，是不是就暗示了你已经指责过她并且问过她了？

被：我确实问过她。

控：那好，既然你问过她并向她提起过，那为什么你没有在电脑上记录呢？

被：我问过她是否吃过除了我开的任何其他药物，她说没有。

控:事实是这根本没有发生过,而且这些都是编造出来的假的用药习惯,来为在 Grundy 太太身上查到有吗啡这一事实作辩解,难道不是吗?

被:这不是真的。

控:现在,请你看看在这一页上的下面一个记录,1997 年 11 月 26 日,"还是肠易激综合征。我该给她做血检,测她的尿液。确实很难,因为她不肯承认而且她不(问号)危险,也即不是一个静脉注射者。我不确定。还是没有任何诊断记录来确定我的怀疑"。现在关于质证过的日期,你说那时你事实上在约克,而且 1997 年 11 月 26 日那天是 Khosla 医生在,他是你的临时代理医生?

被:是的。

控:因此这个记录是不可能做上去的,不可能是 11 月 26 日的真实记录。

被:不是 26 日的记录。

控:你对这一指控的辩护是,那是 1997 年 11 月 25 日星期二你去约克的前一天的打印错误。

被:是的。

控:如果是先要记 Lloyd George 记录而非电脑记录的话,为什么你不能第一时间完成 Lloyd George 卡?

被:这是一个很难的记录。你得很小心,不让任何其他人知道这只是怀疑而已,而且我考虑是否应当让其他人知道我的怀疑,比如会诊医师。

控:为什么你必须把 Lloyd George 卡带到家里?

被:那天晚上我把 Grundy 太太和其他人的卡都带回了家,我只是想花点时间想想,那时也不急直接把它(记录)加上去了。

控:你是否也在其他卡上写错过日期?

被:不。我记得我是在周日做的记录,因为我周一回到诊所,而且我只是尽力回忆那是哪一天。

控:你承认,11 月 25 日那天的预约单上没有预约,周二也是?

被:是的。

控:所以,这是不是就是这个意思,关于这三份说 Grundy 太太有用药习惯的书面记录,10 月 12 日的、7 月 15 日的,还有如果我们接受的话,11 月 25 日的,她曾经到过你的诊所而且在没有任何预约的情况下让你看了病?

被:好像是这样。

控:你还记得 Judith Cocker 就这个案件做的证吗?

被:记的。

控:关于预约?

被:是的。

控:她是不是说过:"当人们做开放性手术时诊所的接待员会把名字记下,如果接待员们不这样做那是不对的。"她说:"很少有病人去看病时名字不被记下来的情况"。很少有?

被:那是她说的。

控:是的,你同意吗?

被:很少有。我还不至于傻地那样说,人们用不同的方式用词,而且意思也不一样。

控:陪审团会知道那个词的意思,而且那是一个由 Judith Cocker 选用的词,但是你理解"很少有"的意思,都说了三次了不是吗?都与把用药习惯扣到 Kathleen Grundy 身上有关?

被:在三种情况下都有可能滥用药物。

控:每一次都是假的记录,不是吗?她没来过诊所,我觉得,这三天都没有?

被:她这三天都有来,而且这些记录就是那时候记的,除了最后我需要想想再记的那个之外。

在上面的交叉质证中,检方的用语毫不客气,如第一句"要我说你把用药习惯扣到 Grundy 太太头上是不是太恶毒啦"。整个过程几乎没有出现过礼貌用语,检方和被告人之间简直是针锋相对;在措辞上,针对被告人所说的 Grundy 太太有"滥用药品"的事,检方的用词是"用药习惯";检方的提问基本上是陈述句后加疑问语气进行的质问,而且都是针对辩护律师和被告人前几天在庭审上"确认"的几个关键点,在破中有立,他通过交叉质证想要构建的故事是:Shipman 医生在 1996 年 10 月 12 日、1997 年 7 月 15 日和 11 月 26 日对 Grundy 太太的接诊都没有记录,呈堂的记录都是假的,其中 1997 年 11 月 26 日那次被告人自己都是承认的,也有证人说"很少有"病人看病时诊所的接待员不记录的;Shipman 医生假造记录是因为他预计到因为 Grundy 太太的事要被审判才捏造了这三个记录,而且如果受审的话,他的辩护只能是她死于她自己根据(用药)习惯服用的药物。

从上面直接质证和交叉质证的情况看,庭审叙事是非常讲究策略的。除了前面论述的法律的一致性、故事的完整性以及情节的连贯性之外,叙述本身也有很多策略。如 ① 两个质证针对的都是同样几个要点,但是他们的视角不同:辩护律师的视角是 Shipman 医生不记录是因为保密,防止让病人知道后病人不说实话;检方的视角是 Shipman 医生捏造记录,用以为自己开脱。② 叙事的修辞不同:这可以从他们提问的方式、词语的选择、故事的构建等方面体现出来。③ 语境的认知:尤其在交叉质证中,检方的提问多为陈述语句加疑问语气,因为他很清楚庭审的目的是确认事实,用陈述句加疑问语气的提问形式实际上具有一定的诱导性,以让法官和陪审员们对他所陈述的"事实"有印象;交叉质证中还经常使用"isn't it"、"didn't you"等反义问句,因为它们也是在陈述句之后,在句子末尾加上"isn't it"、"didn't you"的,所以,一方面有诱导的作用,另一面被提问人对反义疑问句的回答往往需要一些时间才能作出反应,如果有连续几个反义疑问句,被提问人很容易因为反应过慢而在回答时出错;再有,检方还有几个"为什么"的提问,这是因为他想加固他的陈述内容,还有就是如果检方知道可以从对方得到在某一方面的肯定的回答时,他也会使用"W"(what、when、where、why、who)的开放性提问。

8.5 论证的逻辑性

首先,前面说过,法官判案的根据是三段论,是把规则运用于案件,分析后得出结论的过程。因此,在庭审事实构建的叙事中,逻辑性很重要。如在美国的一个案例中,一个妇女堕胎后被指控为"谋杀",说她杀死了一个"婴儿(baby)"。根据美国的法律,"谋杀"的定义是:"Murder is the unlawful killing of a human being with malice aforethought."(谋杀是指经恶意预谋的非法杀人行为。)因此,辩方律师提出,"胎儿(fetus)"还不是"人",所以"谋杀"的罪名不成立。前面说过,在我国,故意杀人,是指故意非法剥夺他人生命的行为。故意杀人罪的主要构成要件有客体要件、客观要件、主体要件和主观要件等,其中客体要件是:故意杀人罪侵犯的客体是他人的生命权。法律上的生命是指能够独立呼吸并能进行新陈代谢的活的有机体,是人赖以存在的前提。

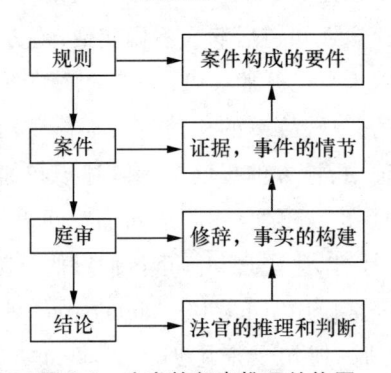

推理过程

```
规则  ──→  案件构成的要件
 │
案件  ──→  证据,事件的情节
 │
庭审  ──→  修辞,事实的构建
 │
结论  ──→  法官的推理和判断
```

图 8-2　法官的叙事推理结构图

其次,法庭事实的构建是对过去发生的事件的重构,在法庭论辩时,证据除了要"确实、充分"之外,证据之间的逻辑连贯性更加重要。证据具有客观性,但是证据并非纯粹客观的东西,而是人的主观认识与客观事物相互结合的产物。例如,当事人陈述和证人证言显然是有关人员主观上对客观存在的案件事实的认识结果。正因为如此,当事人陈述和证人证言等证据中才存在着不符合案件事实的可能性。①

---

① SOLAN, L M. Judicial Decisions and Linguistic Analysis: Is There a Linguist in the Court? [J]. Washington University Law Journal, 1995(3): 1069—83.

南京彭宇案曾经在社会上引起了不小的反响，人们认为是此案错判产生的负面效应，导致人们不愿做好事甚至见死不救。一些地方出现老人摔倒无人搀扶、做好事反被诬告等现象，也屡被归咎为彭宇案的影响。人们认为该案属于"错判"很大的原因是法官在一审判决中对原被告相撞事实认定的一些推理分析，偏离了主流价值观，引发舆论哗然和公众批评，导致社会舆论普遍不认同一审判决结果。

从一审判决看，法官根据"日常生活经验"和"社会情理"分析，彭宇"如果是见义勇为做好事，更符合实际的做法应是抓住撞倒原告的人，而不仅仅是好心相扶"；彭宇"如果是做好事，在原告的家人到达后，其完全可以在言明事实经过并让原告的家人将原告送往医院，然后自行离开"，但彭宇"未作此等选择，显然与情理相悖"。对于事发当日彭宇主动为原告付出两百多元医药费，一直未要求返还的事实，法官认为，这个钱给付不合情理，应为彭宇撞人的"赔偿款"。这些不恰当的分析推论，迅速被一些关注彭宇案的媒体抓住、放大，引起公众的普遍质疑与批评。由此不断升温的报道将对此案的事实判断上升为价值判断，在道德追问中忽略了对事实真相的探究。①

8.6 主题的明确性

当一个侵犯或侵权事件发生后，会对被害人或被侵权人造成多方面的伤害，庭审叙事时就要根据诉讼的事由来确立叙述的主题，叙述的内容就是要围绕侵犯或侵害行为、过程及结果进行叙述。

下面的例子将说明在法庭上，如果诉讼主题不明确，哪怕证据确实、充分，事实明确，原告也不能得到由被告的侵权造成的应有的赔偿或补偿。该案例中，由于婚庆公司载着新郎新娘的喜车突然失控，冲出车道，撞到了路边的电线杆上。原告杜某认为，婚庆公司既然与他们签订了租车合同，如违约，就应该赔偿其2800元的租车费用。同时，婚庆公司派出的车辆发生了意外事故，造成了婚礼上的惨剧，不但

---

① 徐机玲、王骏勇：《官方称彭宇承认与当事人发生碰撞 赔偿1万》，http://china.huanqiu.com/roll/2012-01/2360714.html，访问于2012年1月12日。

给新郎新娘身体和财产造成了伤害,同时还带来了终身的遗憾和无法弥补的损失。因此,婚庆公司也构成了侵权,应当对其身体、财产、精神的损失都作出相应的赔偿。他在庭审中出示了所有的证据。

审:第一份证据是《婚庆服务协议书》。
第二份证据是杜某的交款收据,一共是两张。
(证明杜某与婚庆公司存在车辆承租关系。)
第三份证据是事发当天杜某以及张某在顺义区医院的诊断证明。

原2代:下一份证据是原告的衬衣,你们看,这是当时事发后原告留下的血迹。还有这是事发当天新娘的血迹。(证明杜某在婚礼当天发生车祸后,他和妻子的身体均受到了损害。)

审:对上述三份证据,婚庆公司有异议没有?

被代1:没有。

审:好,杜某还有其他证据向法庭出示吗?

原2代:嗯有。这是一个新脸盆,但是由于这起事故,现在已经无法正常使用了。

审:我问一下,当时为什么在婚礼的车上要带两个脸盆呢?

原2代:这是中华民族的风俗习惯,脸盆是女方的一个陪嫁品。

杜妻:按风俗就是说女方的脸面问题。

审:继续出示证据。

原2代:台灯一台,下面已经没有了。

审:下面已经没有了,就只剩灯泡什么的?

原2代:下面没有了,只剩下灯罩了。

杜妻:台灯按地方习俗是长明灯,长寿的意思。在行程中都应该抱着的,所以说我都抱着它。这个灯罩还算是好的。长明灯要是坏了以后就是不可能长寿的意思。

被代1:玻璃(罩)倒没碎,下面的碎了。我想大家都知道,台灯下面的应该比玻璃罩更加坚固,灯罩一点没损坏,下面反而倒坏了,不知道这是什么意思?

审:法庭的调查结束,下面进行法庭辩论。

本案中原告的诉讼请求是:

第一,判令被告给付原告 2800 元;

第二,判令被告给付 45000 元精神损害赔偿;

第三,判令被告给付原告物品损失价值 470 元;

第四,本案诉讼费用由被告承担。

由于原告是按违约提起诉讼的,而不是按侵权责任提起的诉讼,按国家现行法律和司法解释规定,只有当按侵权责任提起诉讼时才考虑精神损害赔偿,而按违约责任提出诉讼请求时,精神损失赔偿是不予考虑的。因此,法院最后的判决是:"依照《中华人民共和国合同法》第 107 条、122 条判决:婚庆公司只退还违约费用,车辆服务费人民币 2800 元,而对于杜某所要求的身体、财产、精神等损失的赔偿法院则不予支持。"①

另外,案件审判或审理的任务是查明事实、适用法律,因此,当事人的叙述内容必须围绕案件事实展开。在法理上也有在辩论时"辩明即止"的规定,都是要求人们在庭审的过程中要节约时间,讲究效率。如:

审:原告还有没有补充的,本人?

原:我的本意是不想选择在这里,其实我们的婚姻曾经幸福过,由于被告的地位和钱财的增多,她的(1's)哼~良心也起了变化。▲

审:▼好,原告~你所陈述的事实要与本案案件有关的,好吧?

上例是一个"股权转让效力纠纷案",原告尤某,被告是他的妻子王某。王某在他不知情的情况下把股权转让给她的父亲,之后向尤某提出了离婚。法院传票对尤某来说简直是个晴天霹雳,律师帮他去查验财产时发现他的全部财产都被转移走了。因此,他在法庭上的这些

---

① 余素青:《法庭言语研究》,北京大学出版社 2010 年版,第 178 页。

叙述可谓情有可原,但是因为他所叙述的是他的主观感受,而非"股权转让"的相关事实,偏离了庭审的主题,最后被法官打断。

8.7 语言的精简性

法律语言的精简性指的是人们在法律领域对语言的使用要追求准确和简洁,法庭审判是司法的一个重要环节,因此,在法庭上构建事实的叙述中对语言的使用也要遵循这一原则。

首先,就准确性而言,一是要避免语义的歧义,二是要符合法律规范。法庭审判是法官代表国家机关在行使审判权,因此法庭言语的基调必须是严肃性的,人们在使用语言时也要尽量做到正式和规范。法庭言语还具有法律职业性特征。法庭上的法律专业人员主要是法官、公诉人和律师等,在庭审中,要对非法律专业人员的话语进行转换,使法庭话语具有法律专业特征。这种转换表现在词汇上,一是大量使用法律术语,二是使用一些书卷体词汇。

其次,就简洁性来说,就是简练概括要表述的事实内容,这样可以要点明确,更好地发挥其认知功能,强化听众对该事件事实的认可程度。如果叙述得过于庞杂冗长,会使得一些关键性的内容被分散,主题不突出。

请看下例中法官的指令和原告代理人的诉讼请求:

审:现在开庭!下面进行法庭事实调查。首先由原告提出<u>诉讼请求</u>及事实与理由。

原代:诉讼请求:第一,请求<u>判令</u>被告恢复<u>原告名誉</u>,公开书面赔礼道歉,消除影响,并赔偿原告经济损失 231 元;第二,判令被告赔偿原告<u>精神损害抚慰金</u> 5000 元;第三,本案诉讼费由被告负担。

事实与理由:2004 年 5 月 13 日原告上夜班,由于公司不供应夜宵,5 月 14 日清晨 2 时许,原告在公司附近的餐厅用完夜宵后回公司,途经位于某路被告所属的某路分店与原告的单位<u>夹墙处</u>,被身后赶上来的<u>两名男子</u>当做盗窃犯拦下。这两名男子后经民警证实为被告所属某路分店的保安。其中一名赤膊穿短裤的保安,手持警棍,强令原告蹲下,然后该两名保安动手将原告强行拖到某路分店店内。原告不从,其就用脚猛踢原告。原告被拖到店内以后,两名保安即锁上大门,又强令原告双手抱头,蹲在地上,接受询问。其他过路的同事<u>见状</u>,即进行交涉,<u>未果</u>。同事随后打电话报警。幸亏民警及时赶到,制止了被告工作人员的不法行为。本案事实与行为已经使原告的人身受到侮辱,名誉受到侵害,并造成原告身体上的伤害和精神上的侵害。为了维护原告的<u>合法权益</u>不受侵犯,根据中华人民共和国有关法律规定,向法院起诉。请查明事实,<u>依法裁判</u>。完了。

起诉书和判决书等司法文书中的叙述要准确和简洁,法庭论辩时也一样,虽然对双方争议较大的内容可能双方都会据理力争,但法理上也有"辩明即止"的规定。

第 9 章
判决书的叙事分析

判决书的叙事是庭审叙事的最重要部分,可以说,前面的举证质证和法庭辩论等环节的最终任务就是最后形成判决。因为判决书的受众除了法庭言语中的言语角色之外,还有一般的受众,所以判决书的叙事有别于庭审中前几个阶段的叙事,也有别于其他法律文书的叙事。

9.1 判决书中的事实及其叙事限制

9.1.1 判决书中的事实

《刑法》第 61 条规定:"对于犯罪分子决定刑罚的时候,应当根据犯罪的事实、犯罪的性质、情节和对于社会的危害程度,依照本法的有关规定判处。"因此,可以说法院裁决的基础除了法庭上认定的法律事实之外,在具体量刑时还要考虑犯罪的性质、情节和对于社会的危害程度,甚至还有"犯罪后"对被害人的悔罪表现如给予被害人经济补偿等,以及被告人在庭审中的表现等,如"对池某在法庭上不如实供述自己的犯罪事实,且认罪态度不好,应酌情从重处罚"。

郎松庆[①]认为,审判机关的刑事判决书是审判权运用的静态载体,

---

① 郎松庆:《浅析量刑建议制度存在问题及完善》,http://www.jcrb.com/procuratorate/theories/practice/201112/t20111231_783813.html,访问于 2012 年 3 月 26 日。

应切实反映审判阶段的诉讼过程,反映法官裁决的程序和刑罚裁判的论证轨迹,控辩双方就案件事实、证据及适用法律方面的意见是否被法院采纳均应通过判决书来反映。就此而言,控辩双方的量刑意见也属于判决书中应当包含的内容,从而体现量刑争辩情况及法官的采纳意见。

另外,如果只重定罪、轻量刑,显然无法完全实现刑事诉讼的公平与正义。当量刑出现问题时,往往会牵扯到定罪,同样,定罪的最终落脚点也是量刑,两者之间是密不可分的关系。量刑要做到公正与合理兼具。量刑公正,就是要对被告人做到重罪重判、轻罪轻判、罚当其罪,坚决反对重罪轻判、轻罪重判。量刑合理,就是要使量刑符合适用刑罚的目的和量刑的法定条件,畸轻畸重固然是量刑错误,偏轻偏重从本质上讲也是一种量刑"错误",因为量刑的偏差直接影响到罪刑均衡原则的实现。

9.1.2 判决书叙事的限制

判决书叙事的限制体现在相关法规中对判决书制作所作的叙事内容和要求的规定。如诉讼法中对判决书叙事内容的具体要求见于《最高人民法院关于加强人民法院审判公开工作的若干意见》(2007年6月4日)第25条规定:"人民法院裁判文书是人民法院公开审判活动、裁判理由、裁判依据和裁判结果的重要载体。裁判文书的制作应当符合最高人民法院颁布的裁判文书样式要求,包含裁判文书的必备要素,并按照繁简得当、易于理解的要求,清楚地反映裁判过程、事实、理由和裁判依据。"2012年修改的《民事诉讼法》第152条规定:"判决书应当写明判决结果和作出该判决的理由。判决书内容包括:(一)案由、诉讼请求、争议的事实和理由;(二)判决认定的事实和理由、适用的法律和理由;(三)判决结果和诉讼费用的负担;(四)上诉期间和上诉的法院。判决书由审判人员、书记员署名,加盖人民法院印章。"它是制作第一审民事判决书的法律依据。

根据最高人民法院审判委员会通过的《法院刑事诉讼文书样式》(样本)的规定,判决书的制作要求和内容有以下几方面:

1. 首部。首部包括人民法院名称、判决书类别、案号;公诉机关和公诉人、当事人、辩护人、诉讼代理人基本情况;案由和案件来源;开庭审理,审判组织的情况等。

2. 事实部分。事实是判决的基础,是判决理由和判决结果的根据。这部分包括四个方面的内容:人民检察院指控被告人犯罪的事实和证据;被告人的供述、辩护和辩护人的辩护意见;经法庭审理查明的事实和据以定案的证据。其中,对认定事实的证据必须做到:

(1) 依法公开审理的案件,除无需举证的事实外,证明案件事实的证据必须是指经过法庭公开举证、质证的,未经法庭公开举证、质证的不能认证;

(2) 要通过对证据的具体分析、认证来证明判决所确认的犯罪事实,防止并杜绝用"以上事实、证据充分,被告人也供认不讳,足以认定"等抽象、笼统的说法或简单地罗列证据的方法来代替对证据的具体分析、认证,法官认证和采证的过程应当在判决书中充分体现出来;

(3) 证据的叙写要尽可能明确、具体。此外,<u>叙述证据时,还应当注意保守国家秘密,保护报案人、控告人、举报人、被害人、证人的安全和名誉</u>。

3. 理由部分。理由是判决的灵魂,是将事实和判决结果有机联系在一起的纽带,是判决书说服力的基础。其核心内容是针对具体案件的特点,运用法律规定、犯罪构成和刑事诉讼理论,阐明控方的指控是否成立,被告人的行为是否构成犯罪,犯什么罪,情节轻重与否,依法应当如何处理,书写判决理由时应注意:

(1) 理由的论述要结合具体案情有针对性和个性,说理力求透彻,使理由具有较强的思想性和说服力。切忌说空话、套话。

(2) 罪名确定准确。一人犯数罪的,一般先定重罪,后定轻罪,共同犯罪案件应在分清各被告人在共同犯罪中的地位、作用和刑事责任的前提下,依次确定首要分子、主犯、从犯或者胁从犯、教唆犯的罪名。

（3）被告人具有从轻、减轻、免除处罚或从重处罚情节的，应当分别或者综合予以认定。

（4）对控辩双方适用法律方面的意见应当有分析地表明是否予以采纳，并阐明理由。

（5）法律条文（包括司法解释）的引用要完整、准确、具体。

4. 结果部分。判决结果是依照有关法律的具体规定，对被告人作出的定性处理的结论。

5. 尾部。这部分写明被告人享有上诉权利、上诉期限、上诉法院、上诉方式和途径等。①

首先，在上述《法院刑事诉讼文书样式》（样本）的规定中，除了对判决书的内容和要求作了具体限定之外，还就一些特殊情况作了要求，如"叙述证据时，还应当注意保守国家秘密，保护报案人、控告人、举报人、被害人、证人的安全和名誉"。

其次，根据对事实部分的要求，"事实是判决的基础，是判决理由和判决结果的根据。这部分包括四个方面的内容：人民检察院指控被告人犯罪的事实和证据；被告人的供述、辩护和辩护人的辩护意见；经法庭审理查明的事实和据以定案的证据"，我们认为判决书中对事实的叙事有这两个特征：

一是叙事的概括性。在刑事案件的审判过程中，公诉人的举证、辩护人的质证、被告人的供述以及最后陈述等环节非常耗时，因此在判决书中不可能面面俱到地叙述每个细节和内容，而只能是对事实的一个概述。

二是叙事的裁剪性。判决书中的事实并非自然生产的，而是在审判程序中，经由法官、律师、证人以及原告/公诉人、被告/被告人之间的相互作用和情境界定来确定的，是法律事实。这是因为案件事实所描述的只是事实命题，如果不对它进行法律的价值判断，就无法同法律推理的大前提发生联系，也无法将之归类于某一具体的法律规范之

---

① 《〈第一审程序〉（5）——判决、裁定和决定（一）》，http://blog.renren.com/share/259411146/2773187896，访问于2012年4月2日。

下。对案件事实进行叙事裁剪的过程就是将案件事实进行价值判断,将案件事实问题转化为法律问题。法庭上任何事实的提出都是以目的为导向的行为,所提出的事实也就不可能是纯粹的事实,而只是被当事人"截取"用来作为其论证手段的"有关事实"。目的导向不仅仅是当事人的行为。法官的任务即在于通过裁判来公正地解决纠纷,当法官决定是否采信某一事实时,所考虑的问题就必然是"该事实能否作为自己判决正当化的依据"。正如拉伦茨所指出的那样,事实问题及法律问题以不可分解的方式纠结缠绕在一起:法官最后如何判断个别事件,在很大程度上取决于判断时他考虑了哪些情境,以及他曾经尝试澄清哪些情况;选择应予考量的情事,则又取决于判断时其赋予各该情事的重要性。①

法官作为裁判的中间人,他/她在判决书中对事实部分的两方面的叙述也是有选择地裁剪的,如:

> 因为被告人池某故意非法剥夺他人生命,致人死亡,其行为已经构成故意杀人罪。<u>公诉机关的指控成立。本院予以支持。对被告人的意见本院不予采纳。</u>辩护人认为被告人实施的犯罪行为较轻的辩护意见,<u>本院认为</u>被告人受封建思想的影响,为再生男婴故意使刚出生的女婴窒息死亡,认为情节较轻,<u>对此意见本院予以采纳</u>。

9.2 判决书叙事的可接受性

"接受"的一般含义包括肯定、认同、服从等因素,而"可接受性(acceptability)"则主要是衡量某一对象是否以及在多大程度上可以获得肯定和认同等。

从科学哲学角度看,"逼近性"或者"趋真性"(渐进的真理观)是可接受性的预设基础。"在评价假设的所谓科学上的可接受性或可信

---

① 张纯辉:《司法判决书可接受性的修辞研究》,上海外国语大学 2010 年博士论文,第 44—45 页。

性时,需要考虑的最重要因素中当然有:所取得的相关证据的广泛程度、证据的性质以及这些证据给予假设的支持所达到的强度。"① 科学认识之所以具有可接受性,从根本上说,就是因为它在一定程度上反映了客体不以人的意志为转移的客观规律,具有客观真理性。但是,科学认识成果的这种"求真性"并不是赤裸裸地显露出来的,它往往要经过极其复杂的实践检验过程,才能最后被证实。同时,科学认识成果内容的客观性又必然通过科学语言,采用一定的逻辑结构表现出来,这种科学成果表现形式的主观性又给它的可接受性带来了复杂性。因此,科学认识的可接受性就成为科学哲学中一个重要的研究课题。一个科学认识成果是否具有可接受性及可接受性的大小,往往是多种因素综合作用的结果,包括经验因素、功能因素(解释力、预见力)、结构因素(包括逻辑的严谨性和逻辑的简单性)、背景因素和表述因素等。② 可接受性的主要特征是逼近性、渐进性和折中性。

从语言学的角度看,可接受性的理论是从修辞学中发生和成长的。修辞可以被纳入语言学范畴,它强调修辞文本的建构应遵守"适切性"和"有效性"的基本原则。所谓适切性原则,就是修辞者所建构的修辞文本要对修辞接受者有较强的针对性,即与修辞接受者所能接受或理解的知识层面、心理状态、情感情绪等方面的情况大致相符合。它要求修辞文本具有一定的艺术性。所谓有效性原则,就是修辞者所建构的修辞文本要使修辞接受者能够理解且乐于接受。它要求修辞文本具有可解读性。③

亚里士多德关于推论的三分法是证明(demenstration)、论辩(dialectic)和修辞(rhetoric)。他认为,证明式推论强调"必然地得出",论辩式推论和修辞式推论强调"有条件地成立"。论辩式推论与修辞式推论的区别在于:修辞是立论和修饰辞句的叙述方式和艺术,其目的是从类行为范围内的或然事出发,给出具有特殊意义的结论,即一

---

① 〔美〕亨佩尔:《自然科学的哲学》,陈维抗译,上海科学技术出版社1986年版,第36页。
② 官鸣:《论科学认识的可接受性》,载《厦门大学学报(哲社版)》1993年第2期。
③ 孙光宁:《可接受性:法律方法的一个分析视角》,山东大学2010年博士论文,第3—9页。

种"独白"的艺术;论辩的题目则是从一般人的"意见"出发,通过相互问答方式对尚无定论的问题寻找具有普遍意义的答案,即一种"对话"的艺术。① 同样,在司法裁决的证立理论(厉尽国②认为,证立 justify 与论证 argumentation 略有区别,即证立是为一个司法裁决说明理由的言语行为,它旨在为特殊结论提供正当化依据;论证则指向一个作为正当性理由的可争论的普遍性陈述,因而包含着对话、商谈或论辩的意义。尽管对论证是否一定包含普遍性陈述存在争议,但多数学者还是赞成包含的观点)中存在三条相互区别的研究路径,即逻辑、修辞与对话。③ 由此可以设想,司法裁决证立的基本方法亦可大致归为三类,即法律逻辑、法律修辞与法律论证。④ 下面,我们就从法律的逻辑、论证和修辞三个方面来探讨判决书中叙事的可接受问题。

9.2.1 叙事内容的逻辑可接受性

法院的司法审判以三段论思维模式为主导,法官是按照三段论的逻辑过程进行推理和判案的。先从案件事实中提炼出法律事实作为小前提;然后寻找应该适用的法律规范作为大前提;最后在大小前提的基础上按照推理规则进行推理得出结论。如果在这三部分中,即大前提、小前提、结论中少了任何一部分,都不叫判决。因此,判决书的叙事可接受性包括三个方面:① 对裁判事实叙述的可接受性,即受众对裁判事实是否认同;② 对裁判理由叙述的可接受性,即受众对裁判理由是否认同;③ 对裁判结果叙述的可接受性,即受众对裁判结果是否认同。

违反判决书中叙事的逻辑性的一个典型案例就是南京"彭宇案"的一审判决。就"原告与被告是否相撞"的裁判事实的叙述而言,判决书中概述了原告的"案件事实"的故事版本:

---

① 〔古希腊〕亚里士多德:《修辞学》,罗念生译,三联书店 1991 年版,第 21—22 页。
② 厉尽国:《司法裁决证立过程中的法律修辞——以"李庄案"判决书为素材》,载《北方法学》2011 年第 5 期。
③ 〔荷〕伊芙琳·菲特丽丝:《法律论证原理——司法裁决之证立理论概览》,张其山等译,商务印书馆 2005 年版,第 12—17 页。
④ TOULMIN, STEPHEN. The Use of Argument[M]. Cambridge University Press, 1958:9.

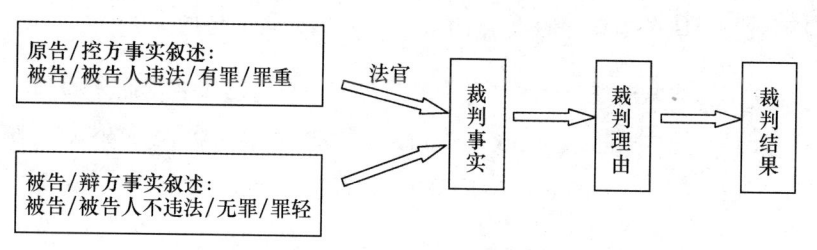

```
┌─────────────────────┐
│ 原告/控方事实叙述：    │
│ 被告/被告人违法/有罪/罪重│──→ 法官 ─→ ┌──────┐   ┌──────┐   ┌──────┐
└─────────────────────┘            │裁判  │──→│裁判  │──→│裁判  │
┌─────────────────────┐            │事实  │   │理由  │   │结果  │
│ 被告/辩方事实叙述：    │──→       └──────┘   └──────┘   └──────┘
│ 被告/被告人不违法/无罪/│
│ 罪轻                 │
└─────────────────────┘
```

　　裁判事实：包括案件的法律事实、情节、案发后的悔罪赔偿情况和庭审的第一性事实等。
　　裁判理由：包括相关法律框架、证据规则和庭审程序规则等。
　　裁判结果：依照有关法律的具体规定，对被告人作出的定性处理的结论。

图 9-1　庭审叙事以及法官裁判的过程图示

　　原告徐 XX 诉称,2006 年 11 月 20 日上午,原告在本市水西门公交车站等 83 路车。大约九点半左右,两辆 83 路公交车进站,原告准备乘坐后面的 83 路公交车,在行至前一辆公交车后门时,被从车内冲下的被告撞倒,导致原告左股骨颈骨折,住院手术治疗。因原、被告未能在公交治安分局城中派出所达成调解协议,故原告诉至法院,请求判令被告赔偿原告医疗费 40460.7 元、护理费 4497 元（住院期间护理费 897 元、出院后护理费 3600 元）、营养费 3000 元、伙食费 346 元、住院期间伙食补助费 630 元、残疾赔偿金 71985.6 元、精神损害抚慰金 15000 元、鉴定费 500 元,共计人民币 136419.3 元,并由被告承担本案诉讼费。

　　下面是判决书中概述的被告的"案件事实"的故事版本：

　　被告彭宇辩称,被告当时是第一个下车的,在下车前,车内有人从后面碰了被告,但下车后原、被告之间没有碰撞。被告发现原告摔倒后做好事对其进行帮扶,而非被告将其撞伤。原告没有充分的证据证明被告存在侵权行为,被告客观上也没有侵犯原告的人身权利,不应当承担侵权赔偿责任。如果由于做好事而承担赔偿责任,则不利于弘扬社会正气。原告的诉讼请求没有法律及事实依据,请求法院依法予以驳回。

　　可见,原告与被告对"原告与被告是否相撞"的事实的叙述完全相反。那么,法院对此争议焦点的事实的叙述又是怎样的呢?

经审理查明,2006年11月20日上午,原告在本市水西门公交车站等候83路车,大约九时三十分左右有两辆83路公交车同时进站。原告准备乘坐后面的83路公交车,在行至前一辆公交车后门时,被告第一个从公交车后门下车,原告摔倒致伤,被告发现后将原告扶至旁边,在原告的亲属到来后,被告便与原告亲属等人将原告送往医院治疗,原告后被诊断为左股骨颈骨折并住院治疗,施行髋关节置换术,产生了医疗费、护理费、营养费等损失。

事故发生后,南京市公安局公共交通治安分局城中派出所接到报警后,依法对该起事故进行了处理并制作了讯问笔录。案件诉至本院后,该起事故的承办民警到法院对事件的主要经过作了陈述并制作了谈话笔录,谈话的主要内容为:原、被告之间发生了碰撞。原告对该份谈话笔录不持异议。被告认为谈话笔录是处理事故的民警对原、被告在事发当天和第二天所做询问笔录的转述,未与讯问笔录核对,真实性无法确定,不能作为本案认定事实的依据。

案件审理期间,处理事故的城中派出所提交了当时对被告所做讯问笔录的电子文档及其誊写材料,电子文档的属性显示其制作时间为2006年11月21日,即事发后第二天。讯问笔录电子文档的主要内容为:彭宇称其没有撞到徐XX;但其本人被徐XX撞到了。原告对讯问笔录的电子文档和誊写材料不持异议,认为其内容明确了原、被告相撞的事实。被告对此不予认可,认为讯问笔录的电子文档和誊写材料是复制品,没有原件可供核对,无法确定真实性,且很多内容都不是被告所言;本案是民事案件,公安机关没有权力搜集证据,该电子文档和誊写材料不能作为本案认定事实的依据。

被告申请证人陈XX出庭作证,证人陈XX证言主要内容:2006年11月20日其在21路公交车水西门车站等车,当时原告在其旁边等车,不久来了两辆车,原告想乘后面那辆车,从其面前跑过去,原告当时手上拿了包和保温瓶;后来其看到原告倒在地上,被告去扶原告,其也跑过去帮忙;但<u>其当时没有看到原告倒地的那一瞬间,也没有看到原告摔倒的过程,其看到的时候原告已经倒在地上,被告已经在扶原告</u>;当天下午,根据派出所通知其到派出所去做了笔录,是一个姓沈的民警接待的。对于证人证言,原告持有异议,并表示事发当时是有第三人在场,但不是被告申请的出庭证人。被告认可证人的证言,认为证人证言应作为本案认定事实的依据。

另查明,在事发当天,被告曾给付原告二百多元钱,且此后一直未要求原告返还。关于被告给付原告钱款的原因,双方陈述不一:原告认为是先行垫付的<u>赔偿款</u>,被告认为是借款。

<u>审理中,对事故责任及原、被告是否发生碰撞的问题,双方也存在意见分歧。原告认为其是和第一个下车的被告碰撞倒地受伤</u>;被告认为其没有和原告<u>发生碰撞</u>,其搀扶原告是做好事。

因原、被告未能就赔偿问题达成协议,原告遂诉至法院,要求被告赔偿原告医疗费、护理费、营养费、住院伙食补助费等损失,并承担本案诉讼费用。

审理中,原告申请对其伤情的伤残等级进行司法鉴定,本院依法委托南京鑫盾司法鉴定所进行鉴定,鉴定结论为:被鉴定人徐XX损伤构成八级伤残。

因双方意见不一,致本案调解无效。

上述事实,有双方当事人陈述;原告提供的住院记录、医疗费票据;被告申请的证人陈XX的当庭证言;城中派出所提交的对原告的询问笔录、对被告讯问笔录的电子文档及其誊写材料;本院委托鉴定的鉴定报告、本院谈话笔录以及本院开庭笔录等证据证实。

上述判决书中"经审理查明"的事实中,对"原告与被告是否相撞"的事实没有明确,处于真伪不明状态。针对关键证据,如电子文档和誊写材料的可靠性、真实性、合法性等,法院都没有审查。那么,法官又是怎么认定法律事实的呢?

|本院认定|原告系与被告相撞后受伤,<u>理由如下</u>:

1. 根据日常生活经验分析,原告倒地的原因除了被他人的外力因素撞倒之外,还有绊倒或滑倒等自身原因情形,但双方在庭审中均未陈述存在原告绊倒或滑倒等事实,被告也未对此提供反证证明,故根据本案现有证据,应着重分析原告被撞倒之外力情形。人被外力撞倒后,一般首先会确定外力来源、辨认相撞之人,如果相撞之人逃逸,作为被撞倒之人的第一反应是呼救并请人帮忙阻止。本案事发地点在人员较多的公交车站,是公共场所,事发时间在视线较好的上午,事故发生的过程非常短促,故撞倒原告的人不可能轻易逃逸。根据被告自认,其是第一个下车之人,从常理分析,其与原告相撞的可能性较大。

如果被告是见义勇为做好事,更符合实际的做法应是抓住撞倒原告的人,而不仅仅是好心相扶;如果被告是做好事,根据社会情理,在原告的家人到达后,其完全可以在言明事实经过并让原告的家人将原告送往医院,然后自行离开,但被告未作此等选择,其行为显然与情理相悖。

城中派出所对有关当事人进行讯问、调查,是处理治安纠纷的基本方法,其在本案中提交的有关证据能够相互印证并形成证据锁链,应予采信。被告虽对此持有异议,但并未提供相反的证据,对其抗辩本院不予采纳。根据城中派出所对原告的询问笔录、对被告讯问笔录的电子文档及其誊写材料等相关证据,被告当时并不否认与原告发生相撞,只不过被告认为是原告撞了被告。综合该证据内容并结合前述分析,可以认定原告是被撞倒后受伤,且系与被告相撞后受伤。

2. 被告申请的证人陈XX的当庭证言,并不能证明原告倒地的原因,当然也不能排除原告和被告相撞的可能性。因证人未能当庭提供身份证等证件证明其身份,本院未能当庭核实其真实身份,导致原告当庭认为当时在场的第三人不是出庭的证人。证人庭后第二天提交了身份证以证明其证人的真实身份,本院对证人的身份予以确认,对原告当庭认为当时在场的第三人不是出庭的证人的意见不予采纳。证人陈XX当庭陈述其本人当时没有看到原告摔倒的过程,其看到的只是原告已经倒地后的情形,所以其不能证明原告当时倒地的具体原因,当然也就不能排除在该过程中原、被告相撞的可能性。

3. 从现有证据看,被告在本院庭审前及第一次庭审中均未提及其是见义勇为的情节,而是在二次庭审时方才陈述。如果真是见义勇为,在争议期间不可能不首先作为抗辩理由,陈述的时机不能令人信服。因此,对其自称是见义勇为的主张不予采信。

4. 被告在事发当天给付原告两百多元钱款且一直未要求原告返还。原、被告一致认可上述给付钱款的事实,但关于给付原因陈述不一:原告认为是先行垫付的赔偿款,被告认为是借款。<u>根据日常生活经验,原、被告素不认识,一般不会贸然借款,即便如被告所称为借款,在有承担事故责任之虞时,也应请公交站台上无利害关系的其他人证明,或者向原告亲属说明情况后索取借条(或说明)等书面材料</u>。但是被告在本案中并未存在上述情况,而且在原告家属陪同前往医院的情况下,由其借款给原告的可能性不大;<u>而如果撞伤他人,则最符合情理的做法是先行垫付款项</u>。被告证人证明原、被告双方到派出所处理本次事故,从该事实也可以推定出原告当时即以为是被被告撞倒而非被他人撞倒,在此情况下被告予以借款更不可能。综合以上事实及分析,可以认定该款并非借款,而应为赔偿款。

判决书的该部分对事实认定的推理中,存在许多逻辑谬误,如"原告倒地的原因除了被他人的外力因素撞倒之外,还有绊倒或滑倒等自身原因情形,但双方在庭审中均未陈述存在原告绊倒或滑倒等事实,被告也未对此提供反证证明,故根据本案现有证据,应着重分析原告被撞倒之外力情形"。那么得出这样的论断是否站得住脚——人倒地的原因除了绊倒或滑倒等自身原因情形外,就是被人撞倒?如果成立,那么,被风吹倒、被广告牌砸倒又该属于什么情形呢?再看"被告申请的证人陈XX的当庭证言,并不能证明原告倒地的原因,当然也不能排除原告和被告相撞的可能性",法官又是怎么认定"被告撞倒原告"的可能性呢?最后,法官指出:"根据日常生活经验,原、被告素不认识,一般不会贸然借款,即便如被告所称为借款,在有承担事故责任之虞时,也应请公交站台上无利害关系的其他人证明,或者向原告亲属说明情况后索取借条(或说明)等书面材料。""而如果撞伤他人,则最符合情理的做法是先行垫付款项。"被告借钱给原告的地点是医院,当时谁也不知道原告骨折了,如果被告已经知道原告认为是被自己撞伤的,他也许不会借钱给原告了。法官将被告不知道原告骨折也不知道自己被认为是撞倒原告的人时的行为当做被告已经知道原告骨折并且自己已经认为是撞倒原告之人时的行为,由此推断该款项"并非借款,而应为赔偿款",这种推论是荒谬绝伦的。① 因为以上针对法律事实的叙述中的种种逻辑谬误,该判决书引起舆论的哗然是必然的。

9.2.2　叙事说理的论证可接受性

关于判决书的论证可接受性问题,我们还是看南京"彭宇案"一审判决中针对被告应否承担原告损失的这一争议焦点,法官的论证如下:

三、被告应否承担原告损失。

根据前述分析,原告系在与被告相撞后受伤且产生了损失,原、被告对于该损失应否承担责任,应根据侵权法诸原则确定。

本案中,原告赶车到达前一辆公交车后门时和刚从该车第一个下车的被告瞬间相撞,发生事故。原告在乘车过程中无法预见将与被告相撞;同时,被告在下车过程中因为视野受到限制,无法准确判断车后门左右的情况,<u>故对本次事故双方均不具有过错</u>。因此,<u>本案应根据公平责任合理分担损失</u>。公平责任是指在当事人双方对损害均无过错,但是按照法律的规定又不能适用无过错责任的情况下,根据公平的观念,在考虑受害人的损害、双方当事人的财产状况及其他相关情况的基础上,判令加害人对受害人的

---

① 张继成:《小案件 大影响——对南京"彭宇案"一审判决的法逻辑分析》,载《中国政法大学学报》2008年第2期。

财产损失予以补偿,由当事人合理地分担损失。根据本案案情,本院酌定被告补偿原告损失的40%较为适宜。

关于原告主张的精神损害抚慰金问题。本次事故虽给原告的精神上造成了较大痛苦,因双方均无过错,故原告要求赔偿精神损害抚慰金15000元的诉讼请求于法无据,本院不予支持。

综上,为维护当事人的合法权利,依据《中华人民共和国民法通则》第98条、第119条、最高人民法院《关于审理人身损害赔偿案件适用法律若干问题的解释》第17条之规定,判决如下:

被告彭宇于本判决生效之日起十日内一次性给付原告徐XX人民币45876.36元。

被告彭宇如果未按本判决指定的期间履行给付金钱义务,应当按照《中华人民共和国民事诉讼法》第232条之规定,加倍支付迟延履行期间的债务利息。

本案受理费890元、其他诉讼费980元,合计1870元由原告徐XX负担1170、彭宇负担700,原告已预交,故由被告在履行时一并将该款给付原告。

如不服本判决,可在判决书送达之日起十五日内,向本院递交上诉状,并按对方当事人的人数提出副本,上诉于江苏省南京市中级人民法院。

从该部分内容可见,法官认定被告在相撞事件中不存在过错的理由是充分的:"被告在下车过程中因为视野受到限制,无法准确判断车后门左右的情况,故对本次事故双方均不具有过错。"即使电子文档和誊写材料说的是真实的,被告被后面的人撞了一下,是冲着下车的,被告也不存在过错。因为被告无法控制后面撞他的人,但法官认为原告不存在过错是没有根据的,因为原告作为一个65岁的成年人,应该预见到,她手里拎着保温瓶和包,如果自己跑着过去,就可能与下车的人相撞而来不及躲闪;即使要跑着过去,也应当离车门远一些,这样与从车上下来的人相撞的可能也就不大了。根据证人证言可知,原告是拎着保温瓶和包从第一辆车跑着赶向第二辆车的。原告也没有提供证据证明自己的跑动离车门较远,可以避免与他人相撞,因此,即使像原告所说的,自己是被被告撞倒在地的,原告也存在着"疏忽大意的过错"。

再看判决书中法律适用的"公平责任"原则,只有当认定的案件事实真实、清楚,并且符合公平责任原则的法律构成要件的时候,法律的公平价值才能得以体现;相反,如果案件事实是虚假的或者处于真伪不明状态的时候,案件事实与法律规范产生严重背离(不相符合),援引公平责任原则作为得出判决结论的法律依据必然导致事实上判决结论并不公平的公平悖论。司法判决一旦出现公平悖论,法律的权威就被这个司法判决葬送无遗,其结果必然引起社会公众的不满、批判与唾弃。①

从以上分析可以看出,该判决之所以会引起公众很大的反响,以至于后来被认为是引起诸如"小悦悦"事件等社会"道德滑坡"问题的最主要案例,在于它对裁判事实的叙事缺乏明确性、叙事中说明部分的论证理由的反逻辑性,以及在裁判时法律适用上的不合理性,所有这些因素导致了该判决书的不可接受性。

9.2.3 叙事表述的修辞可接受性

修辞的概念有广义和狭义之分,如洪浩、陈虎②在《论判决的修辞》一文中认为,狭义的修辞是指一种语言现象,是对语言的加工活动,具体到本文所要言及的判决的修辞则是指根据判决的需要,选择、配置最佳语言形式,提高表达准确性,并借以增加表达效果、增强说服力的一种活动;而广义的修辞则还包括逻辑推理以及判决形成过程中所有用以增强说服力的手段,而不仅仅是文本上的修辞手法。修辞并不是空洞的辞藻和堂皇的外衣,而是让枯燥的法律成为更容易吞食的"胶囊"或"糖衣",如果把司法判决表述为法律产品的生产,则判决的修辞就是法律产品的促销手段,只有经过修辞的判决才能为公众更好的接受。我们在这一部分的论述,使用的是修辞的狭义概念。

---

① 张继成:《小案件 大影响——对南京"彭宇案"一审判决的法逻辑分析》,载《中国政法大学学报》2008年第2期。

② 洪浩、陈虎:《论判决的修辞》,载《北大法律评论》2003年第2期。

从叙事的文字表述看,判决书的叙事言语的可接受性主要表现在以下几个方面:

9.2.3.1 文体庄重

从言语功能说,法庭言语是一个法官代表国家机关实行审判权的以言行事的过程,法庭言语属于制度性言语,这是和法庭的物理场景的严肃性和法官话语基调的严肃性相一致的。"严肃性话语基调冷漠,客观地陈述事实,不表明主观评价和意向,话语正规,字斟句酌,显得公事公办。"① 话语基调反映言语角色之间的关系。我们认为,法官与其他言语角色保持距离的目的是显示客观性,比如称呼就是一个具体体现。司法体系的运作,在使用权势时,追求的是公事公办,原则上判决是不受当事人的性格或个人感情影响的。人们经常把法律比做是一台机器,或者一个不具实体的体系。这意味着法庭上的人只用他们在法庭上的角色来被指称,如当证人举证结束时,法官说"证人可以退席"等。

作为法庭审判活动的结果,当庭宣读的判决书也是法庭言语的一部分,因此其言语基调也是严肃性的,这反映在表述上,它排斥夸饰、华丽的辞藻,拒绝文学描绘手法;它还大量使用法律专业术语等。这些特征体现了判决书的庄重文体。

值得一提的是,判决书的庄重文体也是通过修辞来达到的,如严肃性话语基调的"客观地陈述事实"、"话语正规"、"字斟句酌"等特点都要求判决书的制作在词法上要选用中性词、法律术语,用词要准确等;在句法和章法上要通顺、简洁等。

9.2.3.2 简练概括

《文心雕龙·书记》中说,法律语言"贵乎精要,意少一字则义缺,句长一言则辞妨"。判决书的表述更是如此。简练的概括性表述能使受众更容易把握话语要旨,强化对事实的认知。相反,冗长的叙述会淹没话语重点和主题。当然,简和繁的标准还在于表述的"适切性",这也是修辞的一个重要标准之一。偏离了这一标准,一切都无从谈起。

---

① 王德春、陈瑞端:《语体学》,广西教育出版社 2000 年版,第 26 页。

9.2.3.3 模糊表述

一般而言,法律语言追求的是准确性。但在现实中,模糊语的使用相当普遍。这一方面是因为客观上,有限的法律规范不可能穷尽纷繁复杂的社会现象与关系,在立法过程中往往难以准确无误地对所有社会行为一一界定。在这种情况下,立法者不可避免地要运用模糊的表达方式,力图使立法留有余地,以此来包容难以准确、及时界定的事物与行为,从而使法律规范具备广泛的适应性。另一方面,是基于司法判决书为达到解决矛盾、调解纠纷、使其裁判获取认同的目的而采用的一种表达方式。① 请看下例:

审1:对被告人池某故意杀人、被告人陈某(池某丈夫)窝藏一案,本庭合议时充分考虑了公诉人、被告人及其辩护人的意见,进行了认真的评议并作出结论,现在宣判:

因为被告人池某故意非法剥夺他人生命,致人死亡,其行为已经构成故意杀人罪。公诉机关的指控成立。本院予以支持。对被告人的意见本院不予采纳。辩护人认为被告人实施的犯罪行为较轻的辩护意见,本院认为被告人受封建思想的影响,为再生男婴故意使刚出生的女婴窒息死亡,<u>认为情节较轻</u>,对此意见本院予以采纳。对池某在法庭上不如实供述自己的犯罪事实,<u>且认罪态度不好,应酌情从重处罚</u>。

被告人陈某明知被告人池某已犯罪,为其提供住处及财物,帮助其逃匿,其行为已构成窝藏罪,公诉机关的指控成立。本院也予以支持。因被告人陈某窝藏的对象属杀人犯,窝藏时间长达三年多,<u>应认定为情节严重</u>。

依照《中华人民共和国刑法》第45条、47条、61条、第72条第1款、第73条第2款、第3款之规定,判决如下:

1. 被告人池某犯故意杀人罪,<u>判处有期徒刑七年</u>;
2. 被告人陈某犯窝藏罪,<u>判处有期徒刑三年,缓刑四年</u>。

---

① 张纯辉:《司法判决书可接受性的修辞研究》,上海外国语大学2010年博士论文,第34页。

如不服本判决,可在接到判决书的第二日起十日内通过本院或石岩市中级人民法院提出上诉。把被告人池某、陈某带回长汀县看守所继续羁押。

现在闭庭!

该案件是一起杀婴案,具体的犯罪事实是:被告人池某已有一女,她于 2001 年 2 月 17 日凌晨在自己家中产下第二个女婴后,便用掐、打、摔等残忍手段欲将其杀死。后见婴儿没有了声音,以为已经死亡,遂将其抛弃在小河边的厕所里。得知婴儿被妻子杀死的陈某,指使其母亲谢某隐瞒事实,报告村干部婴儿生下来就是死的。有关工作人员赶到现场查看,意外发现婴儿尚未死亡。随即送到医院救治,后抢救无效死亡。陈某与池某感到事情将要败露,惶恐之下先后外逃。两人在江西石城县会合后,辗转江西、广东等地,四处逃匿,其间池某又生育一男一女两个孩子,直至将近四年之后,在 2004 年 11 月 13 日被公安机关抓获归案。

在庭审过程中,针对公诉人的指控,池某矢口否认曾"打、掐"过该女婴,而是"摸、拍、擦"她。上述是法院最后对她和她丈夫的判决,我们仔细研读一下,可以发现该判决书的叙述是"模糊"的。如"因为被告人池某故意非法剥夺他人生命,致人死亡,<u>其行为已经构成故意杀人罪</u>。公诉机关的指控成立。本院予以支持"。法院认定池某为"故意杀人罪"。但是,"辩护人认为被告人实施的犯罪行为较轻的辩护意见,本院认为被告人受封建思想的影响,为再生男婴故意使刚出生的女婴窒息死亡,<u>认为情节较轻</u>,对此意见本院予以采纳"。对于为什么辩护人认为被告人实施的犯罪行为较轻,"本院"也认为情节较轻,判决书中未予以说明,属于说理的模糊甚至是说理的缺失。另外,"对池某在法庭上不如实供述自己的犯罪事实,<u>且认罪态度不好,应酌情从重处罚</u>"。《刑法》第 232 条规定:"故意杀人的,处死刑、无期徒刑或者十年以上有期徒刑;情节较轻的,处三年以上十年以下有期徒刑。"那么,最后判决"被告人池某犯故意杀人罪,<u>判处有期徒刑七年</u>",到底是按情节较轻的情况判的,还是"酌情从重处罚"的结果,抑或情节较轻的判决结果上从重呢?该判决"酌"的又是什么"情"呢?我们不得而知。

对陈某的判决也是一样的模糊。例如,"被告人陈某明知被告人池某已犯罪,为其提供住处及财物,帮助其逃匿,其行为已构成窝藏罪,公诉机关的指控成立。本院也予以支持。因被告人陈某窝藏的对象属杀人犯,窝藏时间长达三年多,<u>应认定为情节严重</u>"。《刑法》第310条规定:"明知是犯罪的人而为其提供隐藏处所、财物,帮助其逃匿或者作假证明包庇的,处三年以下有期徒刑、拘役或者管制;情节严重的,处三年以上十年以下有期徒刑。"从罪状表述看,窝藏罪的客观行为是"为其提供隐藏处所、财物,帮助其逃匿"。既然陈某的"窝藏罪"的"情节严重",最后的判决怎么又是"<u>判处有期徒刑三年,缓刑四年</u>"呢?

可见,除了逻辑的模糊之外,该判决中的"情节较轻"、"酌情从重处罚"和"情节严重"中的"轻"和"重"的词义也是模糊的。

从更深一个层次进行挖掘,可以发现该判决书中的模糊表述有其一定的社会文化因素,我们认为,法律作为由国家制定的社会规范,具有规范人们行为的功能,这种规范功能表现为:① 指引功能,即法律明确规定人们在一定条件下可以做什么、应当做什么或不应当做什么,从而指导人们做出自己的行为选择;② 评价功能,即法律作为一种行为标准和尺度,具有判断、衡量人们的行为的功能,从而达到指引人们的行为的效果;③ 教育功能,指通过法律的实施对一般人今后的行为所产生的影响,如对违法犯罪行为的制裁,也是对一般人的教育和警告;④ 强制功能,主要是制裁惩罚违法犯罪行为,以及预防违法犯罪行为等。既然池某的"杀婴"行为是"故意杀人罪",那么就应该受到制裁,对她的审判也具有教育和警告意义。但是,她"致使自己所生的婴儿死亡"与杀害其他成年人或者人家的婴儿相比属于社会危害性较轻,因此犯罪情节属于较轻?对其丈夫的判决也一样,陈某"窝藏的对象属杀人犯,窝藏时间长达三年多,应认定为情节严重"。但最后的判决结果并不是按"窝藏罪"的"情节严重"的标准判的,而是"判处有期徒刑三年,<u>缓刑四年</u>",是不是法官还考虑到两个被告人有三个幼子需要有人照顾?关于这两点,如果法官真是这样想的,却不能在判决书中予以说明,就只能"模糊"了之。

我们承认,模糊表述作为一种交际策略,能起到语用调和的作用,在判决书中运用这一策略,可以降低受众,特别是与其有直接关联的案件主体的负面反应,提高它的可接受性程度。但是,判决书的叙述过于模糊的话也可能使它成为司法腐败的温床,这也是我国判决书一直遭受诟病的一个主要原因,呼吁改革的呼声也很高。如胡敏敏[①]就认为,从总体上看,我国的判决书通常表现为没有过程的结果、没有论证的结论。[②] 所有的判决几乎是千篇一律的格式:先陈述案情,然后概括双方当事人及其代理人的主要意见,最后是认定的事实和适用的具体法律条文,作出如下判决等。对于判决结果的合法性、合理性不作任何解释和说明。法官对案件的理解与解释都深藏在心中,社会公众及当事人难以窥知,给人一种既程式化又强迫命令之感。[③] 首先,对于证据的表述仅仅是简单罗列证据,如"以上事实,有……证据为证",而不作具体的分析与论证,使人无法知道认定该证据的理由是什么。对案件事实的法律认定,也只是结论式的,缺乏理由的论证。其次,在援引法律条文时,仅仅写明援引名称、条款和内容,不去说明条文的含义,不去论证该条文为何以及如何适用于案件,对于案件事实与所援引的法律条文之间的内在联系缺乏解释与说明。再次,法官对其自由裁量的部分也不进行分析论证。判决中原本应当受到重视的论证部分被忽略掉了。有些判决书虽然意识到了论证的重要性,但是要么论证不完整,要么就像蜻蜓点水,一笔带过。一份好的判决,应当是严密论证、详尽说理的判决。如果判决缺乏合理论证,人们就看不到案件事实与判决结果之间的有机联系,看不到判决的形成过程,这样会削弱判决的说服力和法律的权威性。

---

① 胡敏敏:《判决中的法律论证》,载《河南省政法管理干部学院学报》2004 年第 4 期。
② 高升:《论判决书应详述判决理由》,载《当代法学》2002 年第 6 期。
③ 王洪坚:《琢就体现技术理性的司法语言》,载《人民法院报》2003 年 11 月 3 日。

9.3　判决书的叙事交流分析

在上文就"叙事交流"①所作阐述部分已经提到过,语言是人与人之间的交流系统。结构主义叙事学家同样认为叙事是一种交流行为,其根本目的是向读者传递故事及其意义。与日常语言交际一样,叙事交流同样涉及信息的传递与接受过程。理论家们通常用下列模型表示叙事交流过程:

说者——信息——听者

文本叙事的书写属性决定了叙事交流的"说者"和"听者"关系无法像日常语境中那样直接发生。因此,文本叙事交流的流程图式为:

作者——文本——读者

美国叙事学家查特曼在《故事与话语》中提出的叙事交流图式为:

叙事文体

真实作者----〔隐含作者——→(叙述者)——→(受述者)——→隐含读者〕----真实读者

这一流程图说明了文本叙事交流涉及的基本要素和模式,因而受到了广泛的使用。其中,真实作者和真实读者都被置于方框之外,表明二者不属于文本内部结构成分,而真实作者和真实读者与叙事文本之间的虚线则表明二者与叙事文本之间不存在直接关系,因而也不属于结构主支叙事交流分析的范围。

其中的"隐含作者"是布思在《小说修辞学》②中的一个重要概念,是以特定立场、方式或面貌来创作作品的人,即作者的第二自我,是以特定面貌写作的作者本人;"真实作者"则是没有进入创作过程的日常生活中的这个人,他虽然处于创作过程之外,但一个人的背景、经历等往往会影响一个人的创作。

---

①　申丹、王亚丽:《西方叙事学:经典与后经典》,北京大学出版社 2010 年版,第 70—81 页。

②　BOOTH, WAYNE C. The Rhetoric of Fiction[M]. Chicago: The University of Chicago Press, 1961: 71.

申丹对查特曼的叙事交流图作了修订,因为从编码来说,隐含作者是文本的创造者,处于文本之外;但从解码来说,隐含作者又是作品隐含的作者形象,因而处于文本之内。她还在隐含读者和真实读者之间采用了实线。

叙事文体

真实作者 ---▶ 隐含作者 ——▶（叙述者）——▶（受述者）——▶ 隐含读者 ——▶ 真实读者

她认为,所谓隐含读者,就是隐含作者心目中的理想读者,或者说是文本预设的读者这一跟隐含作者完全保持一致、完全能理解作品的理想化的阅读位置。可以说,隐含读者强调的是作者的创作目的和体现这种目的的文本规范。生活中的真实读者往往难以达到对隐含读者的要求,更何况每个人的不同经历和不同立场会阻碍真实读者进入文本预设的接受状态。但隐含读者只是文本预设的阅读位置,叙事交流的实际接受者就是真实读者。我们在阐释作品本身的意义时,可以把自己摆在隐含读者的位置上,批评家可以用"读者认为"暗指"隐含读者认为",但实际上我们只能尽可能地去接近文本预设的理想读者的位置,我们眼中的隐含读者很可能会与文本实际预设的隐含读者有各种距离。

叙述者是叙事信息的发出者,是叙述(故事)的人;相应的,受叙者是叙事信息的接受者,是接受叙述的人。

那么,作为文本的判决书的作者、读者、叙述者和受叙者等的关系又是如何的呢?如果我们把判决书作为一个独立的语言流传物(如同小说等叙事文本)的话,相应的,它的叙事交流图式应为:

判决书

真实作者 ---▶ 隐含作者 ——▶（叙述者）——▶（受述者）——▶ 隐含读者 ——▶ 真实读者

事实上应该是怎样的呢?我们且看下例:

审:提被告人高 XX 到庭。

(敲法槌)北京市顺义区人民法院刑事审判庭现在继续开庭。对被告人高 XX 编造虚假恐怖信息一案,<u>本庭在合议时充分考虑了公诉人以及被告人的意见,进行了认真的评议并作出结论</u>,现

在进行宣判:

　　书记员:全体起立!

　　审:(念)本院认为被告人高XX编造爆炸威胁恐怖信息,严重扰乱了社会秩序,已构成编造虚假恐怖信息罪,依法应予惩处。北京市顺义区人民检察院指控被告人高XX犯有编造虚假恐怖信息罪的事实清楚,证据确实充分,罪名成立。鉴于被告人高XX认罪态度较好,故酌情予以从轻判处。依照《中华人民共和国刑法修正案(三)》第8条,及《中华人民共和国刑法》第297条、第64条,判决如下:

　　被告人高XX犯编造虚假恐怖信息罪,判处有期徒刑2年零6个月,刑期从判决执行之日起计算,判决执行以前先行羁押的,羁押一日可抵刑期一日,即自2004年10月8日起至2007年4月7日止。

　　如不服从本判决,可在接到判决书的第二日起十日内,通过本院或直接向北京市中级人民法院提出上诉。

　　审判长:刘某,人民陪审员:赵某,人民陪审员:王某。2005年1月27日。书记员:王某。

　　被告人高XX是否听清?

　　被:听清。

　　审:是否上诉?

　　被:(沉默)

　　审:回答。

　　高:(4's)上诉。

　　审:现在退庭!把被告人高XX带出法庭,送回顺义区派出所继续羁押。

　　(敲锤)法庭审判结束。退庭!

　　从上例中,我们看到在庭审中判决书是由法官宣读的,因此它法律意义上的作者是法官,判决书上有法官的署名,如"审判长:刘某"。另外,如果案件发生错判,其责任人也主要是法官。但是,从"本庭在合议时充分考虑了公诉人以及被告人的意见,进行了认真的评议并作出结论,现在进行宣判"可以看出,宣读的内容是由合议庭讨论的结果,而不是法官的个人行为,哪怕法官对某些内容持反对意见,他/她也必须服从多数人的意见;同时,对法律事实的最后认定结果以及判决结果又是法院("<u>本院认为</u>")作出的,因为只有法院有裁判权,所以判决书的作者又应该是法院。

这样,法官和法院在判决书的作者身份问题上出现了既统一又矛盾的关系,相应的也产生了其作者和叙述者之间的复杂关系:从表面上看,判决书的作者是法官,在法庭上进行口头叙事的也是法官,但又必须是法院("<u>本院认为</u>")才有权力这么做,尽管它不具有实体功能。

判决书的受述者和读者身份同样复杂。首先,判决书要针对控辩双方的意见作出评判,如对该案中的控方意见是:"被告人高 XX 编造爆炸威胁恐怖信息,严重扰乱了社会秩序,已构成编造虚假恐怖信息罪,依法应予惩处。<u>北京市顺义区人民检察院指控被告人高 XX 犯有编造虚假恐怖信息罪的事实清楚,证据确实充分,罪名成立。</u>"对辩方的意见是:"<u>鉴于被告人高 XX 认罪态度较好,故酌情予以从轻判处。</u>"其次,最后的判决结果是对被告人作出的,所以法官最后问:"<u>被告人高 XX 是否听清?</u>"他是最直接的受述者。再次,从"<u>把被告人高 XX 带出法庭,送回顺义区派出所继续羁押</u>"这句话可知,法庭上的受述者还有法警。另外还有书记员和人民陪审员,如"人民陪审员:赵某,人民陪审员:王某""书记员:王某"等,或许还有旁听人员。以上所有这些受述者作为庭审的直接或间接参与者,是判决书的听众。只有在判决书送达之后,提起公诉的人民检察院和当事人才是真正意义上的读者。此外,检察院和公诉人之间也同样存在身份问题的缝隙。最后,根据《刑事诉讼法》第 163 条的规定:"宣告判决,一律公开进行",在法庭上宣读的判决书一般还要求被挂在公告栏进行公示,因此,公众也是它的受述者。

根据 J. L. Austin 的言语行为理论,每一个话语都有言内行为(locutionary act)X、言外行为(illoutionary act)Y 和言后行为(perlocutionary act)Z 三个方面:X(以言述事)意即 Y(以言行事),产生 Z(以言取效)。言内行为是发出词、短语、从句的动作,它是通过句法、词汇和音位学的方式来传达字面意义的行为。言外行为是表达言者意图的行为,是在说话的过程中执行的动作。言后行为是由说某事或因为说某事而执行的动作,它是由话语所引起的后果或变化,是由说某事而执行的动作。

比如,"It's cold here"这个句子的言内行为是言者用这句话表示某地很冷,言外行为(意图)是想让听者把窗户关上,言后行为是听者领会言者的意图后把窗户关上。庭审中法官宣布判决之后,每个受述者("真实读者")的言后行为各有不同:公诉人觉得达到公诉目的,被告人被判刑;辩护人也会觉得他/她的辩护起到了作用(被告人被"酌情予以从轻判处");被告人觉得判重了决定提起上诉;法警把被告人带出法庭继续羁押;旁听人员听到判决之后可能接受了该事件的教训(审判的教育意义)等。之所对同一个话语会有不同的言后之效,是因为言语环境和言后行为的不同,公诉人、辩护人、被告人、法警等在庭审中的任务不同,言语角色不同,言语目的也不同,他们的行为不同也是必然的事了。这也很好地印证了隐含读者和真实读者的关系:隐含读者只是文本预设的阅读位置,叙事交流的实际接受者就是真实读者。我们只能尽可能地去接近文本预设的理想读者的位置,我们眼中的隐含读者很可能会与文本实际预设的隐含读者有各种距离。

9.4 判决书体现公正的叙事策略

在人们提起诉讼之后,法院受理诉状,最后以判决书来作出应答。作为诉讼争端的解决机构,法院必须是处于中立立场,作出公平公正的判决。那么,在判决书的制作中有哪些叙事的策略呢?

9.4.1 叙述者的非人格化

前文论述过判决书的叙述者和作者、法官和法院之间存在复杂的关系,法官代表法院宣读判决书时,首先声明,该判决是经过合议庭合议之后作出的决定(如"<u>本庭在合议时充分考虑了公诉人以及被告人的意见,进行了认真的评议并作出结论,现在进行宣判</u>"),对事实的认定和对被告人的判决又上升到法院层面(如"本院认为"),这种非人格化的叙述者身份想要表明的是当事人双方抗辩、法院居中的裁判模式,以暗示双方当事人的平等、法院的公正与权威。

9.4.2 独白式叙述

在庭审过程中,原、被告之间或者控辩双方是对话式的叙述,法官一般保持沉默,以显示自己"中立"的立场,偶尔会进行一些询问。在宣布判决时,法官是以独白式的叙述进行的,并在最后宣布:"(敲法槌)法庭审判结束。退庭!"这种独白式的"宣告"给人的印象是述说一个"真理",不管当事人接不接受,这个"真理"都是存在的了。如果当事人不接受,提出上诉,那必须提供新的证据来推翻这个"真理"。既然是"真理",那就有它的客观性,因此也不存在偏袒哪一方的问题。

那么,独白式的叙述是怎样实现的呢?

9.4.2.1 直接引用双方的叙事

我们先看人民法院民事判决书(一审民事案件用)法院诉讼文书样式[①]:

(×××)×民初字第××号

原告……(写明姓名或名称等基本情况)

被告……(写明姓名或名称等基本情况)

第三人……(写明姓名或名称等基本情况)

……(写明当事人的姓名或名称和案由)一案,本院受理后,依法组成合议庭(或依法由审判员×××独任审判),公开(或不公开)开庭进行了审理。……(写明本案当事人及其诉讼代理人等)到庭参加诉讼。本案现已审理终结。

原告××诉称,……(概述原告提出的具体诉讼请求和所根据的事实与理由)

被告××辩称,……(概述被告答辩的主要内容)

---

① 《法院诉讼文书样式》,http://hi.baidu.com/dyy93/blog/item/87d776fba1386b849f5146b7.html,访问于2012年4月8日。

经审理查明,……(写明法院认定的事实和证据)。

本院认为,……(写明判决的理由)。依照……(写明判决所依据的法律条款项)的规定,判决如下:

……(写明判决结果)

……(写明诉讼费用的负担)

如不服本判决,可在判决书送达之日起十五日内,向本院递交上诉状,并按对方当事人的人数提出副本,上诉于×××人民法院。

审　判　长
审　判　员
审　判　员
年　月　日
(院印)
本件与原件核对无误
书　记　员

该样式中的"原告XX诉称,……""被告XX辩称,……"就是直接引用原告和被告的叙事,以此来表现判决的结果是充分考虑了原告的诉求与被告的辩护意见的,体现判决的公正性。

后面部分以"本院认为,……"的叙述作为概括,"可以将庭审过程大幅度地缩写,相应的使这段话语叙述的当事人双方陈述的故事的重要性降低到几乎可忽略不计的程度"①。

另外,在庭审中的三个主要的言语角色用"原告"、"被告"、"本院"等来指称,显得公事公办,法官在判决书中用这些称呼可以"暗示自己中立、客观的态度和言语内容的权威性、可靠性"②。

9.4.2.2 运用间接引语

间接引语也是叙事学研究的内容之一。一般而言,它和直接引语、自由间接引语等是作为小说人物话语的表达方式被研究的。申

---

① 吴跃章:《判决书的叙述学分析》,载《法学研究》2004年第11期。
② 同上。

丹①认为,直接引语和间接引语之间的区别是:① 直接引语显得响亮而突出,间接引语显得平暗;② 与直接引语相比,间接引语为叙述者提供了总结话语的机会,故具有一定的节俭性,可加快叙述速度;③ 与直接引语相比,人称、时态跟叙述语完全一致的间接引语能使叙述流更为顺畅地向前发展。

那么,在判决书中运用间接引语,"引号被去掉之后,合议庭即部分收回了当事人的话语权";"间接引语不会像直接引语那样显得'响亮和突出',而是显得'平暗',不会跟后面'(本院)经审理查明'构成争鸣和'喧哗'"。②

另外,判决书中运用引述动词如"经审理查明"加上从句来转述人物话语的具体内容,使得具有人物特点的语言成分,都被替代为叙述者冷静客观、标准正式的表达。

9.4.2.3 省略主语

我们再看下面这份判决书:

> 审:现在继续开庭!
>
> 原告张某某、孙某某与被告张某一般相邻关系纠纷一案经开庭审理,下面我代表平谷区人民法院依法口头进行宣判:
>
> <u>经审理查明</u>,原被告系同村村民,且相邻居住。二原告居北,被告居南。二原告从被告宅院西侧的南北过道通行至大街。2005年3月下旬,被告私自在过道南口东侧建墙基,墙是现垒的。现二原告以被告所建墙基给其驾驶农用车出入造成不便为由,诉至本院,要求排除被告所造成的妨碍。<u>经现场勘查</u>,被告所占之墙基确实给二原告驾车出入造成妨碍。本庭认为,不动产的相邻各方应按照方便生活,正确处理通行等方面的相邻关系。被告私自在过道南口东侧建墙基,属违法行为。给二原告驾驶农用车出入确实造成不便,其行为除应进行批判教育外,所建之墙基应予拆除,以便恢复二原告正常通行。

---

① 申丹、王亚丽:《西方叙事学:经典与后经典》,北京大学出版社2010年版。
② 吴跃章:《判决书的叙述学分析》,载《法学研究》2004年第11期。

依照《中华人民共和国民法通则》第83条之规定,判决如下:

被告张某于本判决生效后3日内将过道南口之东侧所建之墙基(南北长2.35米,东西宽0.65米)拆除。恢复二原告正常通行。

案件受理费50元由被告张某负担,本判决生效7日内交纳。

<u>如不服本判决</u>,可在判决书送达之日起15日内,提出上诉状,并按对方当事人的人数提供副本,上诉于北京市第二中级人民法院。

审判员王某某。

2005年4月26日。

书记员:李某。

我们注意到该例中有三个地方未使用主语:一是"经审理查明,……"中的两个动词。二是"经现场勘查,……"。根据上下文这两处的语境因素,被省略的主语应该是"本院"。根据文书式样中要求后面"写明法院认定的事实和证据",所以这两组动词后面都直接叙述了"事实和证据",没有使用引号,因此是间接引语,其叙述效果等同于"众所周知",或者"太阳每天从东方升起"之类的真理。三是"如不服本判决,……",前面省略的主语应该是"原告/被告",原、被告本来应该是判决书的主送,也是判决书的最直接读者,在判决书中省略他们,实际上是一种取消他们"在场"的机会,使之匿名不显。这种作为直接读者的当事人的缺席,可表明判决书的一种傲然姿态,作出真理或法律的独白。[①]

---

① 吴跃章:《判决书的叙述学分析》,载《法学研究》2004年第11期。

第 10 章
余论

我们在对与法庭言语研究相关的叙事学、语言学和法学的一些基本知识进行疏理之后发现,这三个学科中都有一些学者从自己的研究领域出发,对言语技巧要求极高的、极具制度性语境特征的法庭言语的研究很有兴趣,也取得了很多研究成果。其中也有一些研究是跨学科的,如从语言学角度对法庭言语的研究、叙事学角度对法庭言语的研究,法学角度对修辞论证的研究等,但是能把叙事学、语言学和法学三个学科的理论有机地运用于法庭叙事研究的还不多见,因此本书只是一种尝试。

吴跃章[①]认为,可以用一个图解粗略地表示案件事实的本体是如何通过一个悠长而曲折的过滤器而成为法律的"事实"的,其中几个结构可以说是"灰箱"。

实在的事件 →（通过身心结构）→ 认知图式 →（通过语言结构）→ 话语 →（通过法律结构）→ 法律事实

图 10-1　法律事实的认知和构建过程

从上图可以看出,吴跃章之所以说其中的几个结构如身心结构、语言结构和法律结构是"灰箱",是因为它们都有主观的一面。龙迪勇[②]把"实在的事件"称做"原生事件",就是在生活中实实在在、原原本本发生的事件。但事实上,原生事件只在理论上存在,因为事件一

---

① 吴跃章:《判决书的叙述学分析》,载《法学研究》2004 年第 11 期。
② 龙迪勇:《事件:叙述与阐释》,载《江西社会科学》2001 年第 10 期。

经发生,必然进入人的意识,为人所认识和书写。没有进入人的意识的事件是毫无意义的。进入了人的意识并被人所书写的事件,就已经不是原生事件了,而是"意识事件"。叙述者只有先认识和理解事件,才能有效地叙述事件。也就是说,事件只有通过人们的理解和叙述才有存在的意义。被写成文本,被文字固定下来了的事件就是文本事件。完全恢复人们经历的事件的本来面目是不可能的,其原因之一是叙述者的无奈和盲区,原因之二是语言的贫乏。如果说"过去"是时间的迷宫,那么语言就是构筑这迷宫的基本材料。语言可以书写这个原生事件,但这种书写是在原生事件的表面进行堆砌。如果有更多的语言被使用,就意味着更多的堆砌、更多的包裹。试图用语言去穿透事件,无异于试图用橡胶之针去刻画石头。叙述、描绘、讲述、分析、分类、阐释、解构,无非是语言的七彩薄膜在原生事件的外面越裹越厚而已。如此看来,就算叙述者已经百分之百地把握和认识了原生事件,在其用语言的手段转换文本事件时,事件的意义也会发生"亏蚀"或转换,事件本身也会发生相应变形。

就叙述而言,其过程中发生的移情、回忆与虚构等活动都足以影响叙述行为,影响对原生事件的客观再现。其中,移情作用可以在两个相反的方向发生:一是由内到外,即由叙述者到事件,这种移情作用是主体向外物的投射,表现在叙事上,就是叙述者用自己的"思想"去穿透和驾驭事件,使"事件"成为"思想"的例证。二是由外到内,即由事件到叙述者。这种移情作用则是叙述者为了理解对方,设身处地地去体会对方的思想、感情和处境,以达到陈寅恪先生所说的那种"同情之理解"。所谓回忆,就是在时间的长河里打捞往事。回忆主要有两种,一种是有意识回忆,另一种是无意识回忆。无论是有意识回忆还是无意识回忆,都受到"现在"的激发、影响和制约。虚构是对一些实际并未存在过的事件的构想和书写。虚构是从事文学写作的重要手段,在纪实性叙事作品中也大量存在。其实,在回忆中也有着不少虚构的成分,因为按照心理学家的说法,记忆本身就具有"重建"和"构念"的特征:记忆并非无数固定的、毫无生气的和零星的痕迹的重新兴奋。它是一种意象的重建或构念。既然是重建和构念,当然就已经渗入了虚构的成分。

关于阐释,"阐释学"的最初含义就是"解释",由此又衍生出两个基本意思:一是使隐蔽的东西显现出来,二是使不清楚的东西变得清楚。阐释的意义其实就是赋予被阐释的东西以意义,或者提供一个意义的框架。只有被赋予了意义,被阐释的事实才能在人们的意识中更为清晰。文本的意义其实是"此在"——人理解和筹划出来的。如果没有阐释者的理解和筹划,叙事的意义也就失去了存在的根基。认识是有层次、分步骤的。对同一事物的认识,会因人因时而异。

庭审中法律事实的认知和构建也必须经历这三个阶段,即对客观事实的主观认知、对认知后的"事实"的语言表述和构建,以及对法律法规的阐释。原被告或者控辩双方是这样,充当裁判者角色的法官更是如此。在叙事过程中,除了认知、语言使用和阐释的主观性之外,还要受到语境、移情、记忆、虚构、知识等因素的制约。因此,在我们今后的研究中,应该考虑庭审中法律事实构建的叙事状况调查、问题分析及其对策研究,包括法庭审判中言语角色的叙事构建对言语效果的影响程度、法官判决过程中受当事人叙事构建的影响程度、庭审判决书中的叙事构建合理性状况调查等,尤其是法官心证的形成过程的调查研究。

另外,我国的庭审制度以职权主义为主,也借鉴了很多当事人主义的审判形式。在十一届全国人大五次会议上,法律委员会在委托辩护人、非法证据排除、侦查措施、死刑复核程序、公诉案件和解程序五个方面提出修改意见。在闭幕会上经表决获得通过的《刑事诉讼法修正案》共110条,内容涉及证据制度、强制措施、辩护制度、侦查措施、审判程序、执行程序等各个方面,并写入"尊重和保障人权"。这表明我国刑事诉讼中的当事人主义趋向。因此,我们也将在以后的研究中多介绍和研究英美法系下抗辩制的庭审叙事问题,为我国的司法实践提供借鉴作用。

致　　谢

　　2009年上半年,我在广东外语外贸大学的杜金榜教授(兼任中国法律语言学研究会的会长)的推荐下有幸在英国阿斯顿大学(Aston University)的"法律语言研究中心"访学,独自一人在海外的我特别想念在学校的一切,而排解这种情结的唯一方式就是关注我校的网站信息了。当我看到"校园公告"栏中醒目的"华东政法大学招收博士后研究人员简章"的这个"hot"标题时,想到当时正好有时间做些研究,就抱着试试看的心理给何勤华教授写了一封信,希望能够有机会做他的学生,使自己的语言学和法学的知识有更进一步的交叉复合。没想到很快就收到了何老师的回信,并在他和顾亚潞老师的帮助下顺利地进了流动站。这对当时的我来说真是感到莫大荣幸和感激!

　　自从2009年7月进入华东政法大学法学博士后流动站之后,我跟何老师的博士生们一起听了一年的课程,从何老师的谆谆教诲和认真教学中获益匪浅,使我了解了中外法律史的发展脉络、法学思想的演变等知识。博士生们每周一次的presentation(陈述)也让我对相关知识有了更深的了解,每一次讨论后何老师的点评更是让人有豁然开朗、茅塞顿开的感觉。只可惜自己没有法学理论知识的功底,所以只能在我的博士学位毕业论文(《法庭言语研究》)基础上作进一步的研究。在论文撰写过程中,无论是对论文纲目的设定,还是对重要观点的把握,都得到了何老师的悉心指导。导师开阔的知识视野和清正的做人风范是我以后努力的方向。在此,我向导师致以由衷的敬意和谢意!

　　同时,我非常感谢导师组的各位老师,有复旦大学的董茂云教授和我校的王立民教授、童之伟教授、徐永康教授、李秀清教授等,他们在我出站报告的开题和中期检查过程中都为我提出了一些很好的意见和建议。

我也非常感谢人事处的顾亚潞老师、张贤炯老师和孙晓芳老师，感谢他们在我博士后学习期间对我的帮助和照顾。另外，一起交流和学习的已经出站和还在站的博士后同学们，如杨大春、朱应平、王红曼、马姝、罗云锋、张弓、易花萍、徐大慰、韩慈、张秀、张卓明、董春华、马金芳等，感谢他们对我的帮助和鼓励，多年的深厚情谊让我终生难忘。

我还要感谢在英国阿斯顿大学法律语言学研究中心进修时的指导老师 Malcom Coulthard 教授和副导师 Tim Grant 博士对我的精心指导，我还旁听了 Kate Haworth 博士指导的所有法律语言学硕士课程，Kryzstof Kredens 博士也为我在研究中心的学习提供了极大的帮助。这期间收集的大量资料也是我写作论文的基础。

在本书的撰写过程中，我参考并吸收了很多有关专家和学者的科研成果，在此一并表示感谢。由于自己的理论水平有限，本书涉及的又是语言学理论、法学理论和文学研究的叙事学理论等多学科的交叉领域的知识，所以书中定有许多疏漏和不足之处，恳请各位专家批评指正，我将不胜感激！

参考文献

[1] AUSTIN J L. How to Do Things with Words? [M]. Oxford: The Clarendon Press, 1962.

[2] BARTLETT F C. Remembering: A Study in Experimental and Social Psychology[M]. Cambridge: Cambridge University Press, 1932.

[3] BEAUGRANDE R, DRESSLER W. Introduction to Text Linguistics[M]. London: Longman, 1981.

[4] BOOTH WAYNE C. The Rhetoric of Fiction[M]. Chicago: The University of Chicago Press, 1961.

[5] BOWER G H, CIRILO R K. Cognitive Psychology and Text Processing[A]. In VAN DIJK T A. Ed. Handbook of Discourse Analysis Volume I[C]. London: Academic Press, 1985: 93—94.

[6] BROWN G, YULE G. Discourse Analysis[M]. Cambridge: Cambridge University Press, 2000.

[7] CARRELL P L, EISTERHOLD J C. Schema Theory and ESL Reading Pedagogy[A]. In CARREL P L, DEVINE J, ESKEY D E. Eds. Interactive Approaches to Second Language Reading[C]. Cambridge: Cambridge University Press, 1988.

[8] CHATMAN SEYMOUR. Story and Discourse: Narrative Structure in Fiction and Film[M]. Bloomington and London: Indiana University Press, 1978.

[9] COOK G. Discourse [M]. Oxford: Oxford University Press, 1992.

[10] COOKE MICHAEL. A Different Story: Narrative versus "Question and Answer" in Aboriginal Evidence[C]. Forensic Linguistics, 1996(2): 273—288.

[11] DANET BRENDA. Language in the Legal Process[J]. Law and Society Review, 1980.

[12] de BEAVGRANDE ROBERT. Design Criteria for Process Models of Reading [J]. Reading Research Quarterly, 1981(2): 261—315.

[13] DREW PAUL, HERITAGE JOHN. Talk at Work: Interaction in Institutional Settings[C]. Cambridge: Cambridge University Press, 1993.

[14] EYSENCK M W, KEANE M T. Cognitive Psychology: A Student's Hand-

book[M]. London: Longman Group Limited, 1985.

[15] FLUDERNIK MONIKA. Towards a "Natural" Narratology[M]. London: Routledge, 1996: 244.

[16] GIBBONS JOHN. Forensic Linguistics: An Introduction to Language in the Justice System[M]. Oxford: Blackwell Publishing, 2003.

[17] GOODRICH PETER. Legal Discourse: Studies in Linguistics, Rhetoric and Legal Analysis[M]. London: Macmillan, 1987.

[18] HEFFER CHRIS. The Language of Jury Trial: A Corpus-Aided Analysis of Legal-Lay Discourse[M]. Antony Rowe Ltd., Chippenham and Eastbourne. 2005.

[19] HALLIDAY M A K. Language as Social Semiotic[M]. London: Edward Arnold, 1978.

[20] HALLIDAY M A K, HASAN R. Cohesion in English[M]. London: Longman, 1976.

[21] HALLIDAY M A K, HASAN R. Language, Context and Text[M]. Victoria: Deakin University Press, 1985.

[22] HOBBS PEMELA. Tipping the Scales of Justice: Deconstructing an Expert's Testimony on Cross-examination[J]. International Journal for the Semiotics of Law, 2002 (15): 411—424.

[23] HARRIS SANDRA. Fragmented Narratives and Multiple Tellers: Witness and Defendant Accounts in Trials[J]. Discourse Studies, 2001(1): 60.

[24] HARRIS SANDRA. Questions as a Mode of Control in Magistrates' Court [J]. International Journal of the Sociology of Language, 2003 (1): 5—27.

[25] HARRIS SANDRA. Telling Stories and Giving Evidence: The Hybridization of Narrative and Non-Narrative Modes of Discourse in a Sexual Assault Trial[A]. In Thornborrow & Cooks, Ed. The Sociolguistics of Narrative. Amsterdam/Philadelphia: John Benjamins, 2005.

[26] JACKSON BERNARD S. Law, Fact and Narrative Coherence[M]. Liverpool: Deborah Charles Publications, 1988.

[27] KERN R. Literacy and Language Teaching[M]. Oxford: Oxford University Press, 2000.

[28] KRAMSCH C. Context and Culture in Language Teaching[M]. Oxford: Oxford University Press, 1993.

[29] LABOV W, WALETZKY J. Narrative Analysis: Oral Versions of Personal

Experience[A]. In HELM J. Ed. Essays on the Verbal and Visual Arts[C]. Seattle: University of Washington Press, 1967: 12—44.

[30] LABOV W. The Study of Nonstandard English[A]. Washington, D. C.: The Center for Applied Linguistics, 1969.

[31] LABOV W. Ed. The Transformation of Experience in Narrative Syntax[A]. In LABOV W. (Ed.) Language in the Inner City: Studies in the Black English Vernacular[C]. Philidelphia: University of Pennsylvania, 1972: 354—396.

[32] LANCE BENNET W, FELDMAN MARTHA S. Reconstructing Reality in the Courtroom—Justice and Judgement in American Culture[M]. New Brunswick: Rutgers University Press, 1981.

[33] LEVI JUDITH N. et al. Ed. Language in the Judicial Process[C]. New York: Plenum Press, 1990.

[34] MICHAELS S. "Sharing Time": Children's Narrative Styles and Differential Access to Literacy[J]. Language and Society, 1981(10): 423—442.

[35] MINSKY M A. Framework for Representing Knowledge[A]. In WINSBON P H. The Psychology of Camputer Vision[C]. New York: McGraw-Hill, 1975.

[36] MISHLER ELLIOT G. Models of Narrative Analysis: A Typology[J]. Journal of Narrative and Life History, 1995(2): 87—123.

[37] O'BARR W M. Linguistic Evidence: Language, Power, and Strategy in the Courtroom[M]. San Diego: Academic Press, 1982.

[38] OCHS E. Narrative [A]. In VAN DIJK T A. Ed. Discourse as Structure and Process [C]. London: Sage Publications Ltd., 1997.

[39] PHELAN JAMES. Narrative as Rhetoric[M]. Columbus: Ohio State University Press, 1996.

[40] PHELAN JAMES. Reading People, Reading Plots[M]. Chicago: University of Chicago Press, 1989.

[41] PAGE NORMAN. Speech in the English Novel [M]. London: Longman, 1973.

[42] PRINCE E F. Toward a Taxonomy of Given-New Information[A]. In P. COLE. Ed. Radical Pragmatics[C]. New York: Academic Piews, 1981: 223—255.

[43] RYAN MARIE-LAURE. Cognitive Maps and the Construction of Narrative Space[A]. In HERMAN DAVID. Ed. Narrative Theory and the Cognitive Science [C]. Stanford: CSLI, 2003: 214—215.

[44] RUBIN D C. Memory in Oral Traditions: The Cognitive Psychology of Epic, Ballads, and Counting-out Rhymes[M]. New York, Oxford: Oxford University Press, 1995.

[45] RUMELHART D E. Toward an Interactive Model of Reading[A]. In DOMICS. Attention and Perfomance IV[C]. Academic Press, 1977.

[46] SCHANK R C, ABELSON R. Scripts, Plans, Goals and Understanding[M]. Hillsdale, NJ: Lawrence Erlbaum Associates, 1977.

[47] SOLAN L M. Judicial Decisions and Linguistic Analysis: Is There a Linguist in the Court? [J]. Washington University Law Journal, 1995(3): 1069—83.

[48] STUBBS M. Discourse Analysis [M]. Chicago: University of Chicago Press, 1983.

[49] THORNDYKE PERRY W. Cognitive Structures in Comprehension and Memory of Narrative Discourse[J]. Cognitive Psycology, 1977(1): 77—110.

[50] TOULMIN STEPHEN. The Use of Argument[M]. Cambridge: Cambridge University Press, 1958.

[51] THORNBORROW J. Power Talk: Language and Interaction in Institutional Discourse[M]. Harlow, England: Pearson Education, 2002.

[52] VAN DIJK T A, KINTSCH W. Macrostructures: An Interdisciplinary Study of Global Structures in Discourse, Interaction, and Cognition[M]. Hillsdale, NJ: Erlbaum, 1980.

[53] WIDDOWSON H G. Explorations in Applied Linguistics[C]. Oxford: OUP, 1979:52. Cited from GOFFMAN. Ed. Forms of Talk, Oxford: Basil Blackwell, 1981.

[54] YOUNG K G. Taleworlds and Storyrealms: The Phenomenology of Narrative [M]. Boston: Martinus Nijhoff, 1987.

[55] 安秀萍.刑事司法文书叙事的详述与略述[J].山西省政法干部管理学院学报,2002(4).

[56] 〔美〕波斯纳.超越法律[M].苏力译.中国政法大学出版社,2001.

[57] 蔡骐、欧阳著.叙事学与电视研究[J].湖南大众传媒职业技术学院学报,2005(6).

[58] 柴发邦 主编.民事诉讼法学新编[C].法律出版社,1993.

[59] 常宗林.图式及其功能[J].山东外语教学,2002(5).

[60] 常怡 主编.民事诉讼法学[M].中国政法大学出版社,1994.

[61] 陈炯.谈司法语体中的叙事语言[J].应用写作,2000(2).

[62] 陈汝东.认知修辞学[M].广东教育出版社,2001.

[63] 邓晓静.案件事实与法律文书的叙事[J].四川师范大学学报(社会科学版),2009(5).

[64] 杜金榜.从法律语言的模糊性到司法结果的确定性[J].现代外语,2001(3).

[65] 杜金榜.法庭对话与法律事实建构研究[J].广东外语外贸大学学报,2010(2).

[66] 樊崇义 主编.证据法学[M].法律出版社,2004.

[67] 封利强.从"证据法学"走向"证明法学"[J].西部法学评论,2008(6).

[68] 付忠源.客观事实与法律事实的法学思辨[J].法制与社会,2009(1).

[69] 高德胜 朴永刚.论案件事实真实性的语义界说[J].社会科学战线,2008(8).

[70] 高升.论判决书应详述判决理由[J].当代法学,2002(6).

[71] 葛忠明.叙事分析是如何可能的[J].山东大学学报,2007(1).

[72] 官鸣.论科学认识的可接受性[J].厦门大学学报(哲社版),1993(2).

[73] 何建南.现代西方哲学家论模糊性的本质[J].五邑大学学报(社会科学版),2005(1).

[74] 何兆熊主编.新编语用学概要[M].上海外语教育出版社,2000.

[75] 〔美〕亨佩尔.自然科学的哲学[M].陈维抗译.上海科学技术出版社,1986.

[76] 洪浩 陈虎.论判决的修辞[J].北大法律评论,2003(2).

[77] 胡敏敏.判决中的法律论证[J].河南省政法管理干部学院学报,2004(4).

[78] 季卫东.法律秩序的建构[M].中国政法大学出版社,1999.

[79] 焦宝乾.逻辑、修辞与对话:法律论证的方法[J].厦门大学法律评论,2005(9).

[80] 孔祥俊.论法律事实与客观事实[J].政法论坛,2002(5).

[81] 〔美〕里德·黑斯蒂.陪审员的内心世界[M].刘威 李恒译,北京大学出版社,2006.

[82] 李法宝.试论虚构性叙事与非虚构性叙事的差异性[J].华南师范大学学报(社会科学版),2007(3).

[83] 李悦娥 范宏雅 编著.话语分析[M].上海外语教育出版社,2002.

[84] 廖美珍.法庭问答及其互动研究[M].法律出版社,2003.

[85] 厉尽国.司法裁决证立过程中的法律修辞——以"李庄案"判决书为素材[J].北方法学,2011(5).

[86] 栗峥.裁判者的内心世界:事实认定的故事模型理论[J].中国刑事法杂志,2010(3).

[87] 栗峥.超越事实——多重视角的后现代证据哲学[M].法律出版社,2007.

[88] 梁慧星.裁判的方法[M].法律出版社,2003.

[89] 梁治平 主编.法律的文化解释[M].三联书店,1994.

[90] 刘为钦 周晶.情节的构成[J].中国社会科学院研究生院学报,2007(2).

[91] 刘星.司法决疑与"故事文学"利用——以《威尼斯商人》为样本[J].清华法学,2008(3).

[92] 刘燕.案件事实的人物构建——崔英杰案的再认识[J].法制与社会发展,2007(6).

[93] 刘燕.案件事实,还是叙事修辞——崔英杰案叙事分析[J].法制与社会发展,2009(2).

[94] 龙迪勇.事件:叙述与阐释[J].江西社会科学,2001(10).

[95] 卢植 编著.认知与语言——认知语言学引论[M].上海外语教育出版社,2006.

[96] 罗国莹.话语信息结构功能探讨[J].广西社会科学,2006(12).

[97] 〔法〕罗兰·巴特.叙事作品结构分析导论[A].张寅德译.张寅德选编.叙述学研究[C].中国社会科学出版社,1989.

[98] 罗筱琦 陈界融.证据法及证据能力研究[M].人民法院出版社,2006.

[99] 苗怀明.论中国古代公案小说与古代判词的文体融合及其美学品格[J].齐鲁学刊,2001(1).

[100] 苗兴伟.论衔接与连贯的关系[J].外国语,1998(4).

[101] 潘庆云.跨世纪的中国法律语言[M].华东理工大学出版社,1997.

[102] 彭宣维.话语、故事和情节——从系统功能语言学看叙事学的相关基本范畴[J].外国语,2000(6).

[103] 彭中礼.论法律事实的修辞论证——以"崔英杰案"为例[J].西部法学评论,2010(1).

[104] 〔美〕彼得·布鲁克斯.法内叙事与法叙事.〔美〕詹姆斯·费伦等 主编.当代叙事理论指南[C].申丹等译.北京大学出版社,2007.

[105]〔法〕热奈特.辞格之三[M].巴黎瑟依出版社,1972.

[106]任绍曾.叙事语篇的多层次语义结构[J].外语研究,2003(1).

[107]申丹.叙事学与小说文体学(第三版)[M].北京大学出版社,2007.

[108]申丹 韩加明等.英美小说叙事理论研究[M].北京大学出版社,2006.

[109]申丹 王丽亚.西方叙事学:经典与后经典[M].北京大学出版社,2010.

[110]孙光宁.可接受性:法律方法的一个分析视角[D].山东大学,2010.

[111]孙日华.叙事与裁判[J].东北大学学报(社会科学版),2010(3).

[112]孙伟平.事实与价值[M].中国社会科学出版社,2000.

[113]谭君强.叙事学导论[M].高等教育出版社,2008.

[114]王德春 陈瑞端.语体学[M].广西教育出版社,2000.

[115]王德春.语言学通论[M].江苏教育出版社,1990.

[116]王国枢 主编.刑事诉讼法学[M].北京大学出版社,1999.

[117]王洪坚.琢就体现技术理性的司法语言[N].人民法院报,2003-11-3.

[118]王丽萍 刘鲁平.在法律与道德之间——由一起司法判决引起的思考[J].山东社会科学,2004(2).

[119]魏薇 刘明东.图式理论的发展及应用[J].湖南第一师范学报,2007(1).

[120]闻兴媛.民事诉状叙事结构的主位研究[J].中山大学学报论丛,2007(4).

[121]吴庆麟.认知教学心理学[M].上海科学技术出版社,2000.

[122]吴跃章.判决书的叙述学分析[J].法学研究,2004(11).

[123]徐伟 管振彬.拉波夫模式框架下法庭提问中叙事构建[J].法制与社会,2008(10上).

[124]〔古希腊〕亚里士多德.修辞学[M].罗念生译.三联书店,1991.

[125]严轶伦.论语篇的信息连贯[J].天津外国语学院学报,2006(5).

[126]杨德祥.法律语言模糊性对法律制度的影响[J].云南大学学报法学版,2006(4).

[127]杨建军.法律事实的概念[J].法律科学,2004(6).

[128]杨胜刚.《审判》视角控制艺术及其造成的阅读效果[J].柳州师专学报,1995(4).

[129]杨维松.客观事实 证据事实 法律事实[J].乡镇论坛,2002(5).

[130]杨晓锋.法律事实是纯粹的客观事实吗?[J].江西青年职业学院学

报,2005(4).

[131]〔荷〕伊芙琳·菲特丽丝.法律论证原理——司法裁决之证立理论概览[M].张其山等译.商务印书馆,2005.

[132]余素青.法庭言语的制度性特征分析[J].修辞学习,2008(10).

[133]余素青.法庭言语研究[M].北京大学出版社,2011.

[134]俞小海.案件事实形成过程的修辞分析——以邓玉娇案为叙述空间[J].广西政法管理干部学院学报,2009(5).

[135]张纯辉.司法判决书可接受性的修辞研究[D].上海外国语大学,2010.

[136]张继成.小案件 大影响——对南京"彭宇案"一审判决的法逻辑分析[J].中国政法大学学报,2008(2).

[137]赵承寿.司法裁判中的事实问题[D].中国社会科学院研究生院法学系,2002.

[138]赵静.法律叙事与文学叙事[J].当代文坛,2008(2).

[139]赵振民.法律方法之运用探析[J].十堰职业技术学院学报,2010(3).

[140]朱靖江.美国法庭片的叙事模式[J].电影艺术,2000(1).

[141]朱景文 主编.当代西方后现代法学[C].法律出版社,2002.

[142]朱永生.韩礼德的语篇连贯标准[J].外语教学与研究,1997(1).

[143]朱永生 郑立信 苗兴伟.英汉语篇衔接手段对比研究[M].上海外语教育出版社,2001.

[144] Harold Shipman. [2012-03-10]. http://en.wikipedia.org/wiki/Harold_Shipman.

[145] The Shipman Inquiry. [2009-05-21]. http://www.the-shipman-inquiry.org.uk/trialtrans.asp.

[146]第一审程序——判决、裁定和决定.[2012-04-02].http://blog.renren.com/share/259411146/2773187896.

[147]法院诉讼文书样式.[2012-04-08].http://hi.baidu.com/dyy93/blog/item/87d776fba1386b849f5146b7.html.

[148]杭州飙车案审判长详解审判结果.[2012-03-03].http://news.sina.com.cn/c/2009-07-20/191018259483.shtml.

[149]贺卫方.民意决定死刑?——答《南都周刊》记者陈建利问.[2012-03-01].http://www.aisixiang.com/data/38083.html.

[150]郎松庆.浅析量刑建议制度存在问题及完善.[2012-03-26].http://

www.jcrb.com/procuratorate/theories/practice/201112/t20111231_783813.html.

[151] 论刑事诉讼中的证据. [2010-10-12]. http://www.docin.com/p-55016043.html.

[152] 人民的意见很重要,但人民的意见是否可靠?[2012-01-22]. http://news.ifeng.com/opinion/special/lichangkui/.

[153] "杀"字的解释. [2012-03-08]. http://zidian.qihaoming.com.cn/zd/zi_8475ec.html.

[154] 什么叫盗窃罪?构成盗窃罪应当符合哪些条件?[2012-02-22]. http://www.lawtime.cn/zhishi/xingfa/qfccz/2007051066033.html.

[155] 什么是犯罪情节. [2012-03-03]. http://china.findlaw.cn/bianhu/fanzui/smsfz/88.html.

[156] 什么是情节. [2012-03-03]. http://wenwen.soso.com/z/q117369071.htm.

[157] 文学叙事的基本构成. [2010-07-05]. http://zhidao.baidu.com/question/160440739.html?push=ql.

[158] 肖同庆.讲故事:影像叙事学的缘起. [2012-04-06]. http://gs.cclawnet.com/yingxiangshiji/a023.htm.2012-01-20.

[159] 辛普森杀妻案审判始末. [2012-02-13]. http://www.chnlawyer.net/ShowArticle.shtml?ID=2007122714272357564.htm.

[160] 徐机玲 王骏勇.官方称彭宇承认与当事人发生碰撞 赔偿1万. [2012-01-12]. http://china.huanqiu.com/roll/2012-01/2360714.html.

[161] 徐晓光.神判考析. [2012-02-18]. http://xuxiaoguang.fyfz.cn/art/822151.htm.

[162] 叙事学的定义是什么. [2011-08-10]. http://zhidao.baidu.com/question/1741180.

[163] 薛世君.法与情并非水火不容. [2012-01-23]. http://pinglun.youth.cn/mtgz/200909/t20090914_1023187.htm.

[164] 应海波.虚假诉讼的特征、成因及对策. [2012-02-22]. http://www.tzcourt.cn/InfoPub/InfoView.aspx?ID=501.

附录1　林某杀婴案庭审笔录

刑事诉讼案例(根据中央电视台12频道《庭审现场》整理)

2005年3月21号上午,福建省石狮市井上镇东店村几名环卫工在清理街边的垃圾桶时发现死婴。

死婴被发现后,当地村民立即向派出所报了案。接到报警后,石狮市公安局刑侦大队立即派出了侦查小组赶到了现场。

由于婴儿是人为窒息而死,石狮市公安局非常重视,将此案定为要案处理,派出了三十多人的侦查小组,进行了拉网式的排查。然而,几天过去了,案件毫无线索。到了第七天,侦查人员最终将目标锁定在了离案发地点仅十几米远的新世纪茶庄。

这时,一个住在茶庄里的外来打工妹林某成了重要嫌疑人。

经刑侦人员讯问,犯罪嫌疑人林某对自己杀子弃尸的事实供认不讳。2005年4月4日,经石狮市人民检察院批准,石狮市公安局对林某执行逮捕。

2005年8月9日,福建省石狮市人民法院对此案进行公开开庭审理。

被告人林某,现年21岁,福建省安溪县人,小学文化,茶叶店员工。2005年3月26日,被石狮市公安局刑事拘留。同年4月4日,因涉嫌故意杀人罪被石狮市公安局执行逮捕。

审:石狮市人民法院刑事审判第一庭,现在开庭!

提被告人林某到庭!

下面进行法庭调查! 由公诉人宣读起诉书。

公:(公诉人的起诉书介绍了被告人被抓获的经过以及被告人林某作案的全过程。2005年3月19号上午9点多钟,林某在茶庄其宿舍内产下一名男婴,由于害怕婴儿啼哭被他人发现,林某便把卫生巾塑料外包装袋塞进了婴儿的嘴巴,致使男婴死亡。随后,林某将男婴尸体装进塑料袋并放于卧室的床底下。3月20日晚上10时许,林某将男婴尸体扔到茶叶店对面的垃圾桶里,直到21日上午10时许,被清理垃圾桶的环卫工人发现。)

本院认为,被告人林某对自己刚产下的婴儿,故意采取堵塞口腔的手段,非法剥夺该婴儿生命,致其窒息死亡,情节较轻。其行为已经触犯了《中华人民共和国刑法》第232条。犯罪事实清楚,证据确实充分,应当以故意杀人罪追究其刑事责任。根据《中华人民共和国刑事诉讼法》第141条之规定提起公诉,请依法判处。此致,石狮市人民法院。代理检察员龚某某。

审:被告人林某,你对起诉书指控的犯罪及罪名有没有不同意见?

被:(摇头)

审:没有是吧?

现在由公诉人对被告人进行讯问。

公:被告人林某,下面公诉人就你的犯罪事实对你讯问。在今天的法庭调查当中,也是给你一个机会,所以公诉人认为你必须要如实地交代自己的犯罪事实,你对自己的罪轻或者无罪也可以提出自己的辩解。听清楚了吧?

被:(不语 7's)

公:审判长,公诉人认为今天~被告人林某拒不交代自己的犯罪事实,沉默不语,说明其对认罪的一种态度。请合议庭予以注意。

辩:▼审判长,反对公诉人刚才所提的这个看法。因为被告人林某是一位文化水平比较低的人,所以我们认为她会如实地把案情讲清楚的。我们建议公诉机关把话讲慢一点,让林某听得懂。

公1:被告人林某,公诉人在审查起诉阶段对你进行讯问,你都能用普通话很流利地跟公诉人进行交流并交代你的犯罪事实。今天我用普通话讲,你听得清楚吗?

被:你声音大一点,我听不到。(语气抵触)

公:听不到是吧?

审:那你大声一点。

公:被告人林某,今天法庭上你自己对自己作案事实的详细阐释以及你自己的认罪态度,对定罪量刑意义非常重大,你应该好好地把握这个机会。我讲的你听清楚了吗?

被:(稍微点了点头)

公:嗯,如果你听清楚的话,你大声地讲出来好不好?

被:‖我认罪。

公:‖你如果点头的话只有法官能看得见,后面法庭上的其他观众没办法听清楚。

被:我认罪,我知道错了。(语速快)

公:那我下面还是用普通话对你进行讯问,你可以听得懂吗?

被:(点头)

公:那你知道你今天为什么会站在被告席上接受审判吗?

被:(沉默5's)

公:那么下面你将你作案事实向法庭如实地交代。

审:你把事实说一下,过程说一下。

被:(2's)我不是故意害他的。

审:你把过程说一下,我们就会判断是不是故意的,是不是过失的。

被:(3's)

审:你不说,法庭怎么知道你是故意的还是什么原因?

被:因为那个孩子死了。

审:啊?

被:因为那个孩子死了,我就扔掉了。

公:下面公诉人再次询问你。起诉书指控你故意杀人,你有什么意见?

被:(2's)什么?

公:有没有什么意见?有意见你可以陈述。

被:‖你说什么?你说什么?你再说一遍。

公:啊?

被:你说什么?你再说一遍。

公:嗯,起诉书指控你故意杀人,你有什么意见?

被:我意见……我不是故意的。
公:为什么公诉机关会起诉你故意杀人罪?
被:我不知道。
公:你不知道哦?那么你交代一下你将男婴致死的原因。也就是说,你什么原因怀的孕?怀孕以后什么时间生下这个男婴?你对这个男婴是怎么处理的?这个过程交代一下。
被:因为他生出来死了,我就扔掉了。
公:生出来就扔掉了是吧?在什么时间生的?
被:(3's)时间我忘了。
公:啊?是不是在你看的茶叶店的宿舍里面,是不是?
被:(点头)
公:你要回答是或者不是,不能光点头,知道吧。
被:(沉默)
公:那你交代一下当时你怎么样生下这个小孩的。
被:肚子痛了以后就生了。
公:啊?
被:肚子痛了以后就生了。
公:就是一个人在宿舍生下来的,是吧?
被:哎。
公:那生下来以后,这个男婴有什么反应?
被:嗯?
公:生下来这个小孩怎么反应?
被:没什么反应了。
公:没什么反应?
被:不活了。
公:啊?
被:不会动了。
公:不会动?那你怎么处理的?
被:我发现他死了,我就将他装在袋子里面扔掉。
公:扔在哪里?

被：扔在对面。

公：你过去在公安机关所交代的情况跟今天不一样。公诉人提醒你,公诉机关对你的认定是有确实充分的证据的。对故意杀人罪,首当其冲就是判死刑。但是,公诉机关认定你犯罪情节较轻,这是从你有些不幸的方面去考虑这个问题,所以给你认定了故意杀人罪最轻的这个量刑。那么这个量刑还要三年以上十年以下的徒刑。公诉人希望你能在这个量刑幅度内争取从轻处罚。现在公诉人对你进行讯问,你没有如实交代自己犯罪事实,那么公诉人将根据你的交代、你的证据向合议庭提供。这样的话,你就失去如实交代自己犯罪事实的这种有利机会。▲

被：▼我做了我都说了,我没有改口供。▲

公：‖你是否能够受到从轻处罚,也就在于你自己的把握。有没有听清楚?

被：(沉默)

公：审判长,公诉人鉴于被告人今天对自己的犯罪事实△不能如实交代,认为有必要宣读被告人多次对公安机关及检察机关所作的供述。请合议庭准许。

审：可以。

被：‖我怎么做我就怎么说了,没做就不说了,我没做的我没必要说嘛。

公：被告人林某归案以后,在侦查阶段以及在检察审查起诉阶段多次交代自己的犯罪事实。被告人林某交代的犯罪事实公诉人归纳一下主要有以下内容：

被告人林某对自己的犯罪事实供认不讳,具体内容是这样的：2005年3月19日上午9时许,在石狮市锦尚镇东店村新大街新世纪茶庄的宿舍内的床铺上产下一名男婴,她拿了一个卫生巾的塑料外包装袋往婴儿嘴巴里塞,直到婴儿哭声停止、死亡,后将婴儿尸体藏在床铺底下。3月20日晚上10时许,她将死婴放在塑料袋里,扔到对面的垃圾桶。同时她交代,她因被男朋友抛弃,所以一发现怀孕,就不想要这个孩子,将塑料袋塞进婴儿嘴巴的目的就是为了将婴儿弄死。被告人~林某,你对公诉人宣读你过去的交代有什么意见?

被:我不是故意杀人,你们说我故意杀人我有意见。

公:你有什么意见?

被:我不是故意杀人,(他)本来就是死的。

公:所以说你仍然执迷不悟,不交代自己的犯罪事实。

被:我不是不交代,(他)本来就是死的,没到时间生的,本来就不会活。

公:嗯~审判长,公诉人认为被告人今天在法庭当中拒绝交代自己的犯罪事实,这说明被告人的认罪态度。刚才公诉人就被告人不能交代自己犯罪事实的情况下宣读了被告人过去在公安机关以及检察机关里的有罪供述,公诉人认为这部分证据客观、真实,且有其他的证人证言,以及相关的法医鉴定予以证实被告人的这个犯罪事实。公诉人讯问被告人暂时到此。

审:下面辩护人有什么问题要发问?

辩:有。被告人林某,我是你的辩护律师,我问你的情况,你要如实地给我回答,好吧?

被:(不语)

辩:今天在庭审过程当中,公诉机关所讲的话你听得懂吗?

被:有些听不懂。

辩:那我问你啊,公诉机关指控你在生出婴儿的时候,你用塑料袋堵住婴儿的嘴巴致其死亡,有没有这个事实?

被:他本来就是死的。

辩:他本来就是死的?你为什么知道他本来就是死的呢?

被:因为他没有动,也没有哭。

辩:啊?

被:因为他没有动,也没有哭。

辩:出来了以后没哭啊?

被:没有。

辩:我问你第二个问题啊,你当时是先扭断婴儿的脐带后堵住嘴巴,还是先堵住嘴巴后扭断婴儿的脐带?

被:他本来就是死的。

辩:我知道。我现在问你一个问题,就是说,用我们闽南话来说◎#￥%……※(闽南话)

被:我忘了。

辩:啊?

被:忘了。

辩:忘了是吧?好,我再问你一个问题,你刚才说婴儿出生以后已经死了,那你为何还堵住他的嘴巴呢?

被:因为我那时候不知道他死了,我怕他哭被别人听到。

辩:我好像看过你曾向公安机关交代过,婴儿生出来以后,你抬头看了一下,发现是男婴,婴儿哭了两声,我怕人家听到就赶快用卫生巾的塑料袋把婴儿嘴堵上,有没有这个事实啊?

被:没有,我没有说他哭了。

辩:啊?

被:没有哭啊。

辩:没有哭,婴儿没有哭是吗?

被:嗯。

辩:哦,这是我要发问的第一组问题。第二组问题是,你是什么时候怀孕的?

被:2004年6月份。

辩:怀孕以后你有没有向你的亲人和朋友▲讲过这个事情?

被:‖没有。

辩:那你的亲人和朋友有没有发现你怀孕啊?

被:没有。

辩:也没有发现是吧?

被:嗯。

辩:那你生孩子的过程当中有没有告诉家属啊?

被:没有。

辩:有没有人在场啊?

被:没有。

辩：也没有。你自己一个人是吗？
被：是。
辩：从怀孕到生孩子后的这段时间都没有人知道是吧？
被：没有。
辩：我要问的第三组问题是，你知道这个跟你发生两性关系的男子是哪里人吗？
被：是我们安溪的。
辩：安溪的？能不能讲出他的具体地址呢？
被：(沉默)
辩：安溪哪里你知道吗？安溪哪一个乡镇的，知道吗？
被：(2's)是我们那边的。
辩：不大清楚？那这个人从事什么样的职业，你清楚吧？
被：(摇头)不清楚。
辩：不清楚。那你平时跟他来往了多长时间呢？
被：我是受骗的。
辩：什么？
被：我是受骗的。
辩：只一次见面是吧？
被：嗯。
辩：平时有没有跟他往来啊？
被：没有。
辩：好，那~当时你为什么会跟这个男子发生两性关系呢？
被：因为喝酒，被他害了。
辩：哦~他承诺要娶你做妻子是吗？
被：(不语)
辩：好。这是我要问的第三组问题。最后我要问的一组问题是，你在案发以后，也就是说你把孩子扔到垃圾桶里面去以后，你是否知道已经有人报案，公安机关已经对这个事情介入调查了？知道不知道？
被：知道。

辩:你知道公安机关在调查这个案件后,你当时有没有跑啊?
被:没有。
辩:没有跑。你还是在茶庄里面是吗?
被:是。
辩:那你当时有没有感觉到这个案件最后会查到你身上来?
被:我不知道。
辩:你没有感觉到是吧?
被:不知道,心情不好。我不知道。
辩:不知道。到了公安机关找你的时候,你有没有把事情的全部经过如实地交代啊?
被:有。
辩:有。那你以前向公安机关所交代的笔录你是不是清楚啊?
被:那时候我心情很不好,我也不知道说了什么。
辩:好。
被:‖那个时候我脑袋很乱,我不知道。
辩:‖你~ ‖嗯~~那就~▲
被:‖但是我现在说的话都是事实。
辩:当时跟公安机关如实交代吗?
被:‖我现在讲的跟公安局讲的一样。
辩:好。审判长,我的发问结束。
审:被告人林某,现在法庭向你调查几个问题,你要如实回答。当发现怀孕的时候,你心里是怎么想的?
被:我很怕。

[那么林某为什么会未婚先孕呢?2004年,刚满20岁的林某从福建安溪来到福建石狮市锦尚镇东店村新大街的某茶叶行,帮忙打理自己亲戚的茶叶店。四五月间,林某结识了同样来自安溪的强仔,强仔告诉林某自己非常喜欢她,愿意娶她。林某相信了,与强仔认识后的一个多月在一次喝酒之后,两人发生了性关系。第二天,林某却发现强仔从自己的世界中消失了,怎么找也找不到。此时的林某方才如梦初醒,自己是被强仔给骗了。更让林某不知所措的是两个月后,她发

现自己怀孕了。此时回到老家的林某想到了打胎药。可是在农村却买不到这种药。她想回到石狮后再做处理。可是回到石狮后,已经怀孕超过了三个月,打胎药已经无效了。上医院又怕被人家发现,于是林某就将自己怀孕的事偷偷隐瞒了下来。对于外界的怀疑则说自己发胖了。就这样遮遮掩掩直到孩子呱呱坠地。]

审:刚才公诉人在讯问你的时候,你说小孩子出生的时候就已经是死的,是吗?

被:嗯,是的。

审:你是如何判断他已经是死的呢?

被:他已经不动了。

审:那有没有哭?

被:没有。

审:你有没有去探他的呼吸或其他什么?

被:没有。我不懂。

审:你就是凭他不会动也没有哭就认为他是死的?

被:我不知道,那时候我脑袋很不清醒。我不知道,我很怕,不太清楚。

审:你是猜想的,还是确定他就是死的?

被:我不知道。

审:那你有没有用塑料袋塞进孩子的嘴巴?

被:有。

审:为什么要塞啊?

被:因为怕他会哭。那时候我一个人在,吓坏了,快要疯了。

审:你不是说你认为他已经死了,那还塞他嘴巴是什么目的?

被:我不知道。

审:你就是不确定他已经死了是吗?不能确定,是吗?

被:(点头)但是他真的是没哭了。

审:你把那个婴儿的尸体当天晚上就直接扔到对面的垃圾桶还是什么时候再扔掉?

被:第二天晚上。

审:第二天晚上是吧?

被:是的。

审:那你现在对你这个行为～有什么看法?

被:我自己认罪,请法官从轻处罚。

审:那我现在再问你,刚才公诉人也宣读了你在公安机关的供述,你对你的供述有没有不同意见?对你以前的供述。▲

被:‖我不同意,我有意见。

审:你的意见是什么?

被:我不是故意的,我不是故意杀人的。

审:‖你有意见是吧?你刚才～有说你～▲

被:‖我没有说那个孩子哭了。

审:就是说没有听得孩子哭?

被:没有哭,我有意见。

审:暂时到此。

审:现在由控辩双方举证。首先由公诉人向法庭提供证据。

[公诉人针对林某的犯罪事实出具了相关的证据。首先是发现男婴尸体的东店村村民和清洁工的证人证言,证实发现男婴尸体的情况;其次是林某打工的茶叶店老板等人的证言,证实了来自安溪县的林某在新世纪茶叶店务工的事实。紧接着,公诉人出示了两份福建省公安厅的法医学鉴定。]

公:第一份是福建省公安厅法医学检验鉴定书,证实的内容是:石狮市公安局在案发后将被告人林某、被害人男婴的血样以及胎盘上面的血样送到福建省公安厅进行血迹 DNA 分型鉴定。鉴定的结论是被告人林某与被害人男婴的血样符合遗传规律,不排除具有单亲关系。第二份鉴定结论是福建省石狮市公安局法医学鉴定书。该鉴定书分析说明,男婴系新生儿且是活产。出生后不久即死亡。口腔内填有异物。鉴定结论是男婴系生前被他人堵塞口腔至机械性窒息死亡。

审:被告人你对鉴定结论、DNA检验鉴定和法医学鉴定书有什么不同意见?

被:(沉默)

审:辩护人有什么意见?

辩:没有。

审:请公诉人继续举证。

公:最后一部分证据是被告人林某对自己作案事实的供述,并带公安人员到现场指认的照片。照片内容是被告人林某指认她生产男婴的床铺、床铺底下藏匿男婴尸体的位置,以及丢弃男婴尸体的垃圾桶。

审:请法警把照片拿给被告人及辩护人辨认。

被:(对法警)我不想看这个,你不要让我看。

审:被告人,你对公诉机关所举的公诉说明、指认照片、尸检照片以及身份证明有什么不同意见?

被:没有。

审:辩护人呢?

辩:对现场照片没有意见。

审:法庭调查阶段结束。下面进入法庭辩论阶段。

公:从本案证据所证实的犯罪事实来看,被告人林某对于自己刚生下的婴儿,故意采取以堵塞口腔的手段致其死亡,非法剥夺了男婴的生命,其行为已构成了故意杀人罪。

辩:被告人的杀人动机应该是情有可原的。作为被告人,在这十月怀胎的过程当中,所经历的精神折磨和身体的折磨是不言而喻的。特别是在分娩的过程当中,没有任何人在身边,就连最起码的接生器械剪刀或者刀子都没有准备,足见被告人心理上在那个时候处于彷徨、混乱的状态。在婴儿生下的时候,没有剪刀,被告人应急之下用指甲扭断了婴儿的脐带,又怕邻居听到婴儿哭啼声让邻居知道自己未婚生孩子,所以又把塑料袋堵住婴儿的嘴巴。被告人当时的困境和痛苦是可想而知的。所以,这种杀人动机与行为,从情理方面来讲,我们认为是应当谅解的。这与一般的杀人罪显然有质的区别。

审:辩论到此结束。现在由被告人最后陈述。被告人可以就本案的事实和适用法律提出自己的意见和要求。你最后向法庭有什么请求吗?

被:我要求判轻一点,早日和家里人团圆。

审:现在休庭 10 分钟,进行合议庭评议。评议后将当庭宣判。

审:把被告人林某押入法庭。

本院认为,被告人林某对自己刚分娩的婴儿故意采用堵塞口腔的手段,非法剥夺该婴儿生命,致其窒息死亡。其行为已构成故意杀人罪,属情节较轻。公诉机关指控的罪名成立。现因被告人林某是出于怕他人发现其未婚先孕,为保全自己的声誉而杀害自己的亲生婴儿,主观恶性及社会危害性相对较小,可以酌情从轻处罚。辩护人关于对被告人林某从轻处罚的辩护意见予以采纳。依照《中华人民共和国刑法》第 232 条第 1 款的规定,判决如下:

被告人林某犯故意杀人罪判处有期徒刑五年。如不服本判决,可在接到判决书的第二日起十日内通过本院或直接向泉州市中级人民法院提出上诉。闭庭!

把被告人林某带出法庭。

附录2 辛普森杀妻案审判始末[①]

橄榄球超级明星 O. J. 辛普森(Orenthal James Simpson)涉嫌杀人案震惊全美,堪称20世纪美国社会最具争议的世纪大案之一。不少人认为,辛普森腰缠万贯,不惜花费重金,聘请了号称天下无敌的"梦幻律师队"(Dream Team)为自己开脱罪名。这帮律师唯利是图,凭着三寸不烂之舌,利用美国社会的种族矛盾以及刑事诉讼程序中的漏洞,把掌握着"如山血证"的检察官和警方证人驳得目瞪口呆,最后说服了陪审团全体成员,将杀人凶手无罪开释。这场全球媒体瞩目一时的"世纪审判"(Trial of the Century),无疑是对美国司法制度的极大讽刺和嘲弄。

然而,事过多年之后,根据已公布的辛普森案档案和涉案当事人的回忆,人们惊奇地发现,洛杉矶市警方在调查案情过程中,未能严格遵循正当程序,出现了一系列严重失误,致使辛普森的律师团能够以比较充足的证据向陪审团证明,辛普森未必就是杀人元凶,很有可能有人伪造罪证,用栽赃手法嫁祸给辛普森。

(一)有钱未必能使鬼推磨

谈起辛普森一案,无论黑人白人都承认,假如辛普森是个雇不起一流律师的穷光蛋,那他非进大狱不可。这就叫"有钱能使鬼推磨",古今中外都是一个理儿。可是,如果细琢磨一下,这个理儿好像又有点儿说不通。原因在于,若是论有钱,大名鼎鼎的拳王泰森(Mike Tyson)比淡出体坛多年的辛普森有钱得多。可是,1997年泰森因涉嫌强奸遭到起诉后,尽管他同样花费天文价格,聘请了一帮名律师出庭辩护,但仍然无法摆脱被定罪的命运,在大狱里结结实实地蹲了好几年。那么,何以泰森落入正义之网,而辛普森却能逍遥法外呢?

[①] 《辛普森杀妻案审判始末》,http://www.chnlawyer.net/ShowArticle.shtml? ID = 2007122714272357564.htm。

有一种解释是,泰森案陪审团以白人为主,而辛普森案陪审团成员多为黑人。黑人特别抱团,自然会偏向黑人球星。但是,这个说法同样不能完全令人信服。因为辛普森案的 12 名陪审员中,虽然有 9 名是黑人,其中却有 8 位是女性。一些研究陪审团的专家认为,这一构成对辛普森特别不利。根据美国学者对"黑人女性最讨厌啥样儿的黑人男性"这一社会学课题的统计和调查,最让黑人女性来气的黑人爷们儿有两种:一种是出名发财后立马就娶一个白妞儿当老婆的"烧包";一种是动不动就对媳妇拳打脚踢的粗汉。辛普森恰好把这两种坏样儿全占了。

辛普森于 1947 年生于旧金山市的黑人贫困家庭。他曾获得全美大学橄榄球联赛的最高荣誉奖海斯曼奖。进入职业联赛后,他先后在纽约水牛城鹰嘴队(Buffalo Bills)和旧金山淘金者队(San Francisco 49ers)担任主力,创造过一个赛季带球冲刺 2003 码的惊人纪录,被誉为橄榄球职业比赛史上的最佳跑锋。退出体坛后,辛普森又投身影视和广告业,在电影《裸枪》(Naked Gun)和《杀手势力》(Killer Force)中扮演主角;在美国广播公司(ABC)和国家广播公司(NBC)担任体育评论员;在美国最大的出租车公司赫兹(Hertz)担任形象大使。另外,由于英文"橙汁(Orange Juice)"一词的缩写恰好与辛普森名字的缩写 O.J. 一样,所以佛罗里达一家饮料公司特意邀请他拍摄橙汁的促销广告,使 O.J. 这个英文缩写成为美国体育英雄和超级广告明星的代名词。

辛普森成名之后,一向有"花花公子"和"外黑内白"的名声。与空中飞人乔丹(Michael Jordan)和魔术师约翰逊(Magic Johnson)等著名黑人球星不同,辛普森对赞助黑人贫民区的活动和投资项目毫无兴趣,却热衷于跻身富有白人的高尔夫球俱乐部。除了幼年好友柯林斯外,他的哥们儿无一例外都是白人。同时,他也只对白人性感女郎感"性趣"。为了"脱黑",他甚至不惜重金聘请语音校正专家,反复练习,改掉了一口浓重的黑人贫民区口音。1977 年,辛普森在一家高级餐厅与漂亮迷人、金发碧眼的白人女侍者妮可·布朗(Nicole Brown)一见钟情,不久便与第一任黑人妻子离异。1985 年辛普森与妮可结婚后,因妮可怀疑他在外面有"二奶",两人关系开始出现裂痕。妮可曾多次打电话报警,指控辛普森对她拳打脚踢。

辛普森案后,几位黑人女性陪审员一再表示,她们并未因被告是黑人而影响裁决,或对被告产生任何个人好感。在扬名天下、腰缠万贯之后,辛普森休掉黑人糟糠之妻,另娶白人金发女郎一事,极大地伤害了全美黑人女性的自尊心;而辛普森打骂白人妻子的粗暴行为,更使普天下不分肤色的所有女性不寒而栗。另外,在美国的刑事案审判中,12 名陪审员中只要有 1 人持有异议,就会出现"死锁"(Dead Lock)现象,即所谓"悬而未决的陪审团"(Hung Jury)。在此情况下,法院要重定开庭日期,控辩双方要重选陪审员听证和审案。所以,辛普森案陪审团作出被告无罪的一致判决,与黑人构成陪审团主体并无绝对和必然的关系。

那么,陪审团究竟凭啥得出了被告无罪的一致结论呢?依照美国法律,作出判决的唯一依据只能是证据。美国是一个司法公开的国家,不仅刑事审判对公众开放,而且重大刑事案件的原始档案,如法庭记录、起诉书、证人供词、审问笔录、旁证材料、法医鉴定书、检方和辩方律师的开庭陈词和总结陈词等,在结案后都要全部对公众开放。根据已公布的辛普森案档案,陪审团之所以判定辛普森无罪,与警方和检方在办案和起诉过程中出现重大失误,使呈庭证据无法令人信服有直接关系。

(二) 警方办案三大失误

尽管辛普森案是所谓世纪大案,但是,从这个凶杀案的刑事调查过程看,洛杉矶市警方在侦破案件、搜集罪证、遵循正当程序等方面漏洞百出,涉案警官和刑事检验人员的专业素养实在令人不敢恭维。根据已公开的刑事调查记录和涉案当事人的回忆,警方在办案过程中至少出现了三个重大失误,对这个谋杀案的结局产生了极大影响。

1. 忽视现场勘查常识

1994 年 6 月 12 日深夜 11 点 50 分,在洛杉矶市西区邦迪街(Bundy),一条名贵的纯种日本狼狗狂吠不已,爪子上沾满血迹,使一对散步的夫妇心生疑惑,跟随这条狼狗,来到一座西班牙式高级公寓楼前，结果发现了两具鲜血淋漓的尸体。他们吓得魂不附体，立刻狂敲隔壁住家大门，想借电话报警。但是，深更半夜的敲门声，却把宅主吓得半死，以为来了劫匪，便立刻打911电话报警。洛杉矶市警署两位警官接警后，火速赶到现场，发现是一宗恶性人命案后，他们便呼叫重案处的刑警前来增援。

　　大批刑警赶到现场后，经初步调查，证实被害的白人女子35岁，名叫妮可，是黑人橄榄球明星辛普森的前妻；被害的白人男子25岁，名叫戈德曼（Ronald Goldman），是附近一家意大利餐馆的侍者。两人皆因利刃割喉致死。妮克的脖子几乎被割断，咽喉和颈椎骨都裸露在外，刀口喷着鲜血；戈德曼身中三十余刀，死于颈部静脉断裂和胸腹腔大出血。凶杀现场血腥弥漫，惨不忍睹。辛普森与妮可的两个孩子尚在二楼熟睡，没有目睹这可怕的场面。

　　死者身份辨明后，西区警察分局局长布歇（Keith Bushey）决定，派几位刑警赶赴相距约四公里的辛普森住宅，通知他前妻遇害但孩子无恙的消息，并让辛普森着手安排把两个受惊的孩子带回家。另外，警方考虑到辛普森是被害人前夫，他的安全也在警方的关注之中。这时，一位名叫福尔曼（Mark Fuhrman）的白人刑警自告奋勇，要求带队前往。在1985年的一次家庭纠纷中，妮可被辛普森殴打后报警，福尔曼曾上门处理过他们的家庭暴力案，知道辛普森住宅的准确地址。于是，主持调查凶杀案的瓦纳特（Philip Vannatter）警长便率领福尔曼等四名警探驱车前往辛普森住宅。

　　布歇局长从第一犯罪现场直接调派警官前往辛普森豪宅的决定，铸成了警方的第一个重大失误。原因在于，前去的四位白人警官都曾进入过血迹遍地的第一杀人现场勘察，他们的警靴和警服上很有可能已不小心沾染了血迹。照常理，布歇局长应当派几位压根儿就没进入过第一现场的警官去通知辛普森，防止第一现场的血迹与后来被警方宣布为第二现场的辛普森住宅的血迹发生交叉沾染，这是刑事案现场勘查的基本常识。可是，警方在辛普森案中却完全忽视了这种常识。在采集证据和保护现场方面，警方也出现了很多忽视常识的重大失误。案发之后，大批刑警和刑事检验人员迅速来到现场，但法医却姗姗来迟,在案发10小时后才来到现场,错过了准确地鉴定被害人死亡时间的最佳时机。法医在解剖尸体时,不但没对尸体进行X光检查和采集妮克的右手指纹,而且对妮可死亡前是否受到性侵犯未作任何医学鉴定,致使破案线索大大减少。为了"保护"现场,警方人员顺手从妮克的公寓中拿了几条白被单,小心翼翼地盖在了尸体之上。可是,由于辛普森与妮克离婚后仍然藕断丝连,案发数周前他曾在妮克公寓过夜,并经常来公寓看望孩子,被单上难免会有他的头发或皮屑,结果致使检方呈庭证据的可信度大打折扣。

根据案发现场照片,辩方专家发现,妮可尸体裸露的肩膀上有七点血滴。从这些血滴的形状和滴落方向看,它们不可能是妮可本人滴落的。根据常识推理,这些血滴很可能是妮可倒地后,有人流着血从她尸体旁走过时滴落的。因此,如果这些血滴不是来自另一名被害人戈德曼,那一定就是凶手滴落的。这样,如果能证明这些血滴属于辛普森,那么他的嫌疑便倍增。可是,当辩方专家向警方检验人员提出查验这些血滴时,他们深感惊讶,因为警方完全忽视了这些血滴的重要性。妮可的尸体在解剖前已进行冲洗,这些血滴永远消失了。

2. 警方涉嫌非法搜查

6月13日清晨5点,四位白人刑警来到建有围墙的辛普森住宅。他们在前门按了很久电铃,但一直无人应门。这时,福尔曼独自一人,沿围墙搜索了一圈,发现围墙后门的路上停着一辆白色福特野马型越野车。经细心观察后,福尔曼高声叫瓦纳特警长过来察看,说在驾驶员位置的车门把手上发现了微小血迹。瓦纳特和另两位警官看到血迹后大惊失色。他们担心住宅内的人有生命危险,便决定进入住宅,进行紧急搜查。

这一搜查之举,对这个世纪大案的结局有很大影响,因为警官们当时没有搜查许可证。依照美国的司法观念,警察是一种合法的暴力和必要的邪恶,对这一机构的权力必须予以严格限制,否则它将沦为专制暴君和贪官污吏祸国殃民的工具。想当年,为了防止官府和警察为非作歹,滥用权力,任意搜捕和祸害小民百姓,《美国宪法第四修正案》明文规定:人民的人身、住宅、文件和财产享有不受无理搜查和扣押的权利,不得侵犯。除依据可能成立的理由,以宣誓或代誓宣言保证,并详细说明搜查地点和扣押的人或物,不得发出搜查或扣押状。

1914年,美国最高法院在威克斯诉美国案(Weeks v. United States, 1914)中首次明确规定,联邦法院在审判时,必须把警方用非法搜查手段取得的证据排除在外,这是美国警方人人皆知的"排除规则"(Exclusionary Rule)。1961年,最高法院在迈普诉俄亥俄州案(Mapp v. Ohio, 1960)中规定,"排除规则"同样适用于各州法院。据此判例,警务人员若要进入民宅搜查,必须向法官宣誓担保,不但要以书面形式列举证据和理由,而且要详细说明搜查的地点、范围和时间。经法官审核批准,颁发许可证之后,才能进入民宅搜查。另外,警察只能在许可证规定的范围内行动,并应在搜查后向法庭提交所获证据报告。警察如果违法搜查,不但会受到警纪严惩,而且会造成所获证据在法庭审判时一概作废的严重后果。法官如果违规颁发搜查证,将面临被弹劾和遭到刑事起诉的危险。

在美国的司法判例中,涉及搜查和扣押的规定千变万化。几乎在每一起刑事案中,辩方律师的首要工作,就是挑战警方搜查和采集证据的程序是否合法。但是,有关搜查的法律法规极为复杂,缺乏清晰明确的规定。比如,警察拦截和搜查平民违法,但是,如果有人超速驾车,则警察有权拦截驾车人并开出罚单。但如果警察趁机要求搜身和搜车,则驾车人有权当场拒绝。可是,如果警察无意中在车后座发现了类似大麻的烟蒂,在没有搜查许可证的情况下,警察是否有权搜车?如果警察搜遍全车后没发现毒品,却意外地发现了非法枪支,那么,警方的搜车行动是否违宪?搜获的非法枪支是否能作为呈庭证据?对于这些复杂的法律问题,并无统一的标准和答案,只能由法官在审判时审时度势,酌情裁决。

20世纪60年代后,由于犯罪率急剧上升,"排除规则"遭到美国社会各界极大指责。批评者认为,过于严格地实施"排除规则",将会给警方破案造成极大困难。在很多情况下,仅仅由于警方粗心大意或急于求成,未能严格遵循程序,致使很多罪犯在铁证如山的情况下逍遥法外。尼克松总统执政后,先后任命了四位保守派人士出任大法官要职,试图推翻或修正"沃伦法院"那些对罪犯"心慈手软"的判例。此后,最高法院对"排除规则"的解释略有改变。1984年,最高法院在美国诉里昂案(United States v. Leon, 1984)中规定,当搜查不完全合乎程序要求时,如果警方的所作所为具有"良好诚信"(Good Faith)和"合理相信"(Reasonable Belief),法院在审案时可以引用搜获的证据。

在辛普森案中,涉案四名警官皆为老手,每人都有20年以上的刑事侦查经验。对于限制警方搜查的案例和法规,他们恐怕比初出茅庐的律师了解的还要多。稍有法律头脑的警官都应明白,美国诉里昂案的裁决虽然对警方有利,但这个判例对所谓"良好诚信"和"合理相信"的解释模棱两可、含糊不清。体坛巨星辛普森涉嫌杀人一案,毫无疑问将是轰动全美的世纪大案。为了防止被辩方律师钻空子,警方应当格外谨慎,严格遵循法律程序。

在辛普森案中,从当时福尔曼发现血迹和长时间无人应门的情况看,四位警官擅闯民宅之举,勉强可以算是具有"合理相信"。但是,警官们进入住宅后,一旦发现辛普森及其家人没有生命危险,就应停止搜查。只有当与法官取得联系,申请到搜查许可证后,才能对辛普森住宅进行合法搜查。

但令人费解的是,在没有面临迫在眉睫的危险和非紧急情况下,福尔曼警官独自一人,迫不及待地在辛普森宅内继续搜查,结果铸成了警方在此案中的第二个重大失误。决定进入住宅后,福尔曼自告奋勇,抢先翻越围墙,从里面打开前门,四位警官便直奔豪宅。可是,按了很久的电铃,仍然无人应门。于是,他们绕行到住宅后边,去三间独立客房敲门。在第一间客房,有一位睡眼惺忪的白人出来应门,他自称是辛普森的哥们儿,名叫凯林(Kato Karlin)。他告诉警察,辛普森和第一任黑人太太生的大女儿住在隔壁第二间客房。当刑警们把辛普森女儿从梦中敲醒后,瓦纳特焦急难耐地向她询问辛普森的去向。她回答说,父亲已于昨夜赶搭飞机到芝加哥,参加一场赫兹公司很早就已经安排好的高尔夫球商业比赛。警官当即打长途电话给辛普森,告知他前妻遇害的噩耗。辛普森闻讯大惊,表示将迅速赶回洛杉矶。

当瓦纳特等人询问辛普森女儿和打电话时,福尔曼在隔壁单独盘问凯林,打听昨晚有无异常情况。凯林称,大约在晚上 10 时 45 分左右,他听到客房背后一声巨响,墙壁上的挂画都被震动得摇晃起来,他当时以为是轻微地震,没放在心上。福尔曼疑心大起,立即拔出手枪,独自一人、单枪匹马地到客房后搜查。大约 18 分钟后,福尔曼高声叫来其他刑警,说在屋后悬挂式空调机下的走道上,发现了一只沾有血迹的右手黑色皮手套,这只手套与在凶杀案现场发现的另一只手套相配。但是,在血手套现场没发现其他血迹以及可疑的脚印和痕迹。福尔曼解释说,估计在半夜三更、黑灯瞎火之时,凶犯潜逃在屋后,一不留神撞在了空调上,在惊慌失措中遗落了手套。

发现血手套后,刑警们又找到了更多线索。他们发现,在围墙前门车道,以及从前门通往住宅大门的小道都有血滴的痕迹。这样,警方认为已有足够理由怀疑辛普森是凶杀嫌疑,便宣布辛普森住宅为凶杀案第二犯罪现场,正式向法官申请搜查许可证。在后来的搜查中,福尔曼在二楼卧室的地毯上发现了一双沾有血迹的袜子,它成为指控辛普森涉嫌杀人的重要证据之一。

可是,福尔曼在没有搜查许可证和非紧急情况下,单枪匹马地在辛普森住宅中大肆搜查一事,使警方出现了涉嫌违反正当法律程序的严重问题。依照美国法律,在某些人命关天的特殊情况下,警官可以用电话或其他现代化通讯手段与法官取得联系,法官了解现场情况后,可以口头授权警察进行搜查。只有在面临生命危险或罪证可能被销毁的紧急情况下,警察才能破门闯入民宅搜查。可是,警官们进入辛普森住宅后的境遇并非如此。

在预审时,辩方指控白人警探心怀偏见、先入为主,早在案发之初,就已把辛普森内定为主要嫌犯,然后故意寻找借口,闯入民宅非法搜查。这样,假如法官判决警方违宪,则搜获的血迹和血手套都会成为"压下不用的证据"(Suppressed Evidence),不能在审判时呈堂。但法官听取了警方的辩解后,裁决搜查行为合法。尽管如此,在庭辩期间,面对辩方律师的穷追猛打,福尔曼死活也解释不清,作为一个有多年刑事侦察经验的老手,在非紧急情况下,明知没有搜查许可证,为何仍然独自一人、单枪匹马地在住宅内大肆搜查。辩方借此怀疑,福尔曼之所以急不可耐地闯入住宅搜查，很可能是为了借机伪造证据，用栽赃手法嫁祸给被告。

3. 警官携带血样返回现场

6月13日中午12点，当辛普森从芝加哥匆忙赶回洛杉矶时，警方已封锁了他的住宅。主持调查的瓦纳特和兰吉警官让他到警署总部来一趟，澄清一些疑点，辛普森当即随口答应。

这时，辛普森的私人律师要求随同前往，但辛普森坚持说，自己与凶杀案绝对无关，用不着律师。在盘问开始之前，瓦纳特向辛普森宣读了"米兰达告诫"，提醒他有权保持沉默，有权请律师在盘问时在场。但辛普森同意放弃沉默权，独自一人与两位刑警谈了半个多小时，希望能给警方提供一些破案线索。照常理，如果辛普森是杀人凶手，沾有血迹的手套和袜子还遗留在客房后和卧室地毯上，杀人时刺破的手指伤口未愈，就是借他10个胆，恐怕他也不敢在没有律师在场的情况下，单枪匹马地与经验丰富的刑警周旋。在案发当天那种心绪激荡、大受刺激的情况下，如果他在盘问过程中颠三倒四、自相矛盾、谎言连篇、破绽百出，他的口供将成为检察官指控他犯罪的重要证据。在美国社会中，犯罪嫌犯拥有沉默权的"米兰达告诫"家喻户晓。如果心怀鬼胎，他完全可以依法拒绝审问，或者至少要求律师在审问时坐镇压惊。但是，辛普森并没这样做。

令人啼笑皆非的是，警方白白浪费了单独审问辛普森的千载良机。在多年的破案生涯中，警官们似乎已习惯于嫌犯像榆木疙瘩一样一声不吱，极少碰到过嫌犯自愿放弃沉默权的好事，把盘问嫌犯的谋略和技巧早就忘得一干二净。在审问过程中，两位刑警非常客气，没有盘问辛普森在案发之日的具体行踪，他们提出的问题既缺乏逻辑又不连贯，远远低于警校低年级学生水准。按常理，警官们应当刨根问底，穷追猛打，尽可能地套出更多口供，把盘问一直进行到辛普森不愿回答问题或请求律师在场时为止。可是，警官们竟然草草收兵，主动结束了审问。这样，警方既没得到任何破案线索，也没得到任何可以用来起诉辛普森的口供。事后，主持起诉的检察官气得七窍生烟。

在审问过程中，瓦纳特告诉辛普森，警方已在他的住宅内发现了一些可疑血迹。辛普森当即表示,愿意提供自己的血液样品,以便澄清真相。于是,警署的护士便从辛普森身上抽取了血液样品。按常规,为了防止血样凝固和变质,警方在辛普森的血样中添加了防腐剂(EDTA)。这时,瓦纳特注意到,辛普森左手用绷带扎住,且有肿胀迹象。辛普森解释说,手指不知咋整的弄破了。对于弄破的具体时间,他解释得含含糊糊,前后矛盾。征得辛普森同意后,瓦纳特指挥摄影师将伤口拍摄下来。值得一提的是,辛普森此时仅是犯罪嫌疑人,法官虽已颁发搜查许可证,但尚未正式颁发逮捕令。辛普森如果心里有鬼,他完全可以拒绝与警方合作,拒绝抽取血样和拍摄伤口照片。

令人难以置信的是,得到辛普森的血样后,瓦纳特警长并未将它立即送交一步之遥的警署刑事化验室,反而却携带血样回到了32公里以外的凶杀案现场。整整三个小时之后,瓦纳特才磨磨蹭蹭地将血样交给了刑事检验员丹尼斯·冯(Dennis Fung),后者当时正在现场取样勘查。天下竟然有如此荒唐的刑警,居然手持嫌疑犯的血样,在血迹遍地的凶杀案现场溜达了三个小时之久。在庭审时,面对辩方律师的质问,瓦纳特解释说,根据工作条例,所有证据必须先登记编号,然后才能送交刑事化验室存档,而丹尼斯·冯正是负责登记编号的警员,所以他才携带血样回到了犯罪现场。可是,辩方死死抓住这个重大疑点,大加渲染。辩方律师柯克伦(Johnnie Cochran)把瓦纳特和福尔曼贬称为"一对骗子",使陪审团对警方涉嫌违法乱纪、栽赃陷害的疑虑大大加深。

瓦纳特身携血样返回第一犯罪现场,铸成了警方在此案中第三个重大失误。在庭审时,警署护士出庭作证时说,他那天从辛普森身上抽取了大约7.9至8.7毫升血液样品。可是,辩方专家在警方实验室只发现了6.5毫升的血样。换言之,大约1.4至2.2毫升的辛普森血液样品竟然不翼而飞。辩方借此怀疑,瓦纳特携带血样回到第一犯罪现场,很可能是为了借机伪造证据。

(三)公路追捕与刑事起诉

警署审问和抽取血样之后,辛普森得知自己已沦为头号嫌疑罪犯。为了避开新闻媒体的骚扰,他暂时躲在一位律师朋友位于半山腰的神秘豪宅中，开始筹组"梦幻律师队"。辛普森借用橄榄球术语，给自己挂上了球队老板兼指导的头衔。负责协调指挥全队进攻的"四分卫"（Quarterback）角色，由大名鼎鼎的犹太裔律师萨皮罗（Robert Shapiro）担任。他曾出任好莱坞影星马龙·白兰度（Marlon Brando）的律师。冲锋陷阵的跑锋要职，由著名黑人律师柯克伦担任。此公在70年代出任过洛杉矶市副检察长，后来下海开业，成为法律界声望极高的大律师，曾帮助音乐巨星迈克尔·杰克逊（Michael Jackson）打过官司。萨皮罗律师人脉极广，颇有运筹帷幄之才。他从波士顿请来了著名刑事律师李贝利（Lee Bailey），此公被誉为美国律师界最拔尖的盘诘高手之一；从纽约请来了舍克（Barry Scheck）律师，他是擅长在刑事案中应用DNA证据的头号权威；从阿尔巴尼请来了解剖和法医专家贝登（Michael Baden）博士，他曾在肯尼迪总统被刺案中担任首席法医。由于辛普森案的管辖权属于加州法院，应用加州法律和司法判例，萨皮罗邀请加州法律专家、加州大学圣塔克拉拉校区法学院院长乌尔曼（Gerald Uelmen）入伙，他曾为"五角大楼文件泄密案"（New York Times Co. v. United States, 1971）的主角艾尔斯伯格（Daniel Ellsberg）担任过辩护律师。

　　阵容如此强大，但萨皮罗仍不放心，由于警方涉嫌非法搜查，事关《美国宪法第四修正案》，萨皮罗又说动哈佛大学法学院教授德肖维茨（Alan Dershowitz）加盟。这位教授曾任最高法院大法官哥德伯格（Arthur J. Goldberg，任期1962—1965）的法律助理，是全美声望极高的宪法权威和上诉律师。为了确保胜诉，萨皮罗又叫上康涅狄格州警政厅刑事化验室主任李昌钰（Henry Lee）博士出任专家证人。此公是美籍华裔刑事鉴识专家，以精湛、独特的刑事侦查与证据鉴识技术享誉国际警界，因屡破奇案被媒体誉为"当代福尔摩斯"。此外，辛普森悬赏50万美元巨款，奖励提供破案线索的举报人，并雇用了几位著名私人刑事侦探调查凶杀案真相。据行家估算，维持"梦幻律师队"正常运作的全部开销，至少应在600万美元上下。

　　6月17日上午8点，即案发5天后，根据现场血迹化验和DNA测试结果，检方决定立案起诉辛普森。警方要求他在上午10点准时投案自首。此时,"梦幻律师队"中的萨皮罗律师、贝登博士、李昌钰博士等人正在向辛普森了解案情,从他身上采集头发和血液等检验样品。萨皮罗以辛普森情绪低落、心理不稳为理由,请求警方延缓几个小时。上午11时,警方拒绝了延缓的请求,并派出刑警前往神秘豪宅逮捕辛普森。

中午12时左右,当刑警赶到豪宅时,辛普森突然失踪了。临行前,他留下了一封诀别信,信中说:"我与妮克之死毫无关系。我爱她,一直都非常爱他,而且将永远爱她。如果我们之间有什么矛盾的话,那只是我爱她太深。"结尾写道:"请不要为我悲伤,毕竟我一生辉煌,又有好友无数。请大家记住真正的O.J.,而不是眼前这个在人生中迷失方向的人。"下午3时,警方在电视上了公布了辛普森的照片和汽车牌照资料,宣布他是在逃通缉犯。萨皮罗律师召开记者招待会,向媒体宣读了辛普森的诀别信,并在电视上请求辛普森不要轻生。

那么,辛普森打算远走高飞、畏罪潜逃吗?似乎不太像。当天下午5点56分,警方在加州高速公路上发现了辛普森的白色野马车。在长达约6个小时的时间中,他乘坐的越野车一直在洛杉矶市郊徘徊。

据辛普森自己解释,他只是到安葬妮克的墓地去了一趟,悲痛欲绝。驾车司机是辛普森的铁哥们兼队友柯林斯,他一边驾车一边用汽车电话与警方通话,声称辛普森此时躺在后坐,手持枪支,情绪沮丧,如果警方强行截车捕人,辛普森有可能会自杀。

6月17日下午,恰好是美国职业篮球联赛(NBA)总决赛的第五场,纽约尼克斯队大战休斯敦火箭队。笔者那天球赛看得正来劲儿,没想到,当警方发现了辛普森的越野车后,全美各地电视台突然临时中断节目,画面一律改为现场直播警车跟踪白色野马车的实况,真让人扫兴。这时,辛普森终于开始与警方对话,他同意束手归案,但要求先回趟家,跟没娘的孩子和家人打声招呼。警方担心出人命,便同意了他的请求。这样,白色野马车在直升机和数十辆警车护送下,浩浩荡荡地缓缓开回了辛普森的家。在辛普森与孩子、家人见面并短暂交谈后,警察便将他押上了警车。一场全球瞩目的高速公路大追捕,终于降下了帷幕。

世纪大案开场后,面对辩方的豪华阵容,检方派出了最具实力的检察官出场应战。主持起诉的是"常胜女将"、副检察长克拉克(Marcia Clark)。她主持起诉过二十多宗杀人重罪案,从未输过一场。由于辩方聘请黑人律师担任重要角色,检方遂指派助理检察官达顿(Christopher Darden)出任克拉克的副手,他是检方阵营中综合素质最佳的黑人检察官。此外,洛杉矶市检察长亲自坐镇,在幕后协调指挥。他先后调集了五十余名久经沙场、经验丰富的检察官和刑事律师参加案情分析和起诉准备。联邦调查局以及洛杉矶和芝加哥警方调遣了数百名刑警和刑事检验专家参与破案和现场勘查。据专家估算,检方为了与"梦幻律师队"过招,至少破费了纳税人八百多万美元巨款。即使是有钱有势的富人,在面临国家强大的专政机器时,也难免相形见绌。

"梦幻律师队"踢出的开场球,是要求此案由市区中心的洛杉矶市法院审理。其原因是,案发之地的西区,白人居民较多,而市区中心黑人居民占多数,随机抽样选出的陪审团成员将以黑人为主。检方对此虽然不太情愿,但由于两年前,白人占多数的陪审团在受害人为黑人的罗德尼金案中判决执法过当的白人警官无罪,结果在洛杉矶地区引发了一场规模空前的大暴乱。为了防止因种族因素再闹事,检方只得同意改变管辖法院。此外,这个世纪大案由美籍日裔法官伊藤(Lance Ito)主持审理,他的父母在二战时曾被关入日裔集中营。这位法官博才多学,一向以精通法律和严谨公正著称。这样,检辩双方阵营都有黑人律师,日裔法官主持审判,陪审团成员多数是黑人。一旦被告被判有罪,黑人就是想闹事也没啥理由。实际上,辛普森案从一开始就已与种族问题有了难以解脱的瓜葛。

正式审判开始后,在开庭陈词时,检方指控辛普森预谋杀妻,作案动机是嫉妒心和占有欲。离婚之后,辛普森对妮克与年轻英俊的男人约会非常吃醋,一直希望破镜重圆,但希望日益渺茫。案发当天,在女儿的舞蹈表演会上,妮克对辛普森非常冷淡,使他萌动了杀机。戈德曼则属于误闯现场,偶然被杀。法医鉴定表明,被害人死亡时间大约在晚上10点到10点15分之间。辛普森声称,当晚9点40到10点50

之间,他在家中独自睡觉,无法提供证人。在整个审判过程中,根据律师的建议,辛普森依法要求保持沉默,拒绝出庭作证。但是,检方关于预谋杀人的指控似乎不合情理。主要原因是,辛普森当晚要赶飞机,他已预约了豪华出租车送自己去机场。这一安排实际上堵死了他本人作案的后路。因为他必须在短短1小时10分钟之内,驱车前往现场,选择作案时机,执刀连杀两人,逃离凶案现场,藏匿血衣凶器,洗净残留血迹,启程前往机场。整个环节稍有差错闪失,就会耽误飞机起飞的钟点。这时,出租车司机便会成为重要证人。另外,对辛普森这种缺乏训练和经验的业余杀手来说,使用枪支是最佳选择,根本没必要手执利刃割喉杀人。这种作案方式不仅会弄得自己满身血迹,而且会在凶杀案现场、白色野马车和自己住宅中留下难以抵赖的"血证"。

辩方认为,妮克有可能被贩毒集团或黑手党杀害。因为妮克有吸毒历史,如果她大量购买毒品之后未能按时支付,有可能被黑手党暗下毒手,而割喉杀人正是黑社会惯用的凶杀手段。另外,戈德曼与妮可之间也不是一般关系,有人曾看见他驾驶妮可那辆价值15万美元的白色法拉利牌高级跑车在街上兜风。另外,戈德曼的背景也非常令人生疑。1993年到1995年短短两年期间,在戈德曼工作的那家意大利餐厅,竟然有四位雇员被谋杀或神秘失踪。

(四)"血证如山"破绽百出

世纪大案开场后,引起全美各界的极大关注。根据美国联邦和加州的证据法,刑事案中的证据一般可分为直接证据和间接证据两种。所谓直接证据,是指能够以直接而非推理的方式来证明案情的证据。比如,某证人出庭作证,声称他亲眼看见凶手用利刃杀了受害者,这就是直接证据。所谓间接证据,是指不能以直接方式,而必须以推理的方式来证明案情的证据。比如,在凶杀案现场发现了血迹或指纹,这就是间接证据,或者说是旁证。辛普森案没有目击证人,检察官只能使用警方搜集的血迹、手套、袜子和血液化验结果等间接证据来指控辛普森,所以这是一个非常典型的"旁证案件"。

在美国的司法体制中,仅仅依赖间接证据就把被告定罪判刑,绝非易事。这是因为,仅凭个别的间接证据,通常不能准确无误地推断被告人有罪。必须要有一系列间接证据相互证明,构成严密的逻辑体系,排除被告不可能涉嫌犯罪的一切可能,才能准确地证实案情。此外,间接证据的搜集以及间接证据和案情事实之间的关系应当合情合理、协调一致。如果出现矛盾或漏洞,则表明间接证据不够可靠,不能作为定罪的确凿根据。比如,在辛普森案中,检方呈庭的间接证据之一,是在杀人现场发现了被告人的血迹。可是,由于瓦纳特警长身携辛普森的血样,在凶杀案现场溜达了三个小时之久,致使这一间接证据的可信度大打折扣。

在辛普森案中,由于检方证据全都是间接证据,辩方律师对这些"旁证"进行严格鉴别和审核,是这场官司中极为重要的一环。令人失望的是,检方呈庭的证据破绽百出,难以自圆其说。这使辩方能够以比较充足的证据向陪审团证明,辛普森未必就是杀人凶手。

1. 血迹证据令人生疑

检方呈庭的重要证据之一,是血迹化验和DNA检验结果。刑事专家一致同意,血迹化验和DNA检验的结果不会撒谎。但是,如果血迹受到污染、不当处理、草率采集或有人故意栽赃,那么它的可信度则大打折扣。在辛普森案中,这些毛病全都存在。

检验结果表明,所有疑点都聚集在辛普森一人身上。凶杀现场两处发现辛普森的血迹;现场提取的毛发与辛普森的头发相同;警方在现场和辛普森住宅发现的血手套是同一副,两只手套上都有被害人和被告的血迹;在辛普森住宅门前小道、二楼卧室的袜子和白色野马车中,都发现了辛普森和被害人的血迹。这样,检方证据堪称"血证如山",辛普森涉嫌杀人似乎已是无法抵赖的事实。但是,辩方阵营认为,这些"血证"疑点极多,破绽百出。

首先,袜子上的血迹非常奇怪。辩方专家指出,这只袜子两边的血迹竟然完全相同。根据常识,假如袜子当时被穿在脚上,那么袜子左边外侧的血迹,绝不可能先浸透到左边内侧,然后再穿过脚踝浸透到右边内侧。只有当血迹从袜子左边直接浸透到右边时,两边的血迹才会一模一样。换言之,袜子当时并未被穿在脚上,血迹很有可能是涂抹上去的。在庭审时,检方出示了几张发现血袜子的现场照片。可是,照片上的时间顺序却自相矛盾。案发之日下午 4 点 13 分拍照的现场照片上,没有这只血袜子。可是,4 点 35 分拍照的照片,却出现了血袜子。那么,血袜子究竟是原来就在地毯上,还是后来被警方移放到地毯上?对此问题,警方的答复颠三倒四,前后矛盾。另外,辩方专家在检验袜子上的血迹时,发现其中含有浓度很高的防腐剂(EDTA)。辩方律师提醒陪审团,案发之日,警方在抽取辛普森的血样之后,在血样中添加了这种防腐剂。

其次,从现场勘查报告看,身高体壮的戈德曼曾与凶犯展开了一场血战。他的随身物品,一串钥匙、一个信封、一张纸片以及一个呼叫机都散落在不同的地方,这说明打斗的范围很大,搏斗很激烈。戈德曼的牛仔裤上有血迹向下流的形状,说明他不是在极短时间内死亡,而是在负伤之后,仍然挺身而斗,拼死抵抗。他被刺中了三十余刀,最后因颈部静脉断裂和胸腹腔大出血致死。据此推断,凶犯浑身上下肯定也沾满了血迹。可是,为什么在白色野马车上只发现了微量血迹?更令人疑惑的是,为什么凶手下车后,却在围墙前门车道和从前门通往住宅大门的小道上留下了很多明显血迹?

还有,假设辛普森穿着血衣血鞋沿前门小道进入住宅大门,又穿着血袜子走上二楼卧室,为什么在门把、灯光开关和整个住宅内的白色地毯上没发现任何血迹?

再次,根据血迹检验报告,在现场两处地方发现了辛普森的血迹。一处在从被害人尸体通向公寓后院的小道上,警方发现了五滴被告血迹,大小均匀,外形完整。但辩方认为,假设辛普森在搏斗中被刺伤,按常理,应该在起初大量流血,过一会儿血量才会逐渐减少。所以,血滴绝对不可能大小均匀。另外,血滴应是在搏斗或走动中被甩落,以撞击状态落地,因此,血滴的外形不可能完整。

另一处血迹,是在公寓后院围墙的门上,警方发现了三道血痕。可是,检方专家在检验这些血痕时,再次发现了浓度很高的防腐剂(EDTA)。最后,辩方专家指控,洛杉矶市警署刑事实验室设备简陋,管理混乱,检验人员缺乏训练,没有按照正常程序采集现场血迹。由于证据样本处理不当,所以检验结果令人生疑。比如,按照正常程序,在采集血迹样本进行 DNA 分析时,应当先用棉花沾起血迹样本,待自然风干之后,才能放入证据袋中。可是,警方检验人员在血迹尚未风干时,就已将样本放入证据袋。据此,辩方律师舍克毫不客气地表示,警署的刑事化验室简直就是个"污染的粪坑"。

2. 手套证据疑云密布

检方呈庭的重要证据之二,是福尔曼在辛普森住宅客房后面搜获的黑色血手套。可是,这只血手套同样疑云密布。

首先,根据福尔曼的证词,当他发现血手套时,其外表的血迹是湿的。辩方专家认为,这是绝对不可能的。凶案大约发生在 6 月 12 日深夜 10 点半左右,而福尔曼发现手套的时间是 6 月 13 日早晨 6 点 10 分,时间跨度在 7 个小时以上。辩方用模拟实验向陪审团演示,在案发之夜那种晴转多云和室外温度为摄氏 20 度的气象条件下,事隔 7 小时后,手套上沾染的血迹肯定已经干了。那么,福尔曼为何一口咬定是湿的呢?辩方提供的解释是,只有一种可能性,那就是福尔曼来到凶杀案现场后,悄悄地把血迹未干的手套放入了随身携带的警用证据保护袋之中。然后,他千方百计寻找机会进入辛普森住宅,趁人不备伪造证据。这样,尽管时间跨度很长,但血迹仍然是湿的。

其次,假设辛普森是杀人凶犯,当他满身血迹、惊惶失措地从杀人现场逃窜回家,把凶器和血衣藏匿得无影无踪之后,根本没必要多此一举,单独溜到客房后面藏匿血手套。另外,辛普森对自己住宅的旁门后院、地形道路了如指掌,按常理,他不太可能撞在空调上,发出一声惊天动地的巨响,并且在遗失血手套之后不闻不问。从各方面情况分析,撞在空调上并丢失手套的主儿,显然是一个对住宅内地形和道路不太熟悉的人。另外,如果凶犯在黑暗中慌不择路,瞎摸乱撞,丢三落四,为什么在血手套现场没发现其他血迹以及可疑的脚印和痕迹?

再次,虽然警方在凶案现场和辛普森住宅搜获了一左一右两只手套,并且在手套上发现了两位被害人和辛普森的血迹。但是,这两只手套的外表没有任何破裂或刀痕,在手套里面也没发现辛普森的血迹。这说明,辛普森手上的伤口与血手套和凶杀案很可能没有直接关系。

最后,为了证实辛普森是凶手,检方决定让他在陪审团面前,试戴那只沾有血迹的手套。在法庭上,辛普森先带上了为预防污损而准备的超薄型橡胶手套,然后试图戴上血手套。可是,众目睽睽之下,辛普森折腾了很久,却很难将手套戴上。辩方立刻指出,这只手套太小,根本不可能属于辛普森。检方请出手套专家作证,声称手套沾到血迹后,可能会收缩一些。但辩方专家认为,这是一种经过预缩处理的高级皮手套,沾血后不会收缩。控辩双方各执一词,争论不休。但是,在一些陪审员眼中,这只血手套的确有点儿太小了。

(五)辩方打出"种族牌"

辛普森案审判期间,最令辩方阵营生疑的人物,是检方的"明星"证人福尔曼警官。案发之夜,这位警官并不当差。既然如此,他为何不辞辛苦,深更半夜赶到现场?他为何自告奋勇带队前往辛普森住宅?更令人疑惑的是,为何白色野马车上的血迹、客房后的血手套、二楼卧室的血袜子等重要证据,凑巧都被他一人单独发现?他究竟是一个神通广大的超级警探,还是一个劣迹累累的警方败类?

在此背景下,福尔曼自然成为辩方律师调查和盘诘的重点对象。为此,辩方特意设立了一个免费举报热线电话,希望各界人士提供线索。结果,辩方了解到,这位警官曾有过很多极为恶劣的种族歧视言论。比如,根据一位名叫拜尔(Kathleen Bell)的证人举报,在1985到1986年期间,福尔曼曾扬言,如果他在街上发现一个黑人男性和一位白人女性同在一车,他就拉响警笛,勒令停车。假如没有勒令停车的理由,他也会凭空捏造。他甚至狂言:希望看到所有"黑鬼"聚成一堆,一把火烧死或用炸弹炸死。还有一位证人举报,福尔曼崇拜希特勒,他收藏了大量纳粹德国党卫军的军功章。

但是,福尔曼本人坚决否认火烧"黑鬼"的指控。于是,辩方阵营请求伊藤法官下令,要求允许律师盘诘福尔曼,质问他在过去10年中是否使用过"黑鬼"这种侮辱性词汇。辩方企图以此为突破口,彻底诋毁福尔曼的证人资格。辛普森案后,各界人士口诛笔伐,对辩方这种滥打"种族牌"的诉讼策略嗤之以鼻、痛加抨击。值得注意的是,在争议性极大的"种族牌"问题上,"看热闹"的外行人士纷纷指责辩方律师,"看门道"的内行专家则怪罪主审法官。

在美国的司法审判体制中,法官的角色大致相当于法庭的裁判、司仪兼量刑官。针对辩方使出的损招儿,黑人检察官达顿恳请伊藤法官公正裁决,将"种族牌"踢出法庭。他强调:"'黑鬼'是英语中最肮脏、最下流的冒犯字眼儿。在本案中,在这个法庭上,绝对不能允许它存在。这件事与寻求本案事实真相毫不相关,它只能起到一个作用,那就是使黑人陪审员恼火。""辩方打出这张种族牌,不仅会改变本案的方向和重心,而且案情的整个形势都会随之大变。"辩方律师柯克伦则反驳说:"黑人每天都生活在被冒犯的目光注视下,每天都忍受着被欺侮的境遇,但他们仍然信任这个国家的司法制度。声称种族问题会影响黑人陪审员的公正判决,这才是绝对的冒犯。"

面对这个复杂而敏感的大难题,伊藤法官权衡再三,最终裁决辩方可以盘诘福尔曼在10年之内是否使用过冒犯之词。可能有人会纳闷,福尔曼在过去10年之中是否说过"黑鬼"一词,与辛普森是否涉嫌杀人究竟有何关系?按常理,即使福尔曼在"黑鬼"一事撒了弥天大谎,那并不能直接证明他在世纪大案中的证词是瞎编伪造;即使这位警官曾有过一些种族歧视的言论,那同样不能证明他故意栽赃和陷害被告。这是一个审判辛普森的世纪大案,为何一不留神变成了审判福尔曼警官的案子?在庭审过程中,伊藤法官为何不顾检方反对,竟然允许辩方采用这种滥打"种族牌"和"扭转斗争大方向"的辩护策略呢?

信不信由你,在美国的司法体制中,尽管争议性极大,但辩方的"种族牌"策略和伊藤法官的裁决完全合乎法律。受英国普通法中"品格证据"传统的影响,美国联邦和加州的证据法和判例都规定,如果出庭证人的品格被证明有缺陷,如撒谎成性或前科累累,则证人呈庭的某些证词就不具有法律效力。所以,在法庭审判时,检辩双方都会在证人的个人品格上大做文章。此外,在法庭宣誓之后,如果一位证人在一部分证词中故意撒谎,那么,陪审团可以将这位证人的其他证词也视为谎言。1996年,加州上诉法院在著名的瓦尔波娜诉斯普伦格案(Vallbona v. Springer, 1996)中,再次明确重申了这一重要的证据规则。

法官开绿灯后,辩方律师李贝利一上来就质问福尔曼:"在过去10年之中,你曾使用过'黑鬼'一词吗?"福尔曼答:"就我所记得,没用过。"为撒谎留下了一点儿回旋余地。但律师岂能轻饶他,立刻抓住答复中的含糊之处追问:"你的意思是说,如果你叫过某人黑鬼,你也早就忘了?"这个反问简直盖了帽儿了!福尔曼只得故作糊涂:"我不确定我是否能回答你用这种方式提出的问题。"律师步步紧逼:"我换句话说吧,我想让你承认,自1985或1986年以来,或许你曾在某一时刻称呼某位黑人是黑鬼,可能你自己已经忘了吧?"福尔曼只好硬着头皮答复:"不,不可能。"律师趁热打铁:"你是否就此宣誓?"警官只好回答:"那正是我的意思。"律师换了个角度追问:"如果任何一个证人出庭作证,说你曾用黑鬼一词形容黑人,这个人就是在撒谎。"福尔曼被迫承认:"没错,他们是在撒谎。"这样,辩方律师以密不透风的逻辑和出色的盘诘技巧,把福尔曼警官逼进了无路可退的绝地。

天下竟有如此巧合之事。这次盘诘结束后不久,辩方从举报电话中获悉,一位女剧作家为了收集警察破案的生活素材,在最近10年期间曾多次采访福尔曼,并录制了14个小时的采访录音。辩方律师审听录音后发现,在录音谈话中,凡是提到黑人的地方,福尔曼警官一律使用了"黑鬼"这一侮辱性用语,共达41次之多。此外,在1994年7月28日的采访录音中,福尔曼自吹自擂:"我是世纪大案的关键证人,如果我不帮助检方撑住,他们就会输掉这个大案。血手套决定一切,如果没有手套,拜拜别玩了。"他还声称:"干警察这一行用不着规矩,全是凭感觉。去他妈的规则吧,我们到时候瞎掰就足够了。"在录音谈话中,福尔曼还明目张胆地吹嘘以前诬陷无辜的经历,他说:"我曾拘留了不属于这一地区的闲杂之人,如果一定要我讲出理由,我就愣说此人有盗窃嫌疑。""警察不是好惹的。我们就是杀了人,在法庭上也知道该怎么说。"

福尔曼录音磁带的发现,堪称世纪大审判的转折点。检方争辩说,谈话录音只是文学创作的素材,难免有自吹和夸大之嫌,根本不能视为合法证据。但伊藤法官仍然裁决,陪审团可以审听部分录音。在法庭盘诘时,辩方律师乌尔曼声色俱厉,重炮猛轰福尔曼:"你在预审时的证词是否完全真实?""你是否捏造警方的刑事勘查报告?""你在此案中是否栽赃和伪造证据?"面对这些不容回避的法律问题,福尔曼竟然答复:"我希望维护我的《宪法第五修正案》特权。"换句话说,他凭借最高法院 1966 年在著名的米兰达案中规定的嫌犯沉默权,拒绝答复辩方针对呈庭证据提出的合理质疑。在总结陈词中,辩方律师柯克伦指出,福尔曼是"一个拥护种族灭绝政策的种族主义者、一个作伪证的家伙、美国最令人可怕的噩梦和魔鬼的化身"。

在美国的司法体制中,证据的可信度是打赢官司的关键性因素之一。警方作为刑事案件的侦破机关,在第一时间掌握的证据最多。所以,美国法律明文规定,警察必须就搜查和检验证据等法律问题出庭作证,这是法庭审判和程序公正的重要环节。警察不同于一般的证人,执法者的特殊身份,决定了他们回答辩方律师质疑的必要性。即使是普通的交通违规罚款案,涉案警察仍然有义务准时出庭,手按《圣经》宣誓作证。西方司法界有句箴言:"警察是法庭的公仆"(Policeman is the public servant of the court)。因此,福尔曼要求保持沉默,拒绝回答辩方质疑之举,绝对是荒唐之至。这实际上相当于不打自招,变相承认涉嫌伪造证据,陷害被告。从法理上说,福尔曼的证词已失去了法律效力,检方几乎输定了。

辛普森案结束后,洛杉矶市地区检察官毫不留情,正式立案起诉福尔曼警官。结果,他因伪证罪被判了 3 年有期徒刑,狱外监管。这样,杀人嫌犯辛普森被无罪开释,执法者福尔曼警官却沦为重罪案犯。这真不知是美国司法的骄傲,还是它的耻辱? 或许两者兼而有之吧!

(六)"超越合理怀疑"的深思

1995 年 10 月 3 日,美国西部时间上午 10 点,当辛普森案裁决即将宣布之时,整个美国一时陷入停顿。

克林顿总统推开了军机国务;前国务卿贝克推迟了演讲;华尔街股市交易清淡;长途电话线路寂静无声。数千名警察全副武装,如临大敌,遍布洛杉矶市街头巷尾。CNN 统计数字表明,大约有一亿四千万美国人收看或收听了"世纪审判"的最后裁决。陪审团裁决结果:辛普森无罪。

实际上，判决公布之前，由于检方呈庭证据破绽百出和福尔曼警官作伪证，辛普森无罪获释已成为可以预料的结局。在美国的司法制度中，刑事案采用的定罪标准是"超越合理怀疑"（Prove Beyond a Reasonable Doubt）。具体而言，在法庭审判时，检方若要指控被告有罪，一定要提出确凿可信的证据来证明被告的罪行。毫无疑问，任何证据都会存在某种疑点，但陪审团只有在确信证据已达到"超越合理怀疑"的标准时，才能判决被告有罪。

那么，什么是"超越合理怀疑"呢？美国证据法权威卫格莫（John H. Wigmore）教授认为，这个法律术语的含义"难以捉摸，不可定义"。但是，这个术语包含一个极为重要的原则：由于刑事案人命关天，所以陪审团在裁决无罪时，不一定非要确信被告清白无辜。只要检方呈庭证据破绽较多，没达到"超越合理怀疑"的严格标准，尽管有很多迹象表明被告涉嫌犯罪，但陪审团仍然可以判决被告无罪。有人说，美国司法审判制度的一个重要特点是"宁可漏网一千，不可冤枉一人"。此语极为传神。

可能有人会问：究竟谁是凶手呢？辛普森是不是比窦娥还冤呢？这两个问题很难回答。通过辛普森一案，人们会注意到，美国司法制度对程序公正和确凿证据的重视程度，远远超过了寻求案情真相和把罪犯绳之于法。假如美国司法制度的目的是寻求案情真相和伸张正义，那么犯罪嫌犯压根儿就不应该拥有沉默权。

实际上，整个美国宪法和司法制度的核心，是防止"苛政猛如虎"，是注重保障公民权利和遵循正当程序。美国最高法院大法官道格拉斯（William O. Douglas，任期1939—1975）精辟地指出："《权利法案》的绝大部分条款都与程序有关，这绝非毫无意义。正是程序决定了法治与随心所欲或反复无常的人治之间的大部分差异。坚定地遵守严格的法律程序，是我们赖以实现法律面前，人人平等的主要保证。"

遵循公正程序是现代法治的基本原则之一。从某种意义上说，一部美国宪政史，就是一部逐步完善和落实正当程序的历史。但是，一味强调程序公正，常常会出现忽视寻求案情真相、放纵涉嫌罪犯的问题。原因很简单,任何事先规定的公正程序,都不可能准确地预计未来发生的全部情况和具体个案。在世纪审判中,辛普森之所以被无罪开释,并非由于他向法官和陪审团行贿或违反诉讼程序,而是由于"梦幻律师队"善于钻空子,充分利用检方和警方的失误,充分利用现有的法律、判例和刑事诉讼程序,合法地挑战检方呈庭证据和警方证人的种种疑点,成功地为被告开脱罪名。而这些法律和程序在制定之时,根本不知有辛普森其人。

历史证明,在很多情况下,注重程序公正不一定总是导致公正的审判结果。有时抄家搜查、刑讯逼供反而有助于及时破案、伸张正义。但是,这种做法只是饮鸩止渴,虽然可能得益一时,却会助长官府和警察滥用权力和胡作非为,从根本上损害宪政法治的千秋大业。应当强调的是,美国司法制度和诉讼程序固然存在很多缺陷,但是,人世间上不存在完美无缺、值得人们奋斗终生的伟大制度,也不可能有那种不枉不纵、绝对公正的诉讼程序。人们只能是两害相权取其轻。

斯大林执政时期,一起恶性杀人案发生后,秘密警察头子贝利亚下令限期破案。在发往苏联各地的通缉令中,附带三张摄自不同角度的嫌犯照片,一张正面,一张左侧面,一张右侧面。一周之内,相貌酷似照片的三名嫌犯同时落入法网。在酷刑逼供之下,三名嫌犯都"如实"招供了罪行。坦率地说,在这种宁枉勿纵的体制下,普通罪犯一般很难轻易逃脱法网。可是,正是在这种忽视正当程序和分权制衡的政治体制中,开国元勋屈死刑场;数百万无辜公民陷入冤狱;特权阶层胡作非为,民心丧尽;小民百姓的自由、财产和尊严遭到无情践踏;国家机器沦为保护特权和腐败的工具。苏联衰亡的历史教训,极为惨痛深刻。辛普森案结束后,克拉克检察官出版了回忆录,版税收入高达三百万美元。后来她干脆辞去公职,成为小有名气的电视节目主持人。经她多次邀请,"梦幻律师队"的证人李昌钰博士以嘉宾身份,出席了她主持的一次谈话节目。节目一开始,她咄咄逼人地问道:"既然您承认在案发现场的血迹经 DNA 检验是辛普森的,但是您为何仍然帮助辛普森作证?"李昌钰回答:"我今天坐在这里接受访问,假设在访问中,您那美丽的头发不知何故沾到我的裤子上,回家后,我太太发现了我裤子上有头发,拿到化验室去鉴定 DNA,结果证实是您的头发。然后他就查问我今天跟您做了什么见不得人的事情,责问您的头发为何会跑到我的裤子上来。啊哈,我就有大麻烦了!但是,天知、地知、您知、我知,我们没做任何不轨的事情。因此,即使 DNA 检验结果证明了某根毛发或某些血迹是某人的,也不能直接证明这个人就做了这些坏事。"

美国最高法院大法官霍姆斯(Oliver Wendell Holmes, Jr., 任期 1902—1932)有句名言:"罪犯逃脱法网与政府的卑鄙非法行为相比,罪孽要小得多。"在霍姆斯看来,政府滥用权力和司法腐败对国家和社会造成的整体危害,远远超过了普通犯罪分子。因此,宪政法治的核心和重点,绝非一味不择手段、罔顾程序、从重从快打击触犯刑律的小民百姓,而是应当正本清源,注重对政府权力予以程序性约束和制衡,防止执法者和当权者凌驾于法律之上,利用手中特权和国家专政机器胡作非为、巧取豪夺、为害一方,任意欺压无处申冤的小民百姓。防官府恶政远甚于防犯罪刁民,防止"窃钩者诛,窃国者侯"和统治者随心所欲、逍遥法外的虚伪"法制"(Rule by Law)的弊端,正是美国宪政"法治"(Rule of Law)制度设计的重要特点。